上海市重点图书

上海非物质文化遗产学生读本

上海师范大学中国非物质文化遗产传承研究中心编

陆建非◎主编

图书在版编目（CIP）数据

上海非物质文化遗产学生读本 / 陆建非主编. — 上海:上海教育出版社, 2019.6
ISBN 978-7-5444-8836-5

Ⅰ. ①上… Ⅱ. ①陆… Ⅲ. ①非物质文化遗产－上海－青少年读物 Ⅳ. ①G127.51-49

中国版本图书馆CIP数据核字(2019)第129142号

责任编辑　姚欢远
装帧设计　王　捷

上海非物质文化遗产学生读本
陆建非　主编

出版发行　上海教育出版社有限公司
官　　网　www.seph.com.cn
地　　址　上海市永福路123号
邮　　编　200031
印　　刷　上海昌鑫龙印务有限公司
开　　本　787 × 1092　1/16　印张 17
字　　数　296 千字
版　　次　2019年8月第1版
印　　次　2019年8月第1次印刷
书　　号　ISBN 978-7-5444-8836-5/G · 7318
定　　价　148.00 元

如发现质量问题，读者可向本社调换　电话：021-64377165

主　编：陆建非

副主编：林银光

专家指导委员会

主　任：朱恒夫

委　员（按姓氏笔画为序）：

王力力　王　元　王　健　田兆元　杨庆红

张黎明　陈勤建　高春明　萧烨璎　蔡丰明

编写人：

颜　彦　洪　玲　吴晶晶　薛雄戈　陆辰佳

杨鹏侠　徐东智　吴赛华

编　务：吴　杰

序

自20世纪末至今，几乎是在同一时期，“文化自觉”的概念在中国学界从出现到流行，“非物质文化遗产”的概念从联合国提出到中国热烈响应。人们注意到这两个重大文化事件的历史相遇，学界倾心研究二者内在的关联，认为非遗传承和保护是践行中国文化自觉的有效路径。

从祖辈先哲留存的文化遗产中，我们能领悟“我们是谁”“从哪里来”“又到哪里去”，我们能借此复原出民族的历史图谱，探测出族裔的文化基因，找寻到与世界对话的结合点与切入点。因此，文化遗产是民族的“根”，是国家的“魂”，是我们穿越时空，保持独立与完整，走向未来的精神财富。传承和保护文化遗产，是每一代中国人的历史使命和神圣职责。

在非物质文化遗产的传统自发式传递无法应对当代传承危机的情况下，通过现代教育传递非物质文化遗产的知识、培养非遗传承人，已成为全世界的共识。联合国教科文组织《保护非物质文化遗产公约》明确指出“特别是通过正规和非正规的教育”进行传承是“确保非物质文化遗产生命力”的重要措施之一。每个学生自小就从不同角度和不同层面理解、认同“非遗”，绝不可能一蹴而就，它需要通过持续的接触和研习来深化认识，增进了解。

2016年，上海师范大学中国非物质文化遗产传承研究中心课题组曾对上海10个区15所学校的1500余名中小学生进行问卷调查，向全社会发布了《上海市中小学非遗传承与保护研究报告（2014—2015）》。此次调查发现，本市目前只有16%的学校开展非遗传承教学，在整体数量上并不能说明上海市中小学非遗传承和保护工作已经普及。即便是开展非遗传承的学校，受限于各种因素，只能开展几个项目的传承活动，而且各学段之间的有机衔接面临诸多问题。问卷调查还发现，大多数中小学生对非遗认知度不高，部分学生虽对“非遗”这一概念都有着不同程度的认识，但对于非遗的具体内容，他们的理解却参差不一。调查发现，学生对舞龙（狮）、皮影戏、沪剧等在国内外有一定影响力的大众非遗比较熟悉，而对于有着较强地域性的打莲湘、顾绣、徐行草编、崇明灶花等小众非遗知晓率很低。非遗研习频次差异也较为凸显，如在进入校园的非遗项目中，名列前十位的都集中在传统美术类、传统戏剧和曲艺类，而民俗类、民间文学类、传统音乐类等则因学习门槛较高和场地、经费等因素不适合中小学生学习和学校开展，较少受到青睐和关注。就全面保护和传承非遗而言，这样的分布格局不尽合理，确有很多项目值得学校引进，以期提升它们的生命力，避免消亡的命运。

非遗保护和传承有着众多的现实意义，正如课题组给市政府的专题报告所述，首先，传统文化服务于立德树人的目标具有内涵的一致性；其次，在全球化进程中弘扬母文化，如江南文化等，具有紧迫性，如同诸多生物物种濒临灭绝一般，为数不少的非遗面临消亡命运；再次，依托民族文化软实力促进整体国力的提升，具有重要的战略意义；最后，“文教结合”的路径对提升学生文化鉴赏力具有明显的可行性。

优秀传统文化如何吸引学生的注意力，成为他们喜闻乐见的文化娱乐形式，进而上升为终身爱好，这是非遗进校园的理想目标。非遗进校园不能浮于表面，而应将非遗蕴含着的丰富多彩的内涵挖掘出来，引导学生从文化和历史层面上更深刻更准确地理解非遗，选择感兴趣的项目加以研习，以此影响生活，融为实用，培育情趣。非遗实践的关键受众是学生，非遗保护与传承的主阵地是学校，只有越来越多的学生对非遗感兴趣，非遗才能与时俱进，永续发展。

非物质文化遗产是一种民间文化、草根文化、乡土文化，是一种影响当代生活生产的活态文化。从一定意义上说，非物质文化遗产就是中华文化的一个源头和根基。江南文化是海派文化的源头，同样也是上海非遗的根基。上海非遗与周边地区，尤其是长江三角洲地区的文化脉络和历史渊源关联密切，认知认同并保护传承上海非遗对年轻一代积极融入长三角高质量一体化发展大有裨益。

《上海市中小学非遗传承与保护研究报告（2014—2015）》发布后，《光明日报》《解放日报》《文汇报》《东方早报》《青年报》《新民晚报》以及中国新闻网、中国社会科学网、澎湃新闻、上海教育新闻网、中青在线、第一教育等数十家媒体予以报道，引起社会公众广泛关注。后形成专报呈报市领导，2016 年 8 月 20 日，时任上海市副市长的翁铁慧同志专门作了重要批示。

为此，2016 年上海师范大学中国非物质文化遗产传承研究中心受上海市教卫党委宣传处委托，开始编撰《上海非物质文化遗产学生系列读本》（以下简称“读本”），此书为该系列的第一本。我们成立了由非遗学界专家、教授组成的编辑委员会和专家指导委员会。由上海师范大学中国非物质文化遗产传承研究中心主任陆建非教授任本书主编，上海师范大学中国非物质文化遗产传承研究中心秘书长林银光特约研究员任副主编，同时招募了十多位志愿编撰者，他们来自各学科、各单位，对非遗传承与保护有意识、有担当，同时也具备文字撰写能力。

读本是一本融权威性、社会性、可读性于一体的非遗基础知识读物，意在创设“文教结合”的有效载体，大力推进非遗进校园，促进中小学继承中华优秀传统文化，弘扬社会主义核心价值观。其受众为在校学生，主要为小学三年级至高中学生，以及部分不太了解非遗的高校学生。

读本分为知识篇、场域篇、项目篇、人物篇。

知识篇主要包含非遗的基本概念、基础知识，非遗保护与传承的现行法律、规则、政策等。

场域篇重点介绍 8 个具有较高社会及历史知名度的文化空间，如大世界、南京路、城隍庙（含豫园灯会）、朵云轩等。这些场域有的是某些非遗的原生地，有的是某些非遗的集中展示和传承的再生地。

项目篇精选了25个非遗项目，它们都是上海地区正式进入国家级、市级名录的，还有为上海中小学生广泛参与、上海地区公众知晓度和接受度较高的非遗项目。

人物篇中介绍了12位传承人，均为技艺高超、影响力大、具有励志价值且颇有代表性的传承人或传承家族。

读本简洁通俗、图文并茂，适合学生自学，或在教师指导下，边阅读、边研习。

读本的正式出版，实属不易，其间就读本框架和选编内容等多次征求专家、教师和学生的意见和建议，反复推敲，历经打磨。

上海市教卫党委宣传处、上海市文化和旅游局非遗处、上海市非遗保护中心和上海市非遗保护协会的领导，有关高校和研究机构的专家给予了大力支持和专业指导。

上海交通大学海外摄影俱乐部苏光禧先生无私奉献精美摄影作品，作为读本部分插图，使读本增色不少。

众多传承人年事已高，他们克服诸多不便，乐意接受采访，使我们深受感动。

本读本的编撰人员多为年轻的志愿者，他们肩负重任，辛勤劳作，几易其稿，精益求精。

上海教育出版社责任编辑姚欢远先生焚膏继晷，精心审校，确保质量。

在此，我们要向所有为读本编撰和出版作出贡献的人员表示诚挚的感谢！

上海师范大学中国非物质文化遗产传承研究中心
2018年12月16日

目录

知识篇

场域篇

项目篇

人物篇

附录

知识篇

多姿多彩的非遗

你知道什么是非物质文化遗产吗？你对它了解吗？

非物质文化遗产就在我们身边，离我们很近，但似乎我们又对它们很陌生。现在，让我们一起来领略非物质文化遗产这个大家庭的风采吧。

一、非遗非遗你是谁

非物质文化遗产，简称“非遗”，它离我们很近，在我们的日常生活中经常会遇到。比如说，你早上起来，吃了南翔小笼包，接着出门去看了一场有趣的皮影戏，在公园里看到有人在抖空竹、有人在扭秧歌，还听到有人在津津有味地讲白蛇娘娘的故事、孟姜女哭倒长城的故事等。你觉得你的这一天过得很有趣。确实，你在这一天里或多或少地与好几项非物质文化遗产“亲密接触”了呢！像“南翔小笼制作工艺”“皮影戏”“白蛇传传说”“孟姜女传说”“抖空竹”“秧歌”，它们可都属于非物质文化遗产哦！

你是不是觉得很奇怪，刚才提到的这些，有的是食物制作工艺，有的是民间文学，有的是舞蹈，有的还是戏剧，怎么都会是“非物质文化遗产”呢？

联合国教科文组织标志

非物质文化遗产的名称和它所包括的范围，不同国家、不同时期都不完全一样。最早提出非物质文化遗产相关概念的是日本，当时并不叫“非物质文化遗产”，而是称为“无形文化财”。20 世纪 50 年代，日本开始了保护国粹的计划，承认传统艺术大师精湛的技艺，而且还将“戏曲、音乐、传统工艺技术及其他无形的文化资产中，历史价值较高者”列为“无形文化财”，并以法律形式进行保护。韩国于 1964 年颁布的《无形财保护法》也提出“无形文化财”的概念。对于非物质文化遗产的概念和分类，目前较为权威的是联合国教科文组织《保护非物质文化遗产公约》(*Convention for the Safeguarding of the Intangible Cultural Heritage*)中的表述。

2003年10月17日,联合国教科文组织大会第32届会议通过了《保护非物质文化遗产公约》,对非物质文化遗产的概念、分类等问题作了界定。公约认为非物质文化遗产是指"被各社区、群体,有时是个人,视为其文化遗产组成部分的各种社会实践、观念表述、表现形式、知识、技能以及相关的工具、实物、手工艺品和文化场所",并把"非物质文化遗产"分为五类:(1)口头传统和表现形式,包括作为非物质文化遗产媒介的语言;(2)表演艺术;(3)社会实践、仪式、节庆活动;(4)有关自然界和宇宙的知识和实践;(5)传统手工艺。这个分类被很多国家广泛采用或参考。

【扩展阅读】

其实,如今广为人知的"非物质文化遗产"(Intangible Cultural Heritage)概念在用词上出现过几次明显的变化,如民俗(Folklore)、非物质遗产(Non-physical Heritage)、民间创作(Traditional Culture and Folklore)、口头遗产(Oral heritage)、口头和非物质遗产(Oral and Intangible heritage)、非物质文化遗产。即使是联合国教科文组织《保护非物质文化遗产公约》对"非物质文化遗产"的表述,颁布的法文、英文、中文三个版本也不完全相同,可见"非物质文化遗产"概念的多样性和复杂性。作为一个新概念,它的内涵、外延、价值取向等在争议中不断发展变化,并且随着非物质文化遗产本身的发展变化以及人类对其认知的深入而不断完善,而围绕它所作的冲突、辩论、沟通等也正是人类对自身文化遗产梳理与认知的过程。

我国政府根据联合国教科文组织界定的有关概念,结合实际国情定义了非物质文化遗产,认为非物质文化遗产是指各族人民世代相传并视为其文化遗产组成部分的各种传统文化表现形式,以及与传统文化表现形式相关的实物和场所。我们把非物质文化遗产大致分为以下几类:(1)传统口头文学以及作为其载体的语言;(2)传统美术、书法、音乐、舞蹈、戏剧、曲艺和杂技;(3)传统技艺、医药和历法;(4)传统礼仪、节庆等民俗;(5)传统体育和游艺;(6)其他非物质文化遗产。

从分类你会发现，非物质文化遗产的表现手段是声音、形象和技艺，以口传心授作为文化链而得以延续，强调的是以人为核心的技艺、经验、精神等“非物质”的东西。

像传统口头文学以及作为其载体的语言，包含了一个民族世代传承的史诗、歌谣、神话、传说、民间故事等，从远古时期就伴随着人们的生产劳动而产生和发展，并通过一代代人口口相传而流传至今。比如流传于云南地区的《阿诗玛》、流传于中国青藏高原藏族、蒙古族等民族中的史诗《格萨尔》等，它们都以口耳相传的方式流传下来，其中的人物形象至今仍被人们所传颂。像传统音乐、舞蹈、戏剧、曲艺等，你看到的是表演者在物质的舞台上表演，可能他们还要借助物质的服装、道具，但实际上表演者的唱腔、表演程式以及表演经验，这些非物质的形态都是表演者一代代口传心授而流传下来的，他们所创造的艺术形象反映了劳动人民的心声，经过历代人民的提炼和升华，至今仍具有不朽的艺术生命力……可以说，非物质文化遗产是民族个性、民族审美习惯的“活”的显现，是一种无形的文化遗产。

剪纸

你可能会反驳：且慢！写出来的书法、画出来的传统美术作品、制作出来的工艺品等不是有形的吗？没错，它们确实是能看得见摸得着的，然而与之相连的技术、技艺以及其中蕴含的文化情感、社会内涵是非物质的，是看不见的。像剪纸，全国各地都有这种用剪刀或刻刀在纸上剪刻花纹的传统美术品种，但不同地区的剪纸有着不同的视觉形象和造型格式，蕴涵着丰富的文化、历史和社会信息，表达了广大民众的生活理想和审美情趣，剪纸的很多技法通过无形的身口相传不断被继承下来。我们说剪纸是非物质文化遗产，指的是剪纸的技术技艺、传承体系、思维方式、思想内涵、社会价值等，这些都是“非物质”的存在。因此，我们所说的非物质文化遗产，“非物质”并不是与物质“绝缘”，而是指它偏重于以非物质形态存在的精神领域的创造活动及其结晶。

作为非物质文化遗产，它们是“世代相传”的，它们与人们的衣、食、住、行、用等各方面紧密相连，是人类在劳动、生活中产生的对忧乐、生死、婚配、祖先、自然、天地的敬畏以及态度的表达，并被不断传承至今。比如现在的“春节”“清明节”“端午节”“中秋节”等传统的节日，它们是我们中华民族的非物质文化遗产，尽管这些节日的名称或纪念仪式在不同的历史时期有所不同，但是千百年来的传承已成为炎黄子孙心理上的集体习惯，无论是身在中国还是身处海外，都会视作重要的节日来纪念。你看中秋节吃月饼、赏明月、思念亲人，而春节时，全球各地的华人更是会以各种喜庆的方式来“恭贺新禧”，这些可以说是流淌在我们炎黄子孙血脉里的文化基因，是我们共同的习惯。

你可能又要提问了：既然非物质文化遗产是世代相传的，我家里有个祖传的景德镇瓷花瓶，造型别致，制作精美，而且也体现了古代劳动人民的精湛技艺，那算不算非物质文化遗产呢？你家的这个瓷花瓶可以说是古董，如果经过鉴定，在艺术上或者技艺上具有极高的价值，能够称得上文物，但是，这个瓷花瓶不是非物质文化遗产，流传至今的特殊的景德镇手工制瓷技艺才是非物质文化遗产。

二、申遗，申的都是非遗吗

你可能曾经看到过这样的新闻标题：

湖北神农架申遗成功，广西左江花山岩画申遗成功，中国二十四节气申遗成功，《南京大屠杀档案》申遗成功……

这些标题里的“申遗”都是申请成为非物质文化遗产吗？并不全是，这里涉及好几种“遗产”呢！

“世界遗产”大家庭

在这个多姿多彩的世界上，有着不同国家、不同民族所创造的文化，它们是人类智慧和才华的结晶，而大自然也以其鬼斧神工的力量创造出令人惊叹的奇迹。经过千百年的沧桑巨变，这些留存至今的被全人类公认为有突出意义和普遍价值的文物古迹和自然景观，我们称之为世界遗产，它们是人类罕见的目前无法代替的财富。

1972 年 11 月，第 17 届联合国教科文组织大会出台的《保护世界文化和自然遗产公约》中把世界遗产分为文化遗产和自然遗产两类，保护的重点是文物、建筑群、遗址等文化遗产和自然景观、动植物保护区等自然遗产这两大类物质遗产，从而确立了国际社会保护人类物质遗产的义务。随着人们对世界遗产认知的不断深入，联合国教科文组织从 1987 年起增列“文化和自然混合遗产”，1992 年又增列“文化景观”。所以，目前世界遗产共有四个类型：世界文化遗产、世界自然遗产、世界文化与自然遗产、文化景观。按照联合国教科文组织的《世界遗产公约操作指南》，文化景观属于文化财产，所以我国也一般将文化景观申报为世界文化遗产。

然而并不是古老的或者是闻名的文化遗产和物质遗产就一定是世界遗产。要成为世界遗产，必须要按照国际上法定的标准、程序进行申报，经过联合国教科文组织的世界遗产委员会 (The World Heritage Committee) 审查、批准才行。世界遗产委员会的职责就是负责组织《世界遗产公约》的实施，挑选进入《世界遗产名录》的文化和自然等遗产，把濒危遗产列入《濒危世界遗产名录》，审查、监督世界遗产保护状况，管理世界遗产基金，对为保护遗产而申请援助的国家给予技术和财力援助。

谁第一批登上世界遗产"光荣榜"

1977 年 6 月，在联合国教科文组织的总部法国巴黎召开了第 1 届世界遗产大会。1978 年 5 月，在美国华盛顿举行了第 2 届世界遗产大会，有加拿大、厄瓜多尔、埃塞俄比亚、德国、波兰、美国、塞内加尔等国的 12 个遗产地首次被列入《世界遗产名录》，世界上第一批世界遗产就此诞生。

1987 年 12 月，在第 11 届世界遗产大会上，中国首次有故宫博物院、周口店北京人遗址、泰山、长城、秦始皇陵 (含兵马俑坑)、敦煌莫高窟等 6 处文化遗产、文化和自然混合遗产被列入《世界遗产名录》。

中国不断有新成员加入世界遗产的行列

第 40 届世界遗产大会

2017 年 7 月，第 41 届世界遗产大会在波兰历史文化名城克拉科夫举行。在本届大会上，我国的青海省可可西里和福建省"鼓浪屿：历史国际社区"分别被列入世界自然遗产名录和世界文化遗产名录。至此，中国的世界遗产数量增加至 52 项，其中世界文化遗产 31 项、世界文化景观遗产 5 项、世界文化与自然双重遗产 4 项、世界自然遗产 12 项。在世界遗产名录国家中排名第二位，仅次于拥有 53 项世界遗产的意大利。

鼓浪屿很多人都知道，但广西左江花山岩画文化景观相对要陌生一些。2016 年被列入世界文化遗产名录的左江花山岩画文化景观，位于广西壮族自治区崇左市境内，由岩画密集分布的、最具代表性的 3 个文化景观区域组成，包含38个岩画点（共100余处岩画，4000余个图像）、岩画所在的山体和对面的台地，以及约105千米的左江、明江河段，可以说是“自然与人的共同作品”。这些岩画大都位于江河拐弯处的高大峭壁上，系战国至东汉时期岭南左江流域壮族先民骆越人留下来的遗迹，已有两千多年历史。远看，岩壁上一片赤红如血；近看，画像密密麻麻，线条粗犷，造型古朴，画面喧闹而热烈，这些人工绘画大多距水面15—100米，在当时没有先进攀岩工具的情况下，这些图像是怎么画上去的，人们为什么要冒着生命危险去画，有什么目的和意义，为什么色彩至今还能如此鲜艳？一个个谜团直到现在还没有找到令人完全信服的答案，因此也被称为“无字天书”“断崖上的敦煌”。

花山岩画

世界遗产的“家族徽章”长啥样

一旦列入《世界遗产名录》，遗产所在地会加上“世界遗产”标志加以纪念，向大家昭示其所具有的特殊价值。世界遗产的标志整体呈圆形，既代表地球，也象征着对遗产保护工作的开展。标志中央的正方形如同人拱起的双手，代表着人类的创造，外部的圆圈代表大自然，同时圆形与方形紧密相连相通，表现了文化与自然遗产之间相互依存的和谐关系。

根据具体用途、技术许可和艺术考虑，标志可采用任何颜色或尺寸，但是标志上必须印有WORLD HERITAGE（英语“世界遗产”）和

PATRIMOINE MONDIAL（法语“世界遗产”）字样。各国在使用该标志时，可加上自己本国语言的“世界遗产”字样。所以，我们能领略到不同遗产地关于世界遗产标志图形的不同艺术效果。除了在遗产地可以标以世界遗产的标志，这个标志还可以用于所有以世界遗产为主题的事务和活动，如宣传教育、国际会议等。

如此含义深远的标志由比利时艺术家米歇尔·奥利夫（Michel Olyff）先生设计，经1978年第2届世界遗产大会讨论后启使用。

世界遗产标志图形的不同艺术效果

三、非遗，掀起你的盖头来

第一次评选世界非物质文化遗产

前面说的都是物质方面的世界遗产，接下来说说非物质类的，比如说世界非物质文化遗产。你知道吗？我国是目前拥有世界非物质文化遗产数量最多的国家。

要成为世界非物质文化遗产，也得像世界遗产那样进入名录，不过它进入的不是《世界遗产名录》，而是由联合国教科文组织下面的“政府间保护非物质文化遗产委员会”编辑、更新和公布的《人类非物质文化遗产代表作名录》及其相关名录。

联合国教科文组织于1997年创立了“人类口头和非物质遗产代表作”的国际性荣誉，并设立评选标准，这是《人类非物质文化遗产代表作名录》的前身。当时规定，联合国教科文组织在各成员国申报的基础上，每两年宣布一次“人类口头和非物质遗产代表作”，每次每个成员国可以有一个项目入选。入选项目要求是具有突出价值的人类创作天才代表作的非物质遗产，或是从历史、艺术、人种学、社会学、语言学或文学角度具有突出价值的广为流传的传统文化表现形式。

2001 年 5 月，联合国教科文组织总干事松浦晃一郎签署了中国的昆曲成功入选第一批“人类口头和非物质遗产代表作”的证书

2000 年 4 月，首次申报、评选工作正式启动。全球共有 46 个国家申报，经过项目资历审查后剩下 32 个项目，中国文化部委托中国艺术研究院正式申报了昆曲。联合国教科文组织聘请了 19 位国际知名学者、艺术家组成评审委员会对申报项目进行严格评估，中国艺术研究院甚至被 6 次要求补齐数据。最终，昆曲获全票通过。2001 年 5 月 18 日，联合国教科文组织在巴黎宣布第一批“人类口头和非物质遗产代表作”名单，中国的昆曲、意大利的西西里木偶剧、乌兹别克斯坦博逊地区的文化空间等 19 个项目入选，中国成为首批获此殊荣的 19 个国家之一。同年 11 月，联合国教科文组织第 31 届大会期间，昆曲受邀作为首批“人类口头和非物质遗产代表作”项目之一在巴黎展演，短短的一个多小时内，中国文化部派出的北方昆剧院演出了《活捉》《游园》《钟馗嫁妹》三个经典剧目的片段，来自 170 多个国家的驻联合国大使及与会代表被精彩的昆曲演出所折服。

世界非物质文化遗产中的中国成员

2003 年，联合国教科文组织通过了《保护非物质文化遗产公约》，决定不再宣布“人类口头和非物质遗产代表作”，已经宣布的“人类口头和非物质遗产代表作”自动纳入《人类非物质文化遗产代表作名录》中。目前，在国际一级协调保护的非物质文化遗产（也就是我们常说的“世界非遗”）由《人类非物质文化遗产代表作名录》《急需保护的非物质文化遗产名录》以及《非物质文化遗产优秀实践名册》三个序列组成。

截至 2017 年底，我国共有 31 项非物质文化遗产被列入《人类非物质文化遗产代表作名录》，7 项被列入《急需保护的非物质文化遗产名录》，1 项入选《非物质文化遗产优秀实践名册》，总数为 39 项。

我国列入《人类非物质文化遗产代表作名录》的项目是：

2001 年（1 项）——昆曲。

2003 年（1 项）——中国古琴艺术。

2005 年（2 项）——新疆维吾尔木卡姆艺术；蒙古族长调民歌（与蒙古国共同申报）。

2009 年（22 项）——传统桑蚕丝织技艺；南京云锦织造技艺；宣纸传统制作技艺；龙泉青瓷传统烧制技艺；中国传统木结构营造技艺；中国雕版印刷技艺；侗族大歌；蒙古族呼麦；福建南音；粤剧；热贡艺术；藏戏；《玛纳斯》史诗；《格萨尔》史诗；甘肃花儿；西安鼓乐；中国朝鲜族农乐舞；中国书法；中国篆刻；中国剪纸；端午节；妈祖信俗。

2010 年（2 项）——中医针灸；京剧。

2011 年（1 项）——中国皮影戏。

2013 年（1 项）——中国珠算。

2016 年（1 项）——二十四节气（中国人通过观察太阳周年运动而形成的时间知识体系及其实践）。

我国列入《急需保护的非物质文化遗产名录》的项目是：

2009 年（3 项）——羌年庆祝习俗；黎族传统纺染织绣技艺；中国木拱桥传统营造技艺。

2010 年（3 项）——麦西来甫；帆船水密舱壁制作；木版活字印刷术。

2011 年（1 项）——赫哲族伊玛堪说唱。

我国列入《非物质文化遗产优秀实践名册》的项目是：

2012 年（1 项）——福建木偶戏传承人培养计划。

世界非物质文化遗产的代表性项目介绍

（1）中国古琴艺术

中国古琴是世界上最古老的弹拨乐器之一，至今已有三千多年历史。古代文人雅士修身养性的“标配”技能是琴棋书画，古琴就排在第一位，伯牙子期《高山》《流水》觅知音的故事更是广为流传的佳话。中国古琴艺术并不仅仅指古琴这种平置弹弦乐器，它由琴制、琴弦、琴谱、琴曲、琴史、琴歌、琴社和琴派等构成，有着特殊的记谱方式和丰富的演奏技巧，体现了中国音乐艺术的至高境界，代表着中国文人怡情养性、寄情抒情的生活方式，是中国文化的杰出代表。

（2）珠算

珠算使用的算盘被称为“世界上最古老的计算器”。两千年来，珠算以其独特的结构和算法口诀，为人们提供了快捷便利的计算方式，成为遍及中国并被广泛使用的计算方法。随着计算器的普及，珠算的计算功能逐渐被削弱，然而大量的科学实验证明，珠算不单单是一种简单的计算工具，它可以开发儿童智力。如今珠算成为世界非物质文化遗产，有助于让更多的人认识并了解珠算，吸引更多的人加入弘扬与保护珠算文化的行列中来。

（3）二十四节气

2016 年 11 月 30 日，在埃塞俄比亚首都举行的联合国教科文组织保护非物质文化遗产政府间委员会第 11 届常会上，中国申报的“二十四节气——中国人通过观察太阳周年运动而形成的时间知识体系及其实践”正式通过评审，被列入联合国教科文组织人类非物质文化遗产代表作名录。

二十四节气是中国传统历法体系的重要组成部分，是中国古人通过观察太阳周年运动，认知时令、气候等变化规律形成的知识体系，被国际气象界誉为“中国第五大发明”。

二十四节气历史悠久，春秋战国时期就有了雏形，这一时期我国的文明中心在黄河流域，所以二十四节气是根据北方气候而定的。古人在没有卫星、网络这些高科技条件下，完全通过人自身感官观测得来的经验积累而形成的二十四节气，至今仍是中国广大农民安排生产耕作的重要依据，令人不得不感叹我们中国劳动人民的智慧。

【扩展阅读】中国古代人民智慧的结晶——二十四节气歌

中国古代百姓通过对自然与生活的细心观察，把二十四节气编成了朗朗上口的歌谣，流传至今有好多个版本。下面这个版本，让身处南方的我们来感受一下北方每个节气时大自然的一些变化吧（粗体字代表节气名）。

立春梅花分外艳，**雨水**红杏花开鲜；
惊蛰芦林闻雷报，**春分**蝴蝶舞花间。

清明风筝放断线，谷雨嫩茶翡翠连，
立夏桑果像樱桃，小满养蚕又种田。
芒种玉秧放庭前，夏至稻花如白练；
小暑风催早豆熟，大暑池畔赏红莲。
立秋知了催人眠，处暑葵花笑开颜；
白露燕归又来雁，秋分丹桂香满园。
寒露菜苗田间绿，霜降芦花飘满天；
立冬报喜献三瑞，小雪鹅毛片片飞。
大雪寒梅迎风狂，冬至瑞雪兆丰年；
小寒游子思乡归，大寒岁底庆团圆。

世界非物质文化遗产也有自己的特殊徽章

与世界非物质文化遗产相关的标志是《保护非物质文化遗产公约》的标志。设计者是克罗地亚设计师德拉古京·达多·科瓦切维奇（Dragutin Dado Kovačević），自 2008 年 6 月，非物质文化遗产委员会大会第 2 次会议上开始采用。该标志整体呈圆形，代表着保护，突出了该公约的宗旨和精神，里面的三角形、正方形和圆形之间的运动轨迹没有任何停止或中断，都是开放的状态，强调的是传统与现代之间的联结——以运动轨迹表示传统，以类似于英文 at 的符号“@”，象征现代，紧扣“一个现代性时代的遗产”这一主题。该标志一般和联合国教科文组织徽标联合使用。

世界记忆遗产与中国声音

世界记忆遗产（Memory of the World），又称世界记忆工程或世界档案遗产，指符合世界意义、经联合国教科文组织世界记忆工程国际咨询委员会确认而纳入的文献遗产项目。该项目于 1992 年启动，旨在通过国际合作与最佳技术手段抢救世界范围内正在逐渐老化、损毁、消失的文献记录，确保手稿、图书馆和档案馆保存的任何介质的珍贵文件以及口述历史的记录等受到保护并得以流传，使人类的记忆更加完整。自 1993 年起，每两年进行评选，各国每次提名项目不超过两个。

截至 2017 年底，我国有 13 个项目列入了世界记忆遗产名录（含《世界记忆亚太地区名录》），它们是：中国传统音乐录音档案（1997 年入选）；清代内阁秘本档（1999 年入选）；东巴古籍文献（2003 年入选）；清代科举大金榜（2005 年入选）；“样式雷”建筑图档（2007 年入选）；《本草纲目》（2011 年入选）；《黄帝内经》（2011 年入选）；侨批档案（2013 年入选）；元代西藏官方档案（2013 年入选）；南京大屠杀档案（2015 年入选）；近现代苏州丝绸样本档案（2016 年入选《世界记忆亚太地区名录》）；清代澳门地方衙门档案（2016 年入选《世界记忆亚太地区名录》）；甲骨文（2017 年入选）。

【扩展阅读】不同的声音

很多人都会把世界遗产 (World Heritage) 望文生义地理解为是一种统一的世界级的遗产，从而认为非物质文化遗产也是世界遗产的一个种类；也有不少人认为“非物质文化遗产”是“文化遗产”的一个种类。事实上，在学术界，围绕着“世界遗产”“文化遗产”“非物质文化遗产”之间的关系，也有很多不同的声音。从狭义的概念来讲，它们是不同的专有名词，其评价标准、内涵、外延等都不同。在本书中，我们不讨论它们的关系，因为展开来的话，能写成厚厚的一本书。有兴趣的同学，可以想一想，你怎么来理解这些概念？

四、非遗队伍蔚为壮观

中国非物质文化遗产的 LOGO

标识外部图形为圆形，象征着循环、永恒，内部图形为方形，与外圆对应，天圆地方，表明非物质文化遗产存在空间有极大的广阔性；中心造型是古代陶器最早出现的纹样之一的鱼纹，鱼纹隐含一个“文”字，“文”指非物质文化遗产，而鱼生于水，寓意中国非物质文化遗产源远流长，世代相传；在图形中心，抽象的双手上下共护于“文”字，表达团结、和谐、细心呵护及保护非物质文化遗产、守护精神家园的寓意。标识图形给人以古朴之感，一方面反映了非物质文化遗产的生存现状，另一方面也彰显了中国政府和人民保护我国非物质文化遗产的强烈责任心和使命感，表现出中华民族团结、奋进、向前的时代精神。

中国非物质文化遗产标识的标准颜色是红色和白色，也可根据不同需要使用其他颜色。

谁能进入“国家队”

国家级非物质文化遗产名录是个庞大的“家庭”，2017年共有国家级非物质文化遗产1372项、国家级非物质文化遗产扩展项目464项。进入这个名录的非物质文化遗产，都是由各个省（自治区、直辖市）政府从本省（自治区、直辖市）的非物质文化遗产代表性项目名录中挑选出来并申报上去，由文化部认定，国务院批准并公布。

截至2014年底，国务院共公布了四批国家级非物质文化遗产名录（公布时间以国务院文件为准），分别是：

批次	公布时间	国家级非物质文化遗产名录数量	国家级非物质文化遗产扩展项目名录数量
第一批	2006年5月20日	518项	无
第二批	2008年6月7日	510项	147项
第三批	2011年5月23日	191项	164项
第四批	2014年11月11日	153项	153项

2014年，按照《中华人民共和国非物质文化遗产法》的表述，将“国家级非物质文化遗产名录”名称调整为“国家级非物质文化遗产代表性项目名录”。

第五批国家级非物质文化遗产代表性项目名录让我们拭目以待。

怎样的非物质文化遗产才能进入国家级的名录呢？根据2005年3月国务院办公厅颁布的《国家级非物质文化遗产代表作申报评定暂行办法》有关规定，入选名录的项目应满足下列标准：

（1）具有展现中华民族文化创造力的杰出价值；

（2）扎根于相关社区的文化传统，世代相传，具有鲜明的地方特色；

（3）具有促进中华民族文化认同、增强社会凝聚力、增进民族团结和社会稳定的作用，是文化交流的重要纽带；

（4）出色地运用传统工艺和技能，体现出高超的水平；

（5）具有见证中华民族活的文化传统的独特价值；

（6）对维系中华民族的文化传承具有重要意义，同时因社会变革或缺乏保护措施而面临消失的危险。

所以，入选名录的国家级非物质文化遗产，各个身手不凡。

非物质文化遗产国家队里的上海面孔

在国家级非物质文化遗产代表性项目名录中，有 55 项来自上海。作为一名上海学子，你是不是很自豪呢？

截至 2017 年底国家级非物质文化遗产代表性项目名单（上海市）：

项目类别	项目名称	申报地区或单位
民间文学	吴语	上海市青浦区
	谚语（沪谚）	上海市闵行区
传统音乐	江南丝竹	上海市
	码头号子（上海港码头号子）	上海市浦东新区、杨浦区
	琵琶艺术（瀛洲古调派、浦东派）	上海市崇明区、浦东新区
	锣鼓艺术（泗泾十锦细锣鼓）	上海市松江区
	道教音乐（上海道教音乐）	上海市道教协会
传统舞蹈	龙舞（舞草龙、浦东绕龙灯）	上海市松江区、浦东新区
	狮舞（马桥手狮舞）	上海市闵行区
	滚灯（奉贤滚灯）	上海市奉贤区
传统戏剧	昆曲	上海市
	京剧	上海市
	越剧	上海市
	沪剧	上海市
	木偶戏（海派木偶戏）	上海市木偶剧团
	淮剧	上海市淮剧团
	滑稽戏	上海市滑稽剧团
曲艺	苏州评弹（苏州评话、苏州弹词）	上海市书场工作者协会
	锣鼓书	上海市浦东新区
	独角戏	上海市黄浦区
	浦东说书	上海市浦东新区
	浦东宣卷	上海市浦东新区

（续表）

项目类别	项目名称	申报地区或单位
传统体育、游艺与杂技	精武武术	上海市虹口区
	绵拳	上海市杨浦区
传统美术	剪纸（上海剪纸）	上海市徐汇区
	顾绣	上海市松江区
	黄杨木雕	上海市徐汇区
	竹刻（嘉定竹刻）	上海市嘉定区
	彩灯（上海彩灯）	上海市黄浦区
	面人（上海面人社）	上海工艺美术有限公司工艺美术研究所
	草编（徐行草编）	上海市嘉定区
	玉雕（海派玉雕）	上海市
	木雕（紫檀雕刻）	上海市
	上海绒绣	上海市浦东新区
传统技艺	徽墨制作技艺（曹素功墨锭制作技艺）	上海市黄浦区
	民族乐器制作技艺（上海民族乐器制作技艺）	上海市闵行区
	乌泥泾手工棉纺织技艺	上海市徐汇区
	木板水印技艺	上海书画出版社
	金银细工制作技艺	上海市黄浦区
	印泥制作技艺（鲁庵印泥）	上海市静安区
	酱油酿造技艺（钱万隆酱油酿造技艺）	上海市浦东新区
	传统面食制作技艺（南翔小笼馒头制作技艺）	上海市嘉定区

（续表）

项目类别	项目名称	申报地区或单位
传统技艺	素食制作技艺（功德林素食制作技艺）	上海市黄浦区
	中式服装制作技艺（龙凤旗袍手工制作技艺、亨生奉帮裁缝技艺、培罗蒙奉帮裁缝技艺）	上海市静安区、黄浦区（亨生、培罗蒙）
	毛笔制作技艺（周虎臣毛笔制作技艺）	上海市黄浦区
	石库门里弄建筑营造技艺	上海市黄浦区
	古陶瓷修复技艺	上海市长宁区
	上海本帮菜肴传统烹饪技艺	上海市黄浦区
传统医药	中医诊疗法（朱氏推拿疗法、顾氏外科疗法、古本易筋经十二势导引法）	上海市（华东医院、龙华医院、上海传承导引医学研究所）
	中医传统制剂方法（六神丸制作技艺）	上海市黄浦区
	针灸（陆氏针灸疗法）	上海市
	中医正骨法（石氏伤科疗法）	上海市黄浦区、上海市曙光医院
民俗	端午节（罗店划龙船习俗）	上海市宝山区
	元宵节（豫园灯会）	上海市黄浦区
	庙会（龙华庙会）	上海市徐汇区

阿拉上海的市级非物质文化遗产项目

自开埠之日起，上海以其海纳百川、兼容并蓄的胸怀，逐渐成为中外经济文化的交融之地。在这样的社会环境中逐步发展起来的上海的非物质文化遗产，文化资源形态繁多，几乎涵盖了当前我国非物质文化遗产名录项目中涉及的所有门类。

自 2007 年上海市人民政府公布第一批上海市非物质文化遗产名录，

至今已有十多个年头。截至 2017 年底，有五批共计 220 项非物质文化遗产列入市级名录。这些非物质文化遗产，有乡村特色浓郁的传统音乐、舞蹈，如青浦田山歌、打莲湘，也有带着“码头文化”烙印的上海港码头号子；有反映上海民间日常生活的生活技艺，如上海黄酒传统酿造技艺、上海米糕制作技艺，也有“洋气”的都市风味的手工绝活，如海派旗袍制作技艺、凯司令蛋糕制作技艺；有展现地方风情风貌的民俗，如石库门里弄居住习俗、龙华庙会、豫园灯会，也有市民文化鲜明的戏剧曲艺，如沪剧、京剧、独角戏，此外还有反映上海商业文化特色的民间商贸，如众多的老字号等，衣、食、住、行、用，阿拉上海的非物质文化遗产记录了上海这座城市的日常文化，成为一种独特的城市记忆。

非遗其实很脆弱

非物质文化遗产，由于其自我保护的能力十分有限，普遍面临着一定的生存危机。多姿多彩的非遗其实也是一个脆弱的大家庭，然而它们又是幸运的，因为世界上很多国家的政府和社会各界人士正在积极行动，构建完整配套的法律法规体系，落实各级机构、组织的职能，健全非遗传承与保护机制，确保非遗能够在当代环境中传承和发展。

尽管保护和传承非遗的道路还很漫长，但我们是否也可以为它做点什么呢？让我们行动起来，也成为保护和传承非遗的一员吧！

一、非遗，想说爱你不容易

非物质文化遗产需要以人为载体来传承，以人的声音、形象和技艺作为表现手段，并以口传心授得以延续，如果没有传承人的口传心授，如果传承的环境变得不适宜其生长，非物质文化遗产也会失去生命力，其实它是很脆弱的。

如今资讯发达，经常会有各种媒体报道非物质文化遗产项目后继无人的新闻。据调查，目前国家级非物质文化遗产代表性传承人大多在六七十岁以上，甚至更老，不少高龄的代表性传承人身怀绝技但未能传承给后人就离开了人世，他所掌握的绝活也就永远消失了。还有一些传统技艺学起来难度高、耗时长，工作强度大、收入低，很少有人愿意学，所以有的非物质文化遗产面临着湮没消逝的困境。

【扩展阅读】触目惊心的数字

2008年2月28日，第二批国家级非物质文化遗产项目代表性传承人颁证仪式在北京举行。551名代表性传承人中有两位在评定期间就已谢世，他们分别是川剧六大传承人之一的陈安业、苏剧两大传承人之一的蒋玉芳，去世时一位71岁，一位86岁。

截至2009年6月，文化部已连续公布三批国家级非物质文化遗产项目代表性传承人，共有1488名，目前已去世100余位。首批226人中60岁以上（不包括60岁）的约占91%，第二批551人中60岁以上（不包括60岁）的约占71%，第三批711人中60岁以上（不包括60岁）的约占78%。其中，在第三批传统戏剧类的196位代表性传承人里，60岁以下（不包括60岁）的仅有19人。

（资料来源：李颖，《他们老去，技艺即刻凋零》，《中国文化报》2012年7月3日第1版）

想一想，为什么会这样呢？

你可能会说，很多非物质文化遗产项目属于“纯手工”制作，效率低下且又费时，有先进的技术可以替代手工制作，因此它们就传承不下去啦！你说对了一部分。

的确，现代科技在日新月异地发展，人们的审美也在不断改变，这对传统文化艺术造成了不小的冲击，导致有的非物质文化遗产项目的市场日益萎缩，像现代电脑绘画、高效胶版印刷技术对传统木版年画、剪纸作品的流传冲击很大。比如上海市级非物质文化遗产“上海花样经”，剪纸在上海称为“花样”，“花样经”就是剪纸艺人走街串巷、设摊卖艺时的口诀和唱词。上海开埠之初，许多北方剪窗花的艺人流浪至此，上海人家贴窗花的很少，妇女更喜欢在布鞋、服饰上绣花，为适应这一变化，剪纸艺人就改为剪绣花样。很多剪纸艺人不识字，全凭花样经记忆各种花样，根据季节和客人的需求即兴编出吉祥的唱词为客人助兴，并将唱词在花样中表现出来，往往一首花样经唱完，一张花样也剪好了，博得众人喝彩。然而现在有电脑绘画技术，再繁复的花样也能在电脑上制作并打印出来，而且机器绣花又快又好看，还可批量“生产”，相比较而言，费时的人工绣花则成本太高啦！因此，目前能唱出花样经的上海剪纸艺人越来越少，边剪边唱的“上海花样经”正在逐渐消失。

新中国成立前，上海港码头工人边喊着码头号子边劳动的情景

现代化工业文明进程的加速，对部分非物质文化遗产的生存空间和文化空间也会产生影响。你听说过“上海港码头号子”吗？它是流传于上海

的、码头工人在码头劳动时所唱的民歌，属于国家级非物质文化遗产。旧上海的码头装卸条件极差，那些从五湖四海来的货物主要靠码头工人手提肩扛来完成，新中国成立后，随着上海港湾装卸机械化程度不断提高，繁重的体力劳动逐渐被机器所取代，码头工人再也不用哼着号子夯大包了。渐渐地，码头号子不再在港区流传，现在仅有极少数退休的老码头工人会哼码头号子。

年轻人价值观的改变在一定程度上也影响了非物质文化遗产的传承。由于成长和生活环境的不同，年轻人对生存、对生活有了与他们祖辈不同的理解，学一门技艺时他们会先考虑生活成本与学习成本。比如被列入国家级非物质文化遗产的上海顾绣，劈线、配色是顾绣的“绝活”，绣工能将一根普通的线劈成若干细股，通常顾绣擘线 1/8 起用，为了展示颜色渐变与自然过渡，一根线要劈到 1/16、1/32，甚至劈到 1/256！比一根头发还要细许多，淡得几乎快看不见了。完成一幅顾绣作品，常常要耗费几个月甚至几年时间。顾绣的绣工，不仅要有高超的刺绣技艺，还要有高雅的艺术品位，学顾绣三年算出师，要成为一名优秀的绣工，则需积累十年的功力。说实话，这份坚持和艰辛常常让现代年轻人望而却步，即便有一些兴趣，也不愿去学习并以之为业。

明代顾绣大家韩希孟所绣作品无不精妙传神，为世人所珍，一代宗师董其昌惊叹其绣品“非人力也”。图为上海博物馆所藏《韩希孟绣花卉鱼虫册 络纬鸣秋》

此外，非物质文化遗产的发展、保护、传承需要一定的经济基础，一些边远地区、贫困地区缺乏经费，保护、保存工作难以正常展开，造成大量有历史、文学、艺术、科学价值的珍贵实物与资料遭到毁弃或者流失，这对有些非物质文化遗产项目的传承也带来不利影响。

可见，非物质文化遗产虽然历史悠久，但如果不对它们进行保护与抢救，许多传统技艺将濒临消亡，有的非物质文化遗产项目也会成为历史上的一个名词。

【扩展阅读】所有的非物质文化遗产都要保护吗?

有人说既然非物质文化遗产这么重要，那么我们把它们全部保护起来吧。一个非物质文化遗产项目需不需要、值不值得保护，首先我们得明确保护对象的标准，除了有审美价值、历史价值，还得有积极的、健康向上的精神品质。比如说，古人觉得三寸金莲是女性美丽的表现，甚至连苏轼、辛弃疾这样的文豪都有歌咏和欣赏缠足的篇章，然而缠足习俗对女性的身心造成了很大的伤害。尽管缠足习俗作为一段历史，也有着很重要的历史认识价值，但是这种负面的习俗却没有恢复的必要，通过录音、录像或者口述调查等方式加以记录就可以了，而无须作为非物质文化遗产加以保护、传承。

二、非遗，你的“尚方宝剑”来啦

非物质文化遗产是脆弱的，我们需要好好地为它做点什么，唤起更多的人来认识、传承、保护它。法律法规，可以说是非物质文化遗产的“尚方宝剑”。只有形成一个完整配套的法律法规体系，才能在保护非物质文化遗产的过程中，做到有法可依，有章可循。

国际:《保护非物质文化遗产公约》

1972 年颁布的《保护世界文化和自然遗产公约》确立了国际社会保护人类物质遗产的义务。然而这部公约并不适用于非物质文化遗产，在公约获得通过后，一部分会员国提出在联合国教科文组织内制订有关保护民间传统文化等非物质遗产各个方面的国际标准文件。在经过各方利益的博弈之后，制定一部国际公约来保护非物质文化遗产终于被付诸行动。

2003 年 10 月 17 日，联合国教科文组织大会第 32 届会议通过了《保护非物质文化遗产公约》。

《保护非物质文化遗产公约》是非物质文化遗产保护领域最重要的国际法文件，为各成员国制定相关国内法律法规提供了国际法依据。该公约共 9 章 40 条，包括总则、公约的有关机关、国家一级保护非物质文化遗产、国际一级保护非物质文化遗产、国际合作与援助、非物质文化遗产基金、报告、过渡条款和最后条款，它不仅有很多关于保护非物质文化遗产方面的规定，还建议各国加强立法，采取适当的法律、技术、财政、行政等手段来保护非物质文化遗产。作为第一个有约束力的保护非物质文化遗产的多边文件，它是非物质文化遗产保护史上的一个里程碑。

现在，世界上很多国家的政府和社会各界人士逐渐意识到保护非物质文化遗产的重要性和必要性，并广泛开展保护行动。为了与国际接轨，我国于 2004 年加入《保护非物质文化遗产公约》。

【扩展阅读】人类历史上第一次联合保护文化遗址的行动促成了一部国际公约的产生

1959 年，埃及政府为了消除尼罗河水患，决定修建阿斯旺水坝和纳赛尔水库，但是大坝和水库的修建将会使位于尼罗河岸边的努比亚遗址包括阿布辛拜勒（Abu Simbel）的拉美西斯二世神庙（Temples of Ramses Ⅱ）和菲莱（Philae）的伊希斯女神圣殿（Sanctuary of Isis）面临沉入水底的绝境。所幸的是埃及政府认识到努比亚文明的价值，也认识到单凭埃及的力量是无法保护努比亚遗址的，于是向联合国教科文组织提出请求，希望能得到国际社会的帮助。联合国教科文组织立即向各国发出拯救努比亚遗址的呼吁，人类历史上第一次联合起来保护文化遗址的行动开始了。从 1960 年到 1980 年，有 51 个国家和多个国际组织进行了 40 多次大规模的挽救行动，最终神庙经分割后搬迁至无论水库的水如何上涨也不会被淹没的地方重建。于是我们今天仍能走近拉美西斯法老的雕像前一睹其雄奇，领略古埃及文明的魅力。努比亚遗址的拯救和重建，使很多国家意识到只有各国并肩作战，团结互助，才能使大规模的文化遗产得到保护，以一个国际公约的形式来统领全球的文化遗产保护事业十分必要。这一事件也促成了《保护世界文化和自然遗产公约》的产生。从《保护世界文化和自然遗产公约》到《保护非物质文化遗产公约》，国际社会对于非物质文化遗产的保护工作越来越关注。

联合国教科文组织采用意大利专家提出的建议，用 650 台水压起重机将拉美西斯二世神庙原状迁移至高于阿斯旺水坝的地区，以保存此建筑瑰宝

（阅读链接：《世界遗产保护启示录》，叶晗等著，浙江工商大学出版社，2013 年 12 月第一版）

国内:《中华人民共和国非物质文化遗产法》和其他法规、条例

我国关于非物质文化遗产传承与保护的现行法律是《中华人民共和国非物质文化遗产法》。该法于 2011 年 2 月 25 日在第 11 届全国人大常务委员会第 19 次会议上通过,自 2011 年 6 月 1 日起施行,分 6 章 45 条,对非物质文化遗产的调查、代表性项目名录的建立、传承与传播、法律责任和义务等作了规定。它将非物质文化遗产保护的有效经验上升为法律制度,将各级政府部门相关的保护职责上升为法律责任,标志着我国非物质文化遗产保护工作进入依法保护阶段。

为加大对非物质文化遗产的保护力度,同时将传承与保护工作落到实处,使其更具有可操作性,国务院还制定了很多法规。比如,2005 年国务院办公厅下发《关于加强我国非物质文化遗产保护工作的意见》,2006 年国务院公布了第一批国家级非物质文化遗产名录,2006 年、2008 年文化部分别下发《国家级非物质文化遗产保护与管理暂行办法》《国家级非物质文化遗产项目代表性传承人认定与管理暂行办法》等。

各地方政府也根据需要,因地制宜,制定不少地方性法规及相关行政规章,如 2006 年宁夏回族自治区及江苏省率先出台非物质文化遗产保护条例。此外,各地也出台了一些以单项非物质文化遗产或传统民间项目为保护对象的法规,如《淮南市保护和发展花鼓灯艺术条例》(2001)、《苏州市昆曲保护条例》(2006)、《湘西土家族苗族自治州土家医药苗医药保护条例》(2009)等,这些单项条例为所保护的项目提供有针对性的法律保障。

【扩展阅读】几场大火把日本烧醒了

日本是最早开始保护非物质文化遗产的国家之一。1949 年 1 月 24 日,一场熊熊大火吞噬了当时世界上最古老的木结构建筑法隆寺金堂,金堂墙壁上精美的壁画付之一炬;1950 年 7 月 6 日,又一场大火把京都鹿苑寺金阁烧成灰烬。在这两年间,还有 3 件国宝建筑被烧毁。这几把大火令日本上下震惊,很多有识之士对文化遗产的命运忧心忡忡,开始探讨如何保护的问题。1950 年 5 月,日本政府颁布《文化财保护法》,首次以法律的形式规定了无形文化遗

修复后的法隆寺金堂

产的范畴，并把无形文化遗产确立为国家法律保护的对象。

（阅读链接：《非物质文化遗产概论》（修订版），王文章主编，教育科学出版社，2013 年 5 月第一版）

上海：《上海市非物质文化遗产保护条例》

2013 年下半年，上海市正式启动关于非物质文化遗产的地方立法工作。上海立法部门先后调研了全国相关省市的立法情况，梳理了 14 个省市立法条例亮点，并专程赴日本、韩国进行“无形文化财”保护立法调研和实地考察，召开全市各相关职能部门、非遗保护单位和传承人等 30 余场“非遗”立法座谈会和征求意见会，为非物质文化遗产保护条例的制定奠定了坚实的基础。通过两年多时间的准备，2015 年 12 月 30 日，《上海市非物质文化遗产保护条例》由上海市第 14 届人民代表大会常务委员会第 26 次会议通过，自 2016 年 5 月 1 日起施行。这对于贯彻落实《非物质文化遗产法》、推动上海市非物质文化遗产保护工作科学开展具有里程碑式的意义。

《上海市非物质文化遗产保护条例》全文共 8 章 47 条，包括总则、调查与保存、代表性项目名录、分类保护与合理利用、传承与传播、保障措施、法律责任和附则。它立足上海市非物质文化遗产保护工作实际，关于传承与保护的规定充分显示了上海的地方立法特色，相较于国家的上位法，它的“保护”概念更为宽泛，即将“保护”的适用范围涵盖到本市行政区域内非物质文化遗产的调查、保存、认定、利用、传承、传播等保护活动及相关管理工作，明确了保护的具体内容及各个环节。

【扩展阅读】上海一直在努力

从 2006 年起，上海市积极贯彻国家关于非物质文化遗产的各项法规、规章，出台了一系列规范性文件。2006 年 9 月出台的《上海市非物质文化遗产名录项目申报评审管理暂行办法》规范了非物质文化遗产的申报与评定工作；2009 年 8 月出台的《上海市非物质文化遗产项目代表性传承人认定与管理暂行办法》为传承人的保护提供了依据，鼓励和支持代表性传承人开展传习活动；2012 年 6 月出台的《上海市市级非物质文化遗产保护专项资金管理办法》规范和加强了上海市市级非物质文化遗产保护专项资金的管理，提高资金使用效益。这些规范性文件都是在国家相关文件出台后结合本市实际情况而制定的，为传承与保护工作更加规范化地进行提供了保障。

三、非遗，你那些尽职尽责的“守护神”

非物质文化遗产是属于全人类的宝贵财富，但是非物质文化遗产分布范围广，涉及领域多，其自我保护的能力十分有限，因此需要各级各类对非物质文化遗产负有保护责任、从事保护工作的国际组织、各国政府相关机构、社会团体等来承担不同的保护工作，只有他们各司其职，非物质文化遗产保护工作才能层层落实，否则再周全的计划和举措都只能是纸上谈兵。

联合国教科文组织

联合国教科文组织巴黎总部

作为富有文化使命的政府间组织，联合国教科文组织无疑是国际上保护非物质文化遗产的倡导者和组织者，当今世界对非物质文化遗产保护工作越来越关注，与联合国教科文组织多年来的积极推动是分不开的。

20世纪中后期，联合国教科文组织将非物质文化遗产作为一项重要的文化战略提出并在全球范围内开展相关保护运动，充分发挥其设立的政府间保护非物质文化遗产委员会的作用，提供国际合作与援助来保护非物质文化遗产，评审并宣布世界人类口头与非物质文化遗产代表作，组织制定《保护非物质文化遗产公约》，等等，孜孜不倦地为非物质文化遗产保护工作而奔走。正是通过它的提倡、引导、鼓励、监督、传播、参与，才引起了各国政府对非物质文化遗产保护工作的重视并纳入工作议程。

我国政府和工作部门

国家政府通过调动各种行政资源，在人力、财力、物力等方面来支持非物质文化遗产保护工作。我国非物质文化遗产保护的主管机构为文化部，2005年由文化部牵头，建立了非物质文化遗产保护工作部际联席会议制度，统一协调非物质文化遗产的保护工作，部际联席会议由文化部、国家发改委、教育部、国家民委、财政部、建设部、国家旅游局、国家宗教局、国家文物局组成。

2006年7月，成立了国家非物质文化遗产保护工作专家委员会，2008年文化部设立了非物质文化遗产司。他们担负起组织、协调、监督全国范围内国家级非物质文化遗产保护工作，包括组织调查全国非物质文化遗产，组织评审、科学认定国家级代表性项目，建立名录体系和传承体系等；各省（区、市）等地方政府也建立了工作机构，来开展非物质文化遗产的保护工作；县一级也将保护工作纳入工作职责范围内，通过建立健全机构和队伍，全面落实保护计划。

各类保护机构和社会组织

我国非物质文化遗产保护的主要机构是中国非物质文化遗产保护中心，这是一个有国家正式建制的事业单位。作为国家级非物质文化遗产保护的专业机构，它承担了全国非物质文化遗产保护的有关具体工作，比如开展非物质文化遗产保护工作的政策咨询，组织全国范围普查工作，指导并实施保护计划，进行非物质文化遗产保护的理论研究，举办学术、展览（演）及公益活动，交流、推介、宣传保护工作的成果和经验，组织实施研究成果的发表和人才培训等。如 2016 年，中国非物质文化遗产保护中心受文化部委托，对我国各地贯彻落实《中华人民共和国非物质文化遗产法》、依法保护非物质文化遗产的现状进行了调查和实地评估，总结各地的有效经验和做法，发现问题和不足，为我国今后的非物质文化遗产保护工作提供了依据和参考。

国家级的综合性艺术研究机构中国艺术研究院也是一个热心且有责任心的非物质文化遗产保护机构，非物质文化遗产保护工作中一些重大事件都有它的身影：它承担了我国第一次向联合国教科文组织申报“人类口头和非物质遗产代表作”的具体组织和评审工作；全程参与了我国第一批国家级非物质文化遗产名录的建立工作；承办了我国第一个全面展示非物质文化遗产保护工作成果的“中国非物质文化遗产保护成果展”；全面介入我国第一个“文化遗产日”活动中的非物质文化遗产系列活动的策划、组织、实施、宣传等工作。中国进入联合国教科文组织“人类口头和非物质遗产代表作”评审委员会的第一位委员张振涛先生，也是中国艺术研究院的研究员。此外，中国艺术研究院还是联合国教科文组织列为保护和研究传统与民间表演艺术的世界性主要机构之一。

现在，各地也建立起诸多非物质文化遗产保护的研究机构，一些大学和科研单位也建立起专门研究非物质文化遗产、民间文化艺术的机构，承担了大量的资料挖掘、收集、整理、保存、研究等工作，他们为非物质文化遗产的抢救与保护提供智力支持，成为保护非物质文化遗产的一支重要力量。

民间团体的力量也不容忽视，他们在保护非物质文化遗产方面也创造了显著的工作业绩。比如中国非物质文化遗产保护协会和各省（自治区、直辖市）非物质文化遗产保护协会，中国民俗学会和各地的民俗学会，还有如雨后春笋般冒出来的各类单项的研究会、协会等，他们在很多具体项目的保护方面做了很多有益的工作。比如 1994 年起，天津中华民族文化促进会与有关部门合作进行了一项称为京剧“音配像”的工作，即对一批老艺术家在他们艺术巅峰时期演唱的唱片、录音带等声音资料进行修补、翻制，配上一些正值盛年的演员的表演，制成录像资料。据统计，70 多个单位、3 万余人 21 年的努力最终形成了一整套《中国京剧音配像精粹》，抢救保存了 115 位著名艺术家的 460 出京剧。

【扩展阅读】“中国文化长城”是怎样砌起来的

被誉为“中国文化长城”的“中国民族民间文艺集成志书”的编撰及其普查、研究、出版，可以说是非物质文化遗产抢救与保护工作中值得载入史册的宏伟成就。“中国民族民间文艺集成志书”涵盖了民间文学、民间音乐、民间舞蹈、戏曲、曲艺 5 个门类的 10 个领域，对我国民族民间文艺资源进行了全面普查、搜集、整理、保存、研究，所搜集的资料按照省、市、自治区、直辖市立卷（中国台湾地区暂缺），内容包括集成和志书两种体例，编撰成为《中国民间歌曲集成》《中国戏曲音乐集成》《中国民族民间器乐曲集成》《中国曲艺音乐集成》《中国民族民间舞蹈集成》《中国戏曲志》《中国民间故事集成》《中国歌谣集成》《中国谚语集成》《中国曲艺志》10 部大型丛书，2009 年 10 月，“中国民族民间文艺集成志书”全部出

版，共计 298 卷，450 册，总共约 5 亿字，3 万多幅图片。这项旷世工程，由中央政府和地方政府斥巨资，发动了全国 5 万余名文艺集成志书工作者、艺术家、民间艺人积极参与，可以说是前所未有的文化工程。

四、非遗，保护你的路很漫长

作为历史悠久的文明古国，我国古代就非常注重对非物质文化遗产的传承与保护，尽管那时并不叫非物质文化遗产，但是古代官方采取的文化保护措施、主持的文化典籍整理工作，还有文人、学者为著述而进行的搜集整理工作，实际上都是在为非物质文化遗产保护和传承添砖加瓦，而这也是五千年中华文明世代延绵、薪火相传的一个重要原因。比如西周时期，我国已有采诗观风的制度，朝廷专设负责采诗的官员到民间搜寻歌谣，供统治者了解民情。我国第一部诗歌总集《诗经》中的《国风》和《小雅》的一部分，就是朝廷乐师到民间采风所记录的歌谣。还有像北魏贾思勰的《齐民要术》、明代徐光启的《农政全书》等古代农书，收录了很多当时生产生活中的气象谚语、地理谚语等。我国的非物质文化遗产资源非常丰富，为了摸清家底，2005 年 6 月，文化部部署开展了全国非物质文化遗产普查工作，这是 21 世纪以来，我国第一次大规模的非物质文化遗产普查工作，也是非物质文化遗产保护的重要基础性工作。至 2009 年底，普查工作基本完成。通过普查工作，基本掌握了各地区、各民族非物质文化遗产资源的种类、数量、分布及生存状况，抢救和保护了一批非物质文化遗产重要资料和珍贵实物，建立了一批国有的或者民间的非物质文化遗产专题博物馆，建立了普查档案或数据库。

君子民之父母樂只君子德音不已興也●南山有栲北
山有杻樂只君子遐不眉壽樂只君子德音是茂興也●
南山有枸北山有楰樂只君子遐不黃耇樂只君子保
艾爾後興也○此亦燕饗通用之樂所以道達主人尊賓之意美其德而祝其壽
由儀
●蓼彼蕭斯零露湑兮既見君子我心寫兮燕笑語兮
是以有譽處兮興也●蓼彼蕭斯零露瀼瀼既見君子為
龍為光其德不爽壽考不忘興也●蓼彼蕭斯零露泥泥
既見君子孔燕豈弟宜兄宜弟令德壽豈興也●蓼彼蕭
斯零露濃濃既見君子鞗革沖沖和鸞雝雝萬福攸同
興也○諸侯朝于天子天子與之燕以示慈惠故歌此詩●湛湛露斯匪陽不晞厭
厭夜飲不醉無歸興也●湛湛露斯在彼豐草厭厭夜飲
在宗載考興也●湛湛露斯在彼杞棘顯允君子莫不令
德興也●其桐其椅其實離離豈弟君子莫不令儀興也○此

《诗经·小雅》

为使中国的非物质文化遗产保护工作更规范，我国制定“国家 + 省 + 市 + 县”4 级名录体系，这样可以较好地涵盖我国境内各个民族优秀的、有代表性的非物质文化遗产项目，也方便了从国家层面较为全面地掌握非物质文化遗产的“矿藏”。省、市、县级名录由同级政府批准公布，并报上一级政府备案。代表性名录逐向上推荐，这就能够将那些最优秀的非物质文化遗产纳入国家级名录中来，国家级非物质文化遗产名录由文化部认定，国务院批准并公布。可以说，四级名录体系是非物质文化遗产保护制度的核心内容之一，也是有效保护我国非物质文化遗产的重要措施。

然而，我们也应该思考，名录申报完了之后做什么。一些地方热衷于申报名录，觉得本地的非物质文化遗产进入更高一级的名录是很有“面子”的事情，入围名录就像获奖一样，经过媒体宣传，可以大大提高非物质文化遗产甚至所在城市的知名度，能体现本地的文化实力；还有的认为“文化搭台，经济唱戏”，通过申报进入名录，尤其是进入国家级和世界级的非物质文化遗产名录，可以吸引全国乃至全世界的游客前来参观，由此可以带来更多的收入。不可否认，“文化实力”“经济利益”很重要，但我们要用理性的和科学的态度对待非遗名录，申报进入名录只是手段，进入名录意味着更多的责任，如何保护、传承和发展才是最终的目的。此外，既然有准入机制，也必须有退出机制，以维护非物质文化遗产项目的权威性和严肃性。

非物质文化遗产的产生和发展，与社会文化环境息息相关，因为它原本就来源于人类的生活与实践。幸好，我们国家和社会已意识到这一点，正悉心维护和改善文化生态环境，支持非物质文化遗产回归我们的日常生活、在千家万户的日常生活中得到体现和传承，从而更好地融入当代社会，为更多的当代民众尤其是年轻一代所接受、所喜爱。然而，保护和传承之路漫漫，面对脆弱的非物质文化遗产，我们要做的事情还有很多，很多……

亲爱的读者，在接下来的篇章中，我们将详细讲述关于非物质文化遗产的保护、传承等方面的内容，希望对睿智的你有所启示，也希望你也能成为保护和传承非物质文化遗产队伍里自觉而又热心的一员。

非遗人与非遗保护

非物质文化遗产是人类的宝贵财富和不竭资源，是人们在历史进程中勇于创造的精神体现，是传统时代民众社会生活的产物，它诞生于日常生活，并且成为生活方式的一部分。随着社会的发展，传统文化和传统生活方式受到了前所未有的冲击，非遗的生存也因此面临着严峻的挑战。所以，在谈到“非物质文化遗产”的时候，往往同时伴随着另外一个词——“保护”。由于原本的生存空间被不断地压缩，非遗普遍面临着一定的生存危机，这促使我们不得不积极努力地去保护非遗。

一、非遗传承人

与“非物质文化遗产”紧密相关的一个词是“非遗传承人”，你知道什么样的人是“非遗传承人”吗？你对他们了解吗？

皮影戏

你早上起来，吃了南翔小笼包，接着出门去看了一场有趣的皮影戏，在公园里看到有人在抖空竹，有人在扭秧歌，还听到有人在津津有味地讲白蛇传传说、孟姜女传说等。你觉得你的这一天过得很有趣。确实，你在这一天里或多或少地与好几项非物质文化遗产亲密接触，在这过程中，制作南翔小笼包的师傅，表演皮影戏的艺人，抖空竹、扭秧歌的大爷大妈，讲述白蛇传、孟姜女传说的“说书先生”，从某种意义上说，他们很可能是“非遗传承人”。

那么到底什么是非遗传承人呢？在不同的语境下有不同的理解和表述，不过，大体上包含两个层面的含义。一方面是掌握非物质文化遗产项目或者具有某项特殊技能的个人；另一方面是积极开展传承活动，培养后继人才。这也就是说，传承人担负着“传”与“承”双重任务。一般来说，完整掌握了某种非物质文化遗产技艺的人，都可以称为传承人。

2011 年，国家颁布了《非物质文化遗产法》，里面明确给出了非遗传承人在法律层面的含义和认定标准。非遗传承人往往掌握杰出的才能与技艺，是非物质文化遗产的生产者和承载者。

【扩展阅读】

《中华人民共和国非物质文化遗产法》第二十九条：

国务院文化主管部门和省、自治区、直辖市人民政府文化主管部门对本级人民政府批准公布的非物质文化遗产代表性项目，可以认定代表性传承人。

非物质文化遗产代表性项目的代表性传承人应当符合下列条件：

（一）熟练掌握其传承的非物质文化遗产；

（二）在特定领域内具有代表性，并在一定区域内具有较大影响；

（三）积极开展传承活动。

认定非物质文化遗产代表性项目的代表性传承人，应当参照执行本法有关非物质文化遗产代表性项目评审的规定，并将所认定的代表性传承人名单予以公布。

《中华人民共和国非物质文化遗产法》第三十一条：

非物质文化遗产代表性项目的代表性传承人应当履行下列义务：

（一）开展传承活动，培养后继人才；

（二）妥善保存相关的实物、资料；

（三）配合文化主管部门和其他有关部门进行非物质文化遗产调查；

（四）参与非物质文化遗产公益性宣传。

非物质文化遗产代表性项目的代表性传承人无正当理由不履行前款规定义务的，文化主管部门可以取消其代表性传承人资格，重新认定该项目的代表性传承人；丧失传承能力的，文化主管部门可以重新认定该项目的代表性传承人。

只有形成科学、合理、有效的认定制度，才能遴选出能够真正代表民族文化的传承人。目前，我们国家采取的是政府认定为主的传承人认定模式。《中华人民共和国非物质文化遗产法》对传承人的认定条件、程序作了简单规定。但在具体的实行过程中，公示方法、表达异议等程序并不具体，这就很可能导致选出的传承人不合格，遗漏真正高水平的传承人，进而影响非遗的传承工作。

有时候，一个非遗项目的传承人不是个人，而是一个团体。传承人的概念不仅仅指个人，除了个人传承外，还有团体传承。因为，对非物质文化遗产的宣传和弘扬而言，单位或团体往往比个人更具有影响性和可持续性。从实际情况来看，一些项目也不是个人能够传承的，而是通过一个群体中的一些传承人相互影响、默契配合，才能实现项目的传承。比如京剧、昆曲等传统戏剧，想要保留传承这些传统艺术，就需要把一门艺术的各种行当的演技都传承下来，在剧团里面艺人们分工明确，没有一个人会精通所有行当。生、旦、净、末、丑的技艺会掌握在不同的艺术家手上。因此，需要群体传承的项目，也许认定单位或者团体为代表性传承人，更符合保护与传承的规律。

二、非遗保护

从 2000 到 2014 年，我国先后于 2006 年、2008 年、2011 年和 2014 年进行了四次国家级非物质文化遗产的申报、审核、认定工作，以项目的形式收录到非物质文化遗产国家级名录中。自此，非遗逐步迈入了“后申遗”时代，因而也迎来了更为迫切且至关重要的任务——探索非遗保护与发展的长效持久方式与道路。

其实，在非遗项目的申报和认定的同时，各项非遗保护工作也逐渐开展了。非遗工作的重心也由非遗项目的申报，逐渐转变为非遗的保护。经过十多年全国上下齐心协力，我国非物质文化遗产保护工作取得了很大的进展。全面普查、建立全国四级遗产名录，保护代表性传承人，建设文化生态保护区，建设非物质文化遗产专题博物馆、民俗博物馆和传习所、保护机构和非物质文化遗产保护立法等多方面工作，取得了突破性进展。政府、社会、学界都在积极探索非遗保护，经过不断的经验积累和实践，非遗的保护方式逐步被细化。经过了

上海宝山国际民间艺术博览馆

十多年的探索，到目前为止，在非遗保护方面总结出了整体保护、活态保护、原真性保护、立法保护、数字化保护和生产性保护等诸多方式。

现在许多非遗项目传承人年事已高，而且后代并没有传承技艺的意愿或条件。如果再不采取措施，这些项目将岌岌可危。然而，目前有机会传承非遗的年轻人热情普遍不高，不愿意学习传统技艺。一个很重要的原因就在于，受现代市场经济的冲击，掌握非遗技艺很难获得较高的经济收益。生产性保护可以很好地解决这个问题。这种方式强调通过市场的经济手段，为保护和传承提供必要的经济来源，这不仅使非遗项目的传承人可以在传承的过程中得到实际的经济收益，同时扩大了非遗项目的影响力，而且也使非遗传承人看到自身和项目的价值，增强了项目的凝聚力，从而吸引更多的人自发学习、传承非遗，壮大非遗保护的队伍。

生产性保护方式因为可以将非遗融入社会生活和生产中，成为符合“活态”保护要求最直接、最现实的途径，在非物质文化遗产的保护的理论指导与生产实践中发挥重要的作用。将非物质文化遗产中可以转化为经济效益的文化资源，通过一定的商业、市场行为转化为经济收益，这即是生产。用这样的方式激发非遗持续的活力，从而使得非遗具备在当今社会传承发展的可能性，这便是保护。也就是说，非物质文化遗产的活态性和生产性决定了它的经济属性，决定了可以通过生产、流通的经济行为发掘非物质文化遗产的经济价值潜力，从而转化为自我造血、持续发展。

生产性保护可以调动非遗传承人的主动性和积极性，使他们更加踊跃地参与到非遗的传承活动中，实现非遗的可持续发展，形成项目传承与获取经济利益的双赢局面。生产性保护的“生产”与“保护”两个关键方面如同一个硬币的两面，文化保护是目的，生产发展是方式与途径，难免趋利。必须平衡好两者间的关系。这就需要了解非遗自身发展的规律，有的放矢，合理取舍，防止过度的商业行为，坚守非遗保护的主旨，同时也利用好非遗自身的资源，结合市场机制实现最大化的共生共赢，让非物质文化遗产健康持久地传承发展下去。

近年来，非遗保护工作已经逐步展开并不断深入，相关法规、制度和政策体系也逐渐完善，工作机制逐步健全，在保护方式和措施方面的经验也得到了相当程度的积累。

传承人保护机制逐步健全。迅速建立健全各级非遗代表性传承人的个人档案，其内容包括：传承人的个人基本情况；所传承项目的主要表现形式、文化内涵、核心价值、核心技艺及要领；项目传承的计划、任务，不同阶段的目标和实施情况；开展传承工作，带徒授艺、培养后继人才的情况；参与展览、展示、研修、对外交流等情况。除了文本记录以外，图片资料、影像资料、声音资料、实物资料等也应该作为档案的必要内容。

对代表性传承人的管理和保护也逐渐走向精细化、科学化。关心和保护代表性传承人，及时了解和掌握传承人的具体状况，对传承人动态跟踪关注，定期总结和考评，对传承的内容、方式、成效和社会影响进行及时的量化分析，并且帮助传承人解决遇到的各种困难和问题。通过科学有效的管理，进一步加强代表性传承人队伍的建设，使传承人能各司其职，充分发挥作用，又能在传承工作中实现自我追求和自身价值。

建立传承基地、传习所、专题博物馆等，为非遗传承提供授课带徒、理论和技艺探讨、展示和交流的平台。例如山东省，建立了各类非物质文化遗产馆和传习所累计近两百个，其中 7 个已经命名为“山东省非物质文化遗产研究基地”，20 个命名为“山东省非物质文化遗产示范保护基地”，9 个命名为“山东省非物质文化遗产教育传承基地”。这些平台的建立，为非遗传承提供了有利的条件和环境。

非遗展馆

在保护非遗项目本身的同时，也应该注意保护非遗传承发展的文化环境。文化生态与非遗项目是皮与毛、水和鱼的关系。随着我们国家现代化、城市化的发展，文化环境也发生了巨大的变化，虽说回到或者说倒退到孕育出非遗项目的那个传统时代的环境是完全不可能的，但在快速变化的新时代，为非遗和非遗传承人在一定范围内提供一个稳定和谐的文化环境，使得非遗的传承同时带有回归日常生活的可能，从而吸引更多的人自发地、富有创造力地走到非遗保护和传承的队伍里面来，能够安于、乐于非遗的保护和传承，享受到非遗项目传承带来的精神和物质的收益，这或许才是长久之计。

三、非遗教育

非遗由人们在长年累月的日常生活中逐渐产生并发展，与人们的日常生活、传统节日、社会礼仪、宗教信仰、生产劳动等紧密联系。在传统社会，非遗作为一种老百姓“日用而不知”生活组成部分，往往以家庭（家族）传承、师徒传承作为其主要传承方式。血缘、乡缘、业缘是维系非遗传承和非遗教育的主要纽带。

非遗这些特点，在一定程度上决定或者导致了非遗传承的老龄化和断代现象，这些都非常不利于非遗保护与传承。在现代化快速推进的同时，非遗也在发生迅速的流变。城市化的进程使许多乡村消失了，而以乡村生活为载体的许多非遗项目也失去了赖以生存的土壤。脱离了民俗生活和民俗文化环境，非遗很可能成为无根之木、无源之水，它自生的传承能力逐渐衰退，传承面临一定的困境。

另外，现在各种非遗项目以不同的方式被记录下来，保留了其完整的资料和实物，能够放在展馆里面向社会大众展示，但如何让非遗真正“活”起来，除了宣传、展示这些途径，做好传承人的教育和培养才是最根本的办法，也是科学合理地保护非遗这项工作之中的要义。因为非物质文化遗产有特殊性，它是无形的、流动的，特别是民间音乐、曲艺，以及各种传统技艺，它的继承载体只能是人，而不是实物。因此，从非遗的传承方式上来说，它并不是“收藏”在某个场馆里面就可以了，必须在手、眼、心上代代相传。

《中华人民共和国非物质文化遗产法》规定了非遗传承人的义务，其中一条就是传承人必须收授徒弟。但是实际情况是，大多数传承人很难完成这一任务，其原因一方面是找不到合适的接班人，“无徒可收”；另一方面是不少传承人年事已高，很难再将非遗项目复杂的流程和技艺完整地传承给徒弟。

为了应对和改变这样的现状，文化部、教育部推行“中国非遗传承人群研修研习培训计划”。教育是整个人类文化传承和社会发展的重要支撑，非遗作为人类文化的一个组成部分，它的传承和发展同样离不开教育。学校教育是一种具有普及意义的教育形式，惠及面广，传承的方式多样，可以有不同形式、不同层次的教育传承体系。将学校与非遗的文化传承联系起来，调动学校的力量介入非遗的保护与传承。一方面，非遗走进校园，为学校提供了宝贵的文化资源；另一方面，学校培养非遗专业人才，可以对非遗进行有效的保护与传承。这是非遗与学校之间互动互益、互惠共生的过程。

学校，尤其是高校是一个地方文化、教育中心，拥有丰富的文化、教育资源，对于培养非遗专业人才有独特的优势。学校可以充分利用所在地区的非遗资源，结合自身现有的资源，构建具有学校特色的非遗专业人才培养机制。学校的责任，从根本上说，是实现人类技艺、知识、文化的传递。培养非遗专业人才，与学校这一根本任务是相符合的。

学校在培养非遗人才上具有独特优势资源。作为传统文化保护、传承与创新的平台，学校将非物质文化遗产融入教学，有利于非遗正式进入我国当今的国民教育体系。学校汇集了丰富的人才资源，有利于培育一定数量的非遗专业人才，他们是未来非遗保护、传承、发展与创新的主体。

学校拥有庞大的信息资源，可以为非遗的保护与传承提供传习、交流的场所。学校不同专业的师资力量可以对非遗专业人才的培养提供专业性的建议和指导。

学校是学术理论研究的基地，拥有大量科研人才以及勇于创新的科研机构，优化学校资源配置，设立科研机构、开展学术会议、举办非遗相关活动、进行社会实践，这些都可以为非遗专业人才的培养提供理论支持和实践保障。与传统家庭教育、拜师学艺等传承方式相比，学校在非遗传承、发展与创新的过程中，更加具备培养非遗专业人才所需要的丰富资源和独特优势。

【扩展阅读】

2015 年 6 月 16 日，文化部在上海大学国际会议中心召开“中国非物质文化遗产传承人群研修培训计划”试点工作现场协调会议，统筹组织各试点院校在 2015 年暑期开展传统工艺项目培训工作。

文化遗产是民族的文化印记，非物质文化遗产是一个民族的生活方式和身份象征，非物质文化遗产走进生活才能有效地保护和传承，并不断扩大其影响。传统工艺是参与面最广、流通性最强的非遗门类。但是，当前相当部分传统手工艺者的综合文化修养、设计创新能力不足，市场上缺少有民族特色的知名品牌，行业整体实力和市场竞争力不足。

要搭建起传统工艺与学术、艺术、现代技术、现代设计、当代教育以及大众生活的桥梁。要让传统工艺走进现代生活，让现代设计走进传统工艺。传统工艺要秉承传统、不失其本，改良制作、提高品质，逐步培养出民族特色的国家品牌。文化部、教育部启动“中国非物质文化遗产传承人群研修培训计划”试点工作，就是要通过委托高校对非遗传承人群大面积培训，提高传承人群的学习能力、传承水平，进而提高传统工艺品的品质，扩大中国传统工艺品市场认知度和市场份额，促进传统工艺更加广泛地走进现代大众生活，相应带动千家万户就业，最终使中国非物质文化遗产保护传承工作上一个新台阶。

目前，清华大学美术学院、中央美术学院等20余所院校已被确定为“中国非物质文化遗产传承人群研修培训计划”研修培训试点院校。

非遗的学校教育逐步开展，不同的教育阶段需要以不同的方式融合、促进非遗的教育传承，不同的非遗项目也需要以不同的方式走进校园。这些既需要整体的统筹规划，又需要明确、细致、有针对性的具体分工。

目前我国在非遗的普及性教育和传播方面探索了很多，为传承梯队的底座形成奠定了基础。各地在“文化遗产日”周期性实施的非遗进社区、进校园等活动就是基本方式。比如“非遗进学校”通过普及传播非遗事项和保护尝试，实现了青少年学子的非遗文化启蒙和扫盲，为他们接触非遗、参与保护创造了可能。“非遗进社区”所设置的各类非遗培训班也是如此培育了社区民众对非遗的认识，激发了他们对非遗的兴趣，进而可以让部分民众转化为非遗的一般学习者。在这类非遗普及性教育的进行中，应该避免强迫式、灌输式的传统教育方式，要激发学生的学习兴趣和主动学习的自觉性。因为兴趣是最好的老师，有了浓厚的兴趣，才能唤起学生想要自己去学习这些知识和技能的欲望，从而使得这种知识的接受由被动变为主动。

需要纳入或者已经纳入中小学校教育体系的有关非遗的教学，因为属于素质教育阶段，是为了培养青少年对民族文化的认识、认知与认同，为了让青少年热爱我们民族的优秀传统文化，并从中获取精神养分，助其成长成才。这种普及式的教育传承，应该以文化传承为主，技艺传承作为辅助和了解。如人类非物质文化遗产——“中国珠算”的教育传承，应该注重中国珠算文化的传承，使学生了解珠算、算盘的发展历史，了解它们在世界文明史和科学技术史上的地位，以及在我国历代人民生产、生活各个领域中的应用和作用，并通过珠算的运用方法了解古人的生活、计算方式。重视文化精神的传承。这是非物质文化遗产传承的精髓。在历史发展的进程中，正是中华民族精神滋养和孕育出了一代又一代的民间文化的传承人、守护者。非遗背后蕴含的执着专著、追求完美、精工精致、天人合一的精神，比具体项目和技艺更为重要。

当然，除了普及型的教育宣传，非遗专业人才的培养也是必要的。因为，脱离了具体技艺的传承和发展，背后的文化意义也无从谈起。

非遗专业人才是非遗保护和传承的储备力量，也是非物质文化遗产创新发展的主体。以往非遗的传承往往基于血缘、业缘、乡缘，是一种相对封闭的传承系统，很少接纳外来人员。近年来，一些高职院校开办了专门培养非遗或者与非遗相关的人才的专业。学校培养非遗专业人才，是一种对非遗传承保护、发展创新的有效举措与有力手段。

这些学校培养的非遗专业人才，不仅在数量上胜过传统式师徒相传模式，而且学校教育更具系统性与规范性，同时在一定程度上有可复制性。今天这些学校、专业培养的非遗专业人才，很可能在未来成为非遗的代表性传承人。非遗能否传递下去，归根到底是看有没有合适、优秀的人去传承它。非遗的专业人才的培养直接关系到非遗未来的命运，只有在保护好传承人的同时，又培养出新的一批专业人才，非遗的传承才能做到薪火相传，拥有持久的生命力。

例如南京市莫愁中等专业学校，从 2001 年开始，开设了古籍修复专业，建立文物修复与保护专业群，后来逐步扩展至非遗手工技艺类专业建设，成立了全国首家“非遗学院”，主动担当起保护中华五千年灿烂文化的历史重任。

学校采用科学手段重新描述传统技艺，结合《中华人民共和国文化行业标准：古籍修复技术规范与质量标准》，制订了古籍修复人才的专业技能标准——“十八项技能”，形成了对古籍修复工作的能力分解，填补了行业空白，并在此基础上建设了基于工作任务的课程体系。学校教师团队还自发研发出纸浆修复技术、民国文献保护修复“刮夹加固法”等国家级发明专利，通过科技因素使古老的修复技艺绽放新的生命活力，并建立了立体式实训体系，推动学生逐步从文物修复工作的边缘进入核心。

这个专业被江苏省教育厅授予“江苏省特色专业”称号，被教育部评为"民族文化传承与创新示范点"，是"人类非物质文化遗产"雕版印刷传习所，成为"国家古籍保护中心人才培训基地"，与南京图书馆一同获批"可移动文物修复资质"。十多年来，学校从古籍修复专业逐步发展至文物修复与保护专业群、非遗手工技艺类专业，培养学生近六百名，修复古籍三万余册。这个专业的学生毕业以后，在工作岗位上，让古籍修复这门技艺继续发挥作用。

【扩展阅读】

（1）古籍修复技艺

申报时间：2008 年

申报类别：传统技艺

申报地区：中央、北京市

编号：Ⅷ－136

古籍修复

申报地区或单位：国家图书馆、中国书店

古籍修复是一项特殊技艺。在漫长的历史过程中，脆弱的古代典籍经过聚散、转手以及天灾、战乱毁坏，大多千疮百孔、破烂不堪。"修旧如旧"，化腐朽为神奇，是保护历代古籍完整流传至今的重要一环，因而各界人士将这项技艺誉为古籍的"续命汤"。

从事古籍修复工作不但要熟悉各个朝代书籍的形式和版本，还要了解各朝纸张、书皮及装订风格，更要有娴熟的技艺。修补一本古书往往要经过十几、甚至几十道工序，一招一式极为考究，对从事古籍修复人员的要求更是近乎苛刻。

中国国家图书馆是综合性研究图书馆，是国家总书库，和全国书目中心，其藏书可上溯至南宋，馆藏珍品古籍众多。

国家图书馆文献修复工作历史悠久，早在京师图书馆时期就配备了文献修复人员。1949 年，为修复当时刚刚入藏北平图书馆的国宝藏经《赵城金藏》，经由当时的军管会批准，组建了一支由 8 名技工组成的修复队伍，即今天国图修复组的前身。1953 年正式成立"图书修整组"，至此古籍修复工作作为图书馆的一项专职业务走上了专业化、正规化的发展道路。2001年，“图书修整组”改名为“善本特藏修复组”。

国家图书馆文献修复工作在历史上取得了比较辉煌的成绩，修复完成的国宝级珍贵文献包括《赵城金藏》、《永乐大典》、西夏文献、部分敦煌遗书和宋元善本、清代《赋役全书》等。可以说正是凭借着代代国图修书人的不懈努力，一件件馆藏国宝的风采才能重新展现于世人面前。

当前，古籍保护形势十分严峻。目前，全国各图书馆、博物馆、文物管理单位需要修复的古籍超过1000万册件。但据统计，全国图书馆古籍修复人才不足100人。除人才数量严重不足外，还存在综合素质低、职称低、年龄大等情况。保护古籍修复技艺已刻不容缓。

（资料来源：中国非物质文化遗产网）

（2）雕版印刷

申报时间：2006年

类别：传统技艺

地区：江苏省

编号：Ⅷ–78

申报地区或单位：江苏省扬州市

雕版印刷技艺出现于隋唐时期，宋代毕昇在此基础上发明了活字印刷术，但是雕版印刷并没有被活字印刷所替代，仍一直在古代中国印刷业中占据主流地位。目前，雕版印刷技艺可在扬州广陵古籍刻印社见到，这里聚集了一批雕版印刷艺人，并存有近30万块雕版板片，因此其技艺被称为扬州雕版印刷技艺。

扬州雕版印模

雕版印刷的工艺流程极为复杂，大致可分四个环节，每个环节又有若干程序。一是备料，即制版、备纸、备墨；二是雕版，即写版、校正、上版、雕刻；三是刷印与套色；四是装帧。扬州广陵古籍刻印社保留着国内唯一的全套古籍雕版印刷工艺流程，共有二十多道工序，整个流程散发着古朴典雅的文化气息。

据记载，扬州雕版印刷技艺始创于唐代，于清代得到空前发展，康熙年间刊印了包括《全唐诗》在内的内府书籍三千余卷。1960年，扬州广陵古籍刻印社成立，成为传承雕版印刷技艺的职能机构。但是，这一机构作为自筹资金的事业单位，目前面临转企改制的现状，市场经济正逼近传统雕版印刷工艺，需要采取措施加以保护。

目前，在非遗普及教育和非遗人才的培养上取得了可喜的进展和成效，但同时也面临着一些难以解决的问题。譬如：虽然部分学校开设了与非遗保护相关的专业，培养了一些非遗专业人才，但是学科建设、课程设置上还有待完善，很多学校缺少合格的师资队伍，也缺少与非遗实践紧密结合的生产、实践环节。在一些培养技能型人才的学校，重视学生技艺的传授，而对非遗项目技艺的发展历史、项目的文化内核和文化精神的传授缺乏重视。应该把非物质文化遗产传承人的培养、非遗文化精神的培养和文化创意产业的发展相结合。另外，在部分非遗项目可以成为职业院校、高校专业的同时，必须看到的是，大部分非遗项目仍然随时可能陷入后继无人的境地。

而在非遗进校园、进课堂的普及性教育宣传中，一些学校对于非遗的教育还停留在灌输式、植入式的阶段，非遗的普及宣传和学校自身的课程难以有效结合在一起。如何做到既能科学全面地进行非遗教育宣传，又能在关键的点上做到细致避免流于形式，是下一阶段非遗普及教育需要面对和解决的问题。

例如，在对非遗的普及性教育中，非遗没有单独列入专门的课程体系，学校大多是在兴趣小组、手工劳动或者美术课堂中穿插非遗教学，实施时间有限，并且随着学生的升学而终止，学生对于非遗的了解浅尝辄止。在当前环境下的非遗教育教学或者培训活动多体现为非遗知识的零碎传授、非遗实践的短暂体验。另外，没有与学校原本的教学内容有机融合的非遗教育，往往会加重学生的负担，引起学生的抵触，大大影响教育宣传的效果。

教育是非遗传承与发展的关键，学校尤其是高等院校是文化传播、传承的重要阵地，在非遗教育、非遗专业人才培养上也有得天独厚的优势。把学校的教育模式和非遗传承结合起来，提供了一种新的思路。如果能够科学规划、积极利用，学校一定能为我国非遗的传承和发展作出积极贡献。因此，有条件的学校应该及时参与到非遗文化的教育宣传、普查研究、专业人才培养工作中去，积极参与非遗生态文化可持续发展的研究中去。

非遗走进我们生活

为了确保非遗能够在当今环境中传承和发展，一方面，通过确保非遗的传承，维持非遗的生命活力和传承性；另一个方面，让非遗重新回归生活，得到扎根并获取养分的土壤，保障非遗保持生命活力。非遗回归生活，可以让本来是由群体共同创造的，全社会、全人类共同的文化财富，成为群体共享的文化资源。并且，非遗也保留着很多非物态内容，包括一个民族或群体身份的原生状态、思维方式、心理结构和审美观念等，非遗回归生活的同时，也可以丰富精神生活和生活乐趣，提升群体的文化创新能力和理解能力，增强民族文化自觉意识。

一、文化遗产日

2005 年 12 月，国务院决定从 2006 年起，每年 6 月的第二个星期六为中国的“文化遗产日”，这充分体现了党和国家对保护文化遗产的高度重视和战略远见，有助于提高人民群众对文化遗产保护重要性的认识，增强全社会的文化遗产保护意识。文化遗产日，为中国大陆文化建设重要主题之一，目的是营造保护文化遗产的良好氛围，提高公众对文化遗产保护重要性的认识，动员全社会共同参与、关注和保护文化遗产。2016 年 9 月，国务院批复住房城乡建设部，决定自 2017 年起，将每年 6 月第二个星期六的“文化遗产日”，调整设立为“文化和自然遗产日”。右图即为“中国文化遗产”标志。

标志上方采用简体中文“中国文化遗产”，下方采用汉语拼音“ZHONGGUO WENHUA YICHAN”，各民族自治地方可使用当地少数民族文字，在对外交往工作中可使用英文“CHINA CULTURAL HERITAGE”或其他国家文字。

中国文化遗产标志标准色彩为金色，可根据不同需要使用其他颜色，中国文化遗产标志核心的金饰文物图案，除配合文字使用外也可单独使用。中国文化遗产标志采用四川成都金沙遗址出土金饰图案。有专家将其命名为“太阳神鸟”或“四鸟绕日”。

我国是具有悠久历史的文明古国，在漫长的岁月中，我国各族人民共同创造了宝贵的文化财富，包括以物质形态存在的具有历史、艺术、科学价值的不可移动文物和可移动文物，以及历史文化名城（街区、村镇）等；也包括以非物质形态存在的世代口头传说、传统表演艺术、民俗活动、礼仪节庆和手工技艺等，其种类之繁多、形式之多样、内容之丰富，为世界少有。

包括非遗在内的文化遗产以独特的方式潜移默化地影响着各族人民的思想观念和生产生活，以强大的民族凝聚力和激扬向上的活力维系着中华民族五千年文明历史绵延不断，这是中国文化之魂，是民族精神之根，是我国在世界上引以为荣的宝贵财富，所以我们应当视其为传家宝，世世代代传承并发扬光大下去。设立“文化遗产日”，可以使文化遗产的保护得到加强，改善文化遗产的保护状况，逐步形成较为完善的文化遗产保护体系，使文化遗产保护观念更加深入人心，成为全社会的自觉行为。

国家文物局决定从2009年，也就是第四个文化遗产日开始，建立文化遗产日主场城市申办制度，每年与主场城市共同举办活动，作为倡导文化遗产日活动的主要组织形式，全国范围内各地级以上城市均可申办成为文化遗产日主场城市。每届活动会结合当年文化遗产日主题和城市特点有所侧重，并在全国范围内征集代表性活动项目，努力使之既具有承办城市所在地域的鲜明特色，又具有全国范围内的倡导力和示范性。经过激烈竞争的申办和紧张审慎的评审，历史文化名城、古都杭州脱颖而出，成为首个文化遗产日主场城市。

2009年6月13日，第四个“文化遗产日”当天，文化遗产日主场城市活动在杭州西湖涌金广场拉开帷幕。当天，国家文物局与中央电视台科教频道合作，并携手北京、天津、河北、江苏、浙江、山东、安徽、河南八省市文化厅局和电视台，共同举办了长达四个小时的“中国记忆——文化遗产日”大型直播节目，既聚焦大运河沿线的文化遗产，同时也插播杭州的文化遗产日主场城市广场主题活动。

2010年，继杭州之后，苏州成为第二个举办中国文化遗产日主场活动的城市。这次活动期间，举行了“城市更新中的文化传承”主题论坛（上海世博会苏州论坛）、历史城市联盟成立仪式、2009年全国十大考古新发现和第二届“中国历史文化名街”授牌仪式、表彰第三次全国文物普查实地文物调查阶段突出贡献个人和集体、青少年文化遗产知识竞赛等系列活动。

杭州西湖涌金广场

随后的几年里，山东济宁、河南郑州、陕西咸阳、江西景德镇、重庆大足、河北承德、河南洛阳等相继成为文化遗产日主场活动城市，并顺利举行了文化遗产日主场城市活动。历年活动的举办，为当地百姓提供了更为直观和便捷的接触、了解、体验和感受包括非遗在内的文化遗产的机会和窗口，促使非遗走进民众生活。另外，主场活动城市的申报、评选，以及在此之前所做的种种准备工作，在行政层面促进了各城市各地区文化遗产的保护，对于非遗的保护和传承也无疑有着非常积极的影响。

现在，各级政府文化部门已经开始利用“文化遗产日”、传统节日、民俗节日及相关的博览会、展销会等，为非遗项目提供展览、展演、展销的机会，扩大非物质文化遗产的社会影响，帮助非遗融入民众生活。在这方面，既有国家层面的成功组织范例，也有地方政府组织的丰富多彩的活动。

【拓展阅读】历年文化遗产日的活动主题

2006 年：保护文化遗产，守护精神家园
2007 年：保护文化遗产，构建和谐社会
2008 年：文化遗产人人保护，保护成果人人共享
2009 年：保护文化遗产、促进科学发展
2010 年：文化遗产在我身边

2011 年：文化遗产与美好生活
2012 年：文化遗产与文化繁荣
2013 年：文化遗产与全面小康
2014 年：让文化遗产活起来
2015 年：保护成果全民共享
2016 年：让文化遗产融入现代生活
2017 年：非遗保护——传承发展的生动实践

二、非遗馆与非遗园

近年来，随着非遗逐渐被广大民众熟悉，非遗开始以各种各样的方式重新回到我们的视野中。近年来出现的各种以非遗为主题的展馆、博览园，就是大家平时能近距离接触非遗的重要场所。其中较为著名的有中国非物质文化遗产园、上海世界非遗文化城、成都国际非物质文化遗产博览园、苏州市非物质文化遗产馆等。这些综合的场馆往往能在并不大的空间和并不长的时间内，以实物呈现的方式让参观者近距离地了解非遗的历史与现状、接触和感受非遗。

上海纺织博物馆

除了这些综合性的非遗展馆，还有很多专题性质的博物馆、纪念馆、艺术馆，突出展示某一种或者某一类非物质文化遗产项目，上海地区有中国武术博物馆、上海纺织博物馆、七宝皮影艺术馆、金山农民画院等。这些场馆可以让参观者在一馆的空间内，较为深入地了解其展示的非遗项目。另外，由于非物质文化遗产在传统时代渗透到老百姓生活的方方面面，许多传统的博物馆、艺术馆，也都或多或少保留和展示了非遗的原有样态。

这些展馆通过各种展示和陈列手段，“活态”地展示了我们国家各地丰厚的非遗资源，有的还邀请非遗传承人举行讲座、表演，具备了传播、传承和保护非遗的功能。此类展馆的建成和开放，为我国开展非遗保护、传承、交流工作提供了一个重要的平台和阵地。以下选择这类展馆中具有特点的个案作重点介绍。

上海世界非遗文化城

上海世界非遗文化城暨上海非遗文化小镇，位于上海市“西南门户”的中国历史文化名镇——枫泾，商用占地面积613亩，已建独体建筑面积36万平方米，地下建筑面积2万平方米，总投资近40亿元人民币。

园区以联合国教科文组织“非物质文化遗产代表作名录”、我国“国家级非物质文化遗产名录”所收录的项目和全国各地省市级非物质文化遗产为基础，汇聚国内外具有代表性的非物质文化遗产，立足非遗保护、传承和发扬，建立非遗数据库和线上线下互联网互动平台，着力打造一个以非遗文化体验旅游为形式、以互联网+为手段的新型文化项目。

上海世界非遗文化城项目启动以来，非遗项目入驻率已达75%以上，入驻落地非遗项目有中国（上海）民间皮影博物馆、中国剪纸博物馆、中国民族艺术馆、中国钧瓷博物馆等200多家非遗传承人、非遗工艺、书画艺术、展览展示、教育体验馆（街）区。

成都国际非物质文化遗产博览园

成都国际非物质文化遗产博览园，位于四川省成都市青羊区光华大道二段601号。以“记忆、传承、欢乐、和谐”为宗旨，园内有100多项人类非遗代表作、1000多项非遗名录项目，以多种展览手段、高科技互动方式集中展示，通过人性化的非遗文化科普教育、互动性的非遗文化体验，为游览者全方位生动展现全球非遗文化的多样性。

2009年8月，国家文化部正式确立成都为国际非遗文化节的永久会址，国际非遗博览园落户成都，成为非遗文化节的永久载体，非遗生产性保护的永久平台。不仅如此，成都国际非物质文化遗产博览园还同各种产业链相结合的，以期走出可持续发展之路。园内的项目构想、策划到实际建设，都与产业进行结合，以促进非遗项目的长效发展，拥有持续的生命力。

苏州市非物质文化遗产馆

苏州市非遗馆建筑面积6000平方米，其中主展陈面积4500平方米。展馆将苏州的非遗资源融入寻常百姓的生产生活之中，通过“光耀历史的一刻”“市井生活的一天”“岁时节令的一年”“人生礼仪的一生”“生态苏州的一城”五个主题厅来讲述一个沿着苏州人与苏州城的生命线，从日常生产生活里寻找苏州非遗项目原生态踪迹的故事。多方位、多视角地演绎苏州的非物质文化遗产。

该馆集中展示了苏州大市范围内的各级非遗精品六百余件及非遗保护工作，成为民众走近苏州非遗、了解苏州文化的平台。展区通过实物展示、设置多媒体互动展示与传承人工坊，使整个参观过程动静结合，张弛有度，将展示平台打造成为一个既可学习非遗知识，又可观赏非遗制品，还可亲身体验的新型展示综合体。

苏州市非遗馆

中国非物质文化遗产园

中国非物质文化遗产园位于安徽省合肥市长丰县岗集镇卧龙山自然生态风景区，总体规划占地 3500 亩，旅游商业建筑面积 160 万平方米，总投资 20 亿元，核心项目区域于 2011 年 12 月正式开园。建设过程中平移了近 50 栋明清古建筑，建成了规模庞大的明清古建筑群，再现了传统时代徽派古建筑的风貌。开园以来，园内举办了多次大型活动，如 2015 年的首届中国樱花节、2015 年文化旅游节等。

中国非物质文化遗产园包括千年百工游览区、中华百味园游览区、中华非物质文化遗产传习村游览区、中华非物质文化遗产博物馆游览区、七十二行民俗村游览区、中华彩灯园游览区、国际马术大世界、明清古建筑大观园、明清古建筑研究院、佛艺园游览区、楚汉文化游览区、非遗会展文化游览区、世界婚庆民俗文化游览区、世界木民居生态养生园、中华藏宫、大自然非遗动漫玩乐园十六大游览片区。

七宝皮影艺术馆

七宝皮影艺术馆位于上海市闵行区七宝古镇北大街北西街 95 号，是一家以皮影艺术传承发展为主题的艺术馆。

馆内分设表演区和展览区，表演区定时有皮影戏班表演，平时供观众互动演习；展览区以图文、实物、音像等方法，具体展示七宝皮影戏的传承谱系、流传状况、基本形态、艺术特色，并专题介绍各地皮影戏和七宝皮影画。

黄道婆纪念馆

2003 年 3 月 21 日，黄道婆纪念馆在上海市徐汇区华泾镇东湾村开馆，纪念馆建筑面积约 300 平方米，踏进矗立着的高达 2.2 米的黄道婆塑像，门柱上写着“一梭穿行宇宙，两手织就云裳”的对联，横批是著名历史学家周谷城先生写的“衣被天下”。

纪念馆积极开发黄道婆文化相关衍生产品，以更加亲民有趣的方式，让参观者体验这一方水土中流淌着的人文底蕴和创新基因。黄道婆纪念馆二期将开放“黄道婆手工体验馆”，为原本静态展示的纪念馆插上翅膀，让参观者体验到棉布加工的整个过程，从播种棉花，到收割、脱壳、去籽，用古老的纺纱技艺纺线、染色、织布，再把纯天然的棉布做成织染的方巾、围巾，或者在布面基底上刺绣、拼色，做成一款布艺生活用品。

上海工艺美术博物馆

上海工艺美术博物馆

上海工艺美术博物馆，选址于幽静的汾阳路上，三层混合结构，为法国后期文艺复兴式住宅。博物馆分上下两层，另有半层为地下室，占地面积 5862 平方米，其中建筑面积 1496 平方米，收藏了近 300 件作品，在主楼分设织绣、雕刻、民间工艺三大展示厅，刺绣、戏服、绒绣、竹刻、黄杨木雕等，基本涵盖了上海本地急需保护的传统工艺品种。近代以来上海工艺美术广泛吸纳各地特长，以开放的意识和包容的心态，形成了具有鲜明地域风格的“海派”公益美术，博物馆内收藏的作品不少来自民间艺术大师的作品，如灯王何克明，神剪王子淦，绒绣大师刘佩珍、高婉玉、张梅君，“海派”黄杨木雕创始人徐宝庆，细刻专家薛佛影，瓷刻大师扬伟义，砚刻艺术家陈端友、张景安等的作品都在这里有着一席之地。

【扩展阅读】上海与非遗相关的游览场所

上海群众艺术馆　地址：徐汇区古宜路125号
上海世界非遗文化城　地址：金山区枫泾镇朱枫公路8678号
上海工艺美术博物馆　地址：徐汇区汾阳路79号
土山湾博物馆　地址：徐汇区蒲汇塘路55号
黄道婆纪念馆　地址：徐汇区徐梅路700号
林曦明现代剪纸艺术馆　地址：徐汇区双峰路420号
上海笔墨博物馆　地址：黄浦区福州路429号
嘉定竹刻博物馆　地址：嘉定区南大街321号
宝山国际民间艺术博览馆　地址：宝山区沪太路4788号
七宝皮影艺术馆　地址：闵行区七宝古镇北西街95号
三山会馆　地址：黄浦区中山南路1551号
中国武术博物馆　地址：杨浦区长海路399号上海体育学院内
长宁民俗文化中心　地址：长宁区天山西路199号
上海纺织博物馆　地址：普陀区澳门路128—150号
金山农民画院　地址：金山区朱泾镇健康路300号

三、非遗博览会

第五届非博会

中国非物质文化遗产博览会（简称"非博会"），是全国影响广、规模大、规格高、项目多、品类全的国家级非物质文化遗产博览会。首届非博会于2010年10月15—18日，由文化部、山东省人民政府主办，文化部非物质文化遗产司、中国非物质文化遗产保护中心、济南市人民政府与山东省文化厅共同承办，在山东省济南市举办。此后，非博会成为每两年举行一次的非遗盛会。第二届中国非物质文化遗产博览会于2012年9月在山东省枣庄市举办。第三届中国非物质文化遗产博览会于2014年10月11日至13日在山东省济南市举办。从第四届开始，文化部将每届非博会举办地定于山东济南。

非博会的举办，可以全面展示全国非物质文化遗产生产性保护的最新成果，促进全国各省区市之间的交流，推动全国非物质文化遗产保护工作不断迈向深入。同时也可让普通民众直接走近非遗、接触非遗和了解非遗。对于促进非物质文化遗产生产性保护，对非物质文化遗产保护和传承融入当代、融入大众、融入生活起到了积极的推动作用。

每次非博会主要活动包括博览会开幕式、全国非物质文化遗产博览展示活动、交易签约仪式、非物质文化遗产展演、非物质文化遗产保护高层论坛、国家非遗博览园奠基仪式、博览会闭幕式暨颁奖晚会等环节。

（1）博览会开幕式。开幕式现场举办丰富多彩的非物质文化遗产项目展演活动。

（2）全国非物质文化遗产博览展示活动。非博会展示活动以传统美术、手工技艺、饮食医药等生产性非物质文化遗产项目为主，以实物展示、图片展示、多媒体演示、传承人现场表演等方式，为全国各地入选国家级、省级名录的项目免费提供数百个标准展位。

（3）非物质文化遗产产品交易签约活动。非博会期间，组织全国各地国家和省级非物质文化遗产名录项目的生产性保护单位与采购厂商进行会谈、交易、订货活动，最后博览会将达成协议的企业和非物质文化遗产生产性保护单位汇集起来，集中举行产品交易签约仪式。

（4）非物质文化遗产项目展演。非博会精选各省（自治区、直辖市）有代表性的戏曲、音乐、舞蹈等项目举行演出，全面展示我国珍贵非物质文化遗产演艺资源的保护成果的同时，也为博览会营造欢快热烈、喜庆和谐的气氛。

（5）非物质文化遗产保护高层论坛。论坛以非物质文化遗产的生产性保护主题，邀请国际国内非物质文化遗产保护的知名专家学者，就非物质文化遗产生产性保护，在政府主导下充分利用市场机制和社会资源、推进非物质文化遗产保护、增强非物质文化遗产传承发展的活力等问题进行深入细致的探讨。

（6）博览会闭幕式及颁奖晚会。于非博会最后一日晚间举行，主要内容：一是精选全国有关地区和山东本省的非物质文化遗产节目作精彩演出，二是组委会公布获奖名单并颁奖。

【扩展阅读】

首届非博会以“保护传承、合理利用”为主题，采取“政府主

首届非博会会徽

导、社会参与、市场运作”的方式，以适合生产性保护的非物质文化遗产项目的展览、销售为重点，邀请全国各省（自治区、直辖市）省级以上的非物质文化遗产项目、部分省级以上非物质文化遗产项目代表性传承人参展、参演，采取实物展示、销售、图片展览、多媒体演示、现场制作等形式，充分展示非物质文化遗产的独特魅力，促进其保护与经济社会协调发展。

第二届非博会自 2012 年 9 月 6 日至 10 日在山东省枣庄市台儿庄古城举行，此次非博会以“促进非遗保护、共建精神家园”为主题，突出生产性保护特色、运河文化特色、海峡两岸交流特色和齐风鲁韵特色。同时，博览会全面展示了全国非物质文化遗产生产性保护的最新成果，促进全国各省区市之间的交流，推动全国非物质文化遗产保护工作不断迈向深入。本届博览会重点突出非遗产品博览交易、整体性保护成果展示、非遗衍生品开发和生产性保护技术创新交流展示三大特色内容；集中推出非遗项目展示交易、非遗优秀剧节目惠民展演、优秀非遗创意衍生品及非遗保护创新成果推荐项目展示、非遗项目对接洽谈和交易签约会、城镇化进程中文化生态整体性保护论坛、非遗传承人交流培训、非遗项目进校园展示、优秀非遗产品项目总结汇报 8 项主体活动；共展出非遗项目 767 个，包括唐卡、赫哲族鱼皮衣、扬州玉雕、苗族银饰、蒙古族马头琴、陕西社火脸谱、湘东傩面具等 200 余个国家级非物质文化遗产项目和展品；此外，博览会还设置了运河文化、山东非物质文化遗产项目和港澳台非物质文化遗产项目三个主题展区，让观众近距离体验南北交融的非遗保护成果。

第三届非博会于 2014 年 10 月 11 日至 13 日在济南市举行。第三届非博会以“非遗：我们的生活方式”为主题，突出非遗产品博览交易、整体性保护成果展示、非遗衍生品开发和保护技术创新交流展示等特色内容。

第四届非博会于 2016 年 9 月 21—25 日在济南市举行，以“非遗走进现代生活”为主题，坚持“精品、务实”的办展思路，更加全面地展示了我国非遗保护成果，积极推动非遗融入现代生活。

场域篇

大世界：活态非遗的聚宝盆

“白相大世界”，是上海大世界开业100年以来，几代上海人的娱乐样式的首选之一。今天，承载了几代上海人记忆的大世界游乐场华丽转身为非遗传习中心。然而，很多上海人，包括很多老上海人，并不知道100年前大世界是由谁创建的，又是怎样建成的？

缘起：西洋世界的娱乐城

17世纪，随着蒸汽机的诞生，工业革命蓬勃兴起，西方资本主义国家遇到发展瓶颈，他们开始殖民运动，把目光扩展到中国。1840年英国发动了鸦片战争，1842年《南京条约》签订，清政府割地赔款，开放通商口岸，上海是其中之一，于是在1843年，上海开埠。西方资本主义国家用枪炮打开中国国门，在口岸分割“租界”作为他们在中国的“领地”，英租界由英国政府管理，法租界由法国政府管理。“租界”确立，外国人就进来了，带来他们的生活方式，也带来大量西方工业革命的成果，煤气、自来水、电灯、电话等，大大提升了上海生产生活的能力。工业发展需要工人帮助生产，除了上海本地人，周边省市甚至全国的移民都来了，广东人、浙江人、江苏人……这样一来，上海变成了华洋杂居，五方杂处。各方文化冲撞融合、优胜劣汰，达到求同存异，和谐共融，就像“上海”的名字，上善若水，海纳百川，形成了上海特有的一种文化现象——海派文化。在中外文化的熔炉中，上海不断有新的文化样式出现，海派文化更是以敢于革新、开风气之先的特点著称于全国。

海派文化兼容并包，思想文化自由活跃。共产主义思想首先在上海传播，中国共产党在上海法租界成立。西方的交响乐、电影、话剧，外地的绍兴独板、淮剧，都在上海和平相处。20 世纪 30 年代，上海的一个地界号称“远东百老汇”，有 100 多家剧场，嵩山、长城、大众剧场、国泰大戏院等，其他娱乐项目，赌场、跑马厅、跑狗厅、跳舞厅都有，各种不同的需求都能在上海得到满足，上海的娱乐业得到了充分的繁荣发展。

在这样的背景下，大世界应运而生。这是一幢 L 形的建筑，沿街为四层楼房，中间拐角处建起了一座七层高塔大门楼，古罗马式钟楼形结顶。据说这是黄楚九听信了风水师的建议，用来镇邪的。场内除了有露天大舞台（后来被大家称为中央场），楼群的每层都有三四处大小剧场，可演戏、放电影。场内还设有中西餐厅，天桥走廊下有小吃摊。为了招徕顾客，黄楚九挖空心思，弄来了多只小毛驴，只要花上一角钱，就可以骑上小毛驴优哉游哉地兜上两圈。城里人看惯的是黄包车、有轨电车，小毛驴可是稀罕的东西，一下子吸引了不少人。黄楚九还利用露天的空间，设置空中飞船，让游客在空中环游取乐。此外，各种新奇玩意层出不穷，有坐风车、拉杠铃、击电棒、打弹子、套金刚、钓王八、吹橡皮牛、吃角子、老虎机等，还有蛇身人、三脚人、连体人等“怪胎”展出，使上海人的好奇心得到了满足，游客纷纷而来，钱财也滚滚流进了黄楚九的腰包。

早期的大世界外部（漫画）

不仅如此，大世界的建筑也非常有特色。其楼群建筑面积 1.47 多万平方米，门口为 12 根圆柱构成的六角形门楼，主要是仿西方古典式，但仅限于大门、圆柱大厅及剧场等。而里面部分比较明显突出中国传统形式，像剧场、茶室等，是近代娱乐建筑当中有代表性的场所。

一方面，大世界是一个“戏曲大超市”，我国京、昆、越、沪、淮扬戏，豫、评、黄梅、滑稽戏……都能在这里任意选看。另一方面，大世界还是一个“娱乐大超市”，进门首先映入眼帘的哈哈镜，变化万千，让人忍俊不禁；场内引进的“走线飞船、机器跑马、升高椅、升高轮、秋千架、各种电光、西洋镜”（以上游玩项目见大世界开业广告）等，千奇百怪，叫人流连忘返。不仅如此，还邀约诸多谜家设立“文虎社”，每晚悬挂灯虎（谜语），有人猜中及揭晓后，就以游券或薄彩车酬，借助雅兴。据说当年大文豪郭沫若先生也多次射虎猜谜，收获颇丰。难怪后人打出了“不到大世界，枉来大上海”的广告语。

创始：黄楚九的上海滩之梦

提到大世界，就不能不提它的创始人黄楚九。黄楚九是浙江余姚人，15 岁来上海打拼，以卖药起家，进而转行娱乐业。最初的作品就是创办“楼外楼”游乐场。

据说当时上海有个文化人“海上漱石生”（真名孙玉声），他同朋友等游历日本时，见许多高楼大厦的屋顶都建有花园，并附设游艺杂耍场地，很是新奇。回国后便找到黄楚九，因为他知道黄楚九对这种国外的新鲜玩意有兴趣。果然，黄楚九一听颇受启发，认定这是一个本轻利重的生财之道，就决定用卖药赚来的钱投资建造一个上海的屋顶花园。花园的选址在浙江路、九江路、湖北路相交的“新新舞台”顶上。这个戏园共 5 层楼高，由于当时上海滩没有高楼大厦，登上此楼顶已可极目远眺，东望黄浦滩，西见跑马厅，故取名“楼外楼”。“楼外楼”开业于 1912 年 11 月 24 日。

所谓“楼外楼”，只是在“新新舞台”的顶屋加盖一玻璃顶棚，最初不过是给城市中人登高览胜，开阔胸襟。因为面积不大，除露天处可以俯瞰上海的风景外，屋内场子仅可卖些茶点，另外还设些说书、唱滩簧、变戏法等简单节目。可是它对爱“轧闹猛”的上海人来说，却是一件新鲜的大事件。屋顶造花园，除了登临瞭望饱眼福，尤其在重阳日，大可不必去龙华塔登高，只需玩一玩楼外楼即可实现登高的愿望了；同时还可以听听评弹、看看滑稽戏，真是实惠透顶。但是，一向追求“噱头”的黄楚九还不满足，又独出心裁：其一，是安装了两面“哈哈镜”，时人称为“凹凸光之奇镜”。人们首次在哈哈镜上看到自己忽胖忽瘦、奇形怪状，无不笑得前翻后仰。其二是在上海滩首先引进电梯，尽管这个电梯只能容纳两位乘客登临。然而，对于从未乘过电梯的一般民众，喜欢新奇、“轧闹猛”的市民纷纷前往，尝试乘电梯的滋味，开开眼界。甚至近郊的人也特地到此一游。一时间去“楼外楼”的游客还真不少。这样一来，每天的进账，让黄楚九数钱数到手抽筋。

俗话讲“人算不如天算”，黄楚九的发财梦刚开始，就受到了严重的打击。因为“新新舞台”的结构有问题，无法承受楼顶那么多游客的重负，好比头重脚轻，房子塌下来怎么办？英租界当局一纸命令：拆！

黄楚九不死心，想找地方开游乐场。功夫不负有心人，起起落落后，黄楚九说动了法国领事甘司东，要下了延安路西藏路最最靠近英租界的一块地，开始投资建造”大世界“。1917 年 7 月 14 日，大世界正式开张，也就是说到 2017 年，大世界已经 100 岁了。

今朝大世界：百态非遗　百年传承

2016 年，这座曾被誉为中国文化“东方之门”的“大世界”在长达十几年的“闭关静休”后又再次走进人们的视野，在它的“百年诞辰”之际，这座昔日中国最大的综合性游乐场，以“大世界传艺中心”的全新形象屹立在世人心中。它有新的使命，成为非物质文化遗产活态展示传承平台和“民族、民俗、民间”文化集聚高地。

大世界内部场景

全新亮相的“大世界”仍将以原先的文艺演出和娱乐业态为主，集传统戏剧戏曲、杂技魔术、民间民俗展示等非物质文化遗产 + 中外优秀歌舞表演为一体，同时展现国际最先进、时尚的娱乐形式，包括多媒体秀、动漫、互动娱乐等。但在其中，大世界对于非遗的传承最为令人瞩目。

新开张的大世界，定位于非物质文化遗产的活态传承，内设非遗展览、非遗表演、非遗传习、数字非遗、非遗美食五大功能业态。步入其中，竹编、砖雕、面塑等令人目不暇接的文化精粹，令人恍若进入独具魅力的“非遗小世界”。

大世界二楼是戏曲茶馆的所在地。一张张八仙桌配上长木凳，正是茶馆的模样。每天 10 至 12 时、14 至 16 时，“茶馆”里热热闹闹，民乐演奏、评弹、戏曲电影等曲艺类目循环展示。从“茶馆”转出来，原生态的非遗展厅就在附近。国家级非物质文化遗产东阳竹编项目代表性传承人何福礼的竹编作品令人眼花缭乱，其中既有实用性为主的竹篮子、竹篓等，也有独具艺术魅力的龙凤竹编盘。大世界三楼是非遗传习教室的所在地。游客可以通过预约来参与非遗体验，同时，“非遗再设计——光阴盒子”展，则是利用新科技，将非遗文化变幻出全新的艺术形态。光影艺术家 JUJU WANG 的作品《云屋》，以有 800 年传承历史的手工傣纸为基本材料，用激光雕刻出形态不一的云朵，每片云都以鱼线悬挂在白色支架上。大世界四楼是非遗剧场，非遗舞蹈剧《重返狼群》在此演出，还会跟着季节的变化来进行调整。

南京路：沪上非遗第一街

南京路，东起外滩，西迄延安西路，横跨静安、黄浦两区，全长5.5千米，以西藏中路为界分为东西两段，是世界上最繁华的商业街区之一，素以“中华商业第一街”的头衔闻名中外。你可能知道，南京路是兜马路的好去处，却不一定知道，在一路逛吃逛吃的过程中，你已经跟许多非遗项目打了照面呢！人们耳熟能详的“老字号”朵云轩、老凤祥、培罗蒙、功德林、鸿翔、王家沙、凯司令等，它们可都是非遗顶尖项目哦！

老凤祥银楼

创始于公元1848年的老凤祥，是“中华老字号”中著名的金饰品牌。结婚生子、收藏馈赠要用到的金银器饰，上海人第一个想到的品牌，往往就是“老凤祥”。2008年6月，历经清朝、民国、新中国至今数代人的传承，融汇了抬压、鎏金、钣金、拗丝、镶嵌和雕琢等各种技法的老凤祥金银细工制作技艺经国务院批准，列入第二批国家级非物质文化遗产名录。

已有近四千年历史的金银细工制作技艺，是我国优秀的传统金属手工技艺，是金银器制作工艺中的精细制作工艺，具有鲜明的民族文化传统特征，体现了深厚的历史文化底蕴，它是以金银为主要材料制成供室内陈设欣赏并兼具实用功能的传统金属手工艺品（俗称金银摆件）。金银材质有良好的延展性、极强的稳定性和相对的稀有性，因此，昂贵精致的金银器物多采用繁复、精巧的加工技艺，其加工过程，成为一门独特的工艺。

当年，精于金银细工制作的浙江慈溪费氏看好上海，在南市大东门（今方浜中路）开设了凤祥银楼。随着大马路（今南京路）一带越来越热闹，银楼于1886年迁至大马路抛球场。1908年迁到了现在老凤祥总店所在地南京东路432号。《新民晚报》曾刊登过老凤祥在抗战时期的一个小故事：当时，新四军伤员众多，但医疗资金紧张。老凤祥员工得知后，冒着风险与新四军取得联系，地下党用老凤祥调换的“合法黄金”，买到了大批药品，资助、解救了处在危难之中的大批新四军伤员。新中国成立后，在陈毅市长的亲自关怀下，南京东路的老凤祥银楼重新开业，命名为“国营上海金银饰品店”。1985年，“老凤祥银楼”恢复原招牌。

传统的金银细工制作技艺随着老凤祥的发展而传承至今。它的主要工艺方式包含：创意设计、塑样、翻模、制壳、合拢焊接、灌胶整形、精雕、錾刻、镶嵌、脱胶、表面处理、总装。老凤祥的出品从金银饰品、翠钻珠宝、中外器皿、珐琅镀金，到宝星徽章、盾牌摆件、物像建筑，精致礼券，几乎涵盖了中国传统金银器（摆）件的所有品种。1954年上海中苏友好大厦（今上海展览馆）的鎏金锥体钢塔、角亭，1959年北京人民大会堂五角葵花顶灯和国庆十周年国宴用银餐具制作都是老凤祥的杰作。在纽约联合国总部图书馆内，珍藏了一部作为国礼赠送给联合国的图书《世纪伟人——邓小平》，这是上海老凤祥以高科技手段研制的金纸印成的金书。可以说，集传统性、原创性、艺术性及严密性为一体的老凤祥金银器，不仅具有极高的艺术价值、纪念和珍藏的价值，同时也蕴藏着丰富的手工艺价值和文化价值。国际奥委会、国际乒联、国际羽联、亚洲篮联、亚洲排联、国家体委、国家博物馆、中央电视台等组织和机构，“八一”南昌起义纪念塔、淮海战役纪念碑、井冈山纪念碑、灵山、少林寺等胜迹，都曾与上海老凤祥结缘，说老凤祥的金银细工制作技艺名扬天下，那是一点都不夸张的。

培罗蒙

一路向西，你一定不会错过一个服装店——培罗蒙。衣食住行，排在第一位的是“衣”，服饰对老百姓的重要性不言而喻。作为一座国际化大都市，很长时间以来，上海的服饰潮流一直是时尚的风向标，上海产的服装也一直是人们口中“料作好”“做工赞”“样子嗲”的口碑产品。至于上海的服装制作技艺，则堪称绝活。2011 年，上海申报的中式服装制作技艺（龙凤旗袍手工制作技艺、亨生奉帮裁缝技艺、培罗蒙奉帮裁缝技艺）成为第三批国家级非物质文化遗产项目。

“奉帮裁缝”指的是浙江奉化裁缝，在中国的西式服装制作史上声望卓著，以做工精湛、技艺高巧而享有盛名，中国的第一件西装、第一件中山装和中国的第一家西服店都和奉帮裁缝紧密相关。上海的奉帮裁缝在全国奉帮裁缝中处于领先地位，培罗蒙则是上海奉帮中的佼佼者。旧时里，说到做西装，上海人会讲去亨生的是“小开”，去培罗蒙的是老板。

培罗蒙始建于1928年，创始人许达昌先在四川路开设了许达昌西服店，但生意一直不红火。1932年，许达昌将店搬到了南京西路新世界的楼上，局面渐渐打开。1935年，许达昌明智地再次搬迁，在人来人往的大光明电影院附近开门做生意，把店名改成了洋气十足的“培罗蒙”，并不惜重金把店面装修得富丽堂皇。“培”指培有高超的服装缝制技艺，“罗”指绫罗绸缎，“蒙”则是为顾客服务，总的说来，就是要以最高超的服装制作技艺竭诚为顾客服务。1948年，许达昌在香港开设了培罗蒙分号。1950年，他还委派大弟子戴祖贻到日本东京设立分店，把民族品牌推向了国际舞台。无论是香港店还是东京店，培罗蒙都很快凭借精工细作和热情服务赢得了顾客的青睐。在香港，李嘉诚、包玉刚、邵逸夫、何鸿章、荣智健等名流都是培罗蒙的常客。

留在大陆发展的上海培罗蒙在经历公私合营这段历史时期后一度成为大众化成衣店，店名也被改为“中国服装店”，渐渐失去曾有的辉煌和特色。直到改革开放后，重新将店名改回来的培罗蒙，在一代名剪陆成法老师傅等的带领下，拾起“七工师傅”（制作一件衣服，需要七位师傅）的传统技艺，借鉴西欧、北美等地区的流行款式，又一次成功地走到了时尚前列。陆成法通过在设计和剪裁中改变袖子的前后位置、袖笼大小、胸部窄宽比例和前后领圈的尺寸，制作出了肩胛薄、衬头软、胸脯小、腰身直的海派西服样式，吸引了众多眼光越来越挑剔的顾客，成为定制西服的经典款。陆成法服务过许多军政要员、文艺明星，陈毅、胡耀邦、陈丕显、孙道临、陈述、达式常等都是其老顾客。

培罗蒙缝制工艺的当代传人，除了传承尺、剪刀和熨斗这传统“三宝”，对制作工艺要求、操作规程和外形标准，总结出“四功”“九势”“十六字”和“一百四十四道工序”，通过操作要求上的推、归、拔、结、沉和西服制作上的胖、窝、圆、服、顺，最后达到外观上的平、直、戳、登、挺。

培罗蒙曾经为不少国家元首定制手工高级西服，承接过上海APEC峰会、上海合作组织会议、上海世博会等西服定制任务。1999年10月16日晚，培罗蒙接到上海市人民政府外事办通知，要求24小时内为莱索托国王莱齐耶三世定制两套西服。除了时间上的紧迫，更大的难度在于不了解这位国王身材。莱索托国王非常魁梧，培罗蒙的师傅根据他的形体特点，量体裁衣，连夜赶工。第二天傍晚，西服送到国王手中，国王连声说“OK”。

如今的培罗蒙既保留传统工艺的精华，又吸收现代工业技术的先进元素，使成衣品质提升、制作周期缩短。2008年，陈设精致、风格大气的培罗蒙形象店在南京东路步行街亮相。2015年，培罗蒙作为中国服装业的唯一代表，参与了在意大利米兰举办的世博会。

功德林

逛累了，该找个地方歇歇脚，补充补充能量啦！馆子下得不少，但素菜馆，你一定没去过几家。今天，我们就去“功德林”试试。中华饮食文化博大精深，素食独树一帜。若论上海滩上的素食，首屈一指的当属功德林，这里历来是名人雅士、佛门弟子、素食者和美食家的汇聚之所。你或许会疑惑，素菜再好吃，能有荤腥美味吗？可功德林愣是把素菜做出了荤味道，他家的招牌菜黄油素蟹粉、樟茶素卤鸭、素火腿、四喜烤麸、佛跳墙、西兰花素鲍鱼、糖醋素黄鱼，早就已经是中国饭店协会和中国烹饪协会授予的最具人气“中国名菜”了。2007年6月，“功德林素食制作技艺”被列入第一批上海市非物质文化遗产名录，次年，成为第二批国家级非遗项目。2016年，功德林还成为大名鼎鼎的米其林指南的推荐餐厅。

1921年，杭州常寂寺维均法师派遣他的弟子赵云韶来上海开办素食馆。赵云韶与南洋兄弟烟草公司的简照南、简玉阶兄弟，宝鸣照相馆老板欧阳石柱等人，共筹集了2万元股本。1922年农历四月初八，释迦牟尼生日当天，“功德林蔬食处”在北京路（今北京东路）、贵州路口的祥康里开张，取名“功德林”，既有“吃素可以积功德成林，普及大地”的意思，也有“功德无量”的意蕴。1932年，功德林扩大经营规模，搬到了派克路6号（今黄河路45号）。

“文革”期间，功德林遭遇了一些变故，红木家具被毁坏殆尽，店名也被改成了“立新饭店”。“文革”结束后，功德林重振旗鼓，恢复店名，请佛教协会会长赵朴初题写店招，装修店面，凸显传统特色，翻新菜点，创造出了不少新特色。1997年，因黄河路地块街坊改建，功德林迁至南京西路445号。

经过近百年的发展，功德林素食已经有了近千种菜品，虽然菜品和口味一直在丰富和改良，但核心的技艺和味道使终在传承，其独特之处就在于选料精细、制作考究、口味多样。素食的制作原料，不外乎新鲜果蔬、三菇六耳、南北干货、豆制品等，但功德林选用原材料的要求很高，对质量、产地，甚至选用部位，都有几乎苛刻的规定。一支 500 克的冬笋，只取用 200 克的嫩尖；冬菇只选用形圆肉厚、大小相近的上品；豆腐、粉皮、烤麸等，则都是自家加工。有些菜品则限定原料产地，比如挂炉素鸭，一定用浙江富阳四乡的豆腐衣；琥珀桃仁，用山西大同核桃；清炒山鸡片，须用内蒙古的口蘑；熬虎爪冬菇汤，用到的则是江西虎爪笋和厚菇。以功德林最著名的招牌菜、获得过第六届世界烹饪大赛金奖的素蟹粉为例，虽然厨师煸炒的火候及姜、醋的比例非常重要，但功德林的第三代传承人张洪山却更强调对原料的较真：土豆一定不用新土豆，一般选择干燥地区的土豆，吃起来粉；胡萝卜要选产在广东的丁香胡萝卜，糖分少、不甜；香菇要用长在木头上的椴木菇，肉头紧且吃口香。这样的原料，才能成就油润鲜香、以假乱真的“蟹粉”。

功德林是老上海最负盛名的素菜馆，是民主人士和文人墨客就餐集会的热门场所之一。著名的“七君子”（沈钧儒、邹韬奋、李公朴、章乃器、王造时、沙千里、史良）就是功德林的常客，他们最初发起成立“全国各界救国联合会”时，就是以聚餐为名义，在功德林讨论商量、联络各方的。老板赵云韶积极支持，为他们提供最清净的宴会厅，并派专人服务。“七君子”被国民党政府逮捕又开释后，继续从事各类爱国活动，并仍然将功德林作为活动场所之一，经常借品尝素食，暗中联络抗日救国事宜。抗战胜利后，沈钧儒担任中国人民救国会主席，经常借功德林紫竹厅和设在佛堂后的小间，商讨与国民党斗争的工作。新中国成立后，史良还曾专门撰文《怀念功德林》。“七君子”最爱点的菜品有素鸡、素鸭、素火腿、烤麸、冬菇面筋、雪菜竹笋、蘑菇菜心、罗汉菜、什锦豆腐、老烧豆腐、三鲜鱼圆汤等。

1933 年，英国作家萧伯纳来上海，宋庆龄宴请萧伯纳，所设宴席的菜肴正是功德林的素食。萧伯纳对功德林的菜品赞不绝口，称其为“素菜之王”。在席的名人还有蔡元培、鲁迅、林语堂等人，而鲁迅先生，本来就是功德林的常客。

听完故事、享用完美食，我们今天的南京路“非遗”之旅就要暂告段落了。聪明的你，一定发现了，正是由于万商云集、人群密集的特点，南京路才成为涵养“非遗”的宝地。多逛逛南京路，多拜访“老字号”，这也算是用实际行动支持“非遗”传承和弘扬啦！

豫园：吃喝玩乐全在其中

说起大上海，往往就会提到豫园和城隍庙，所谓“白相大上海”，也即“白相城隍庙”。豫园与老城隍庙已经成为上海历史文化不可或缺的组成部分，它们经历了朝代更迭、制度变迁，甚至战火的破坏，但却一直是上海城中最热闹、最平民化的集旅游、消费、休闲于一身的场所之一。

城隍庙供奉的是哪路神仙

城隍庙历时六百年，几经沧桑，随着上海巨变和宗教政策的落实，昔日老庙如今换了新颜。

人们对城隍神的信仰，始于南北朝，流行于唐宋。隋唐时流行“人之正直，死为神明”的信仰，到宋代几乎天下皆立庙奉祀。明代则更为隆重，明太祖朱元璋说：“朕立城隍神，使人知畏，人有所畏，则不敢妄为。”道教的城隍神是“剪恶除凶，护国保邦”之神。上海道教的庙观，在海内外最有影响的，首推城隍庙。

上海城隍庙，原为金山庙，是祀奉汉大将军博陆侯霍光的，所以又名霍光行祠，将金山庙改建为城隍庙，是明永乐年间（1403—1424 年）的知县张守约所为，供奉的城隍神是秦裕伯。

秦裕伯，字容卿，号景容，祖籍江苏扬州，是宋代龙图阁学士秦少游的七世孙。祖父秦知柔因避战乱，迁居上海。秦有智谋，治理海滨，卓有成效。明代官府多次起用，都被他回绝。到洪武元年（1368 年），明太祖手谕："海滨之民好斗，裕伯智谋之士，而坚守不出，恐有后悔。"秦裕伯这才拜书入朝，因母孝在身，托辞归故里。洪武六年（1374 年）秦卒，与夫人储氏合葬于上海长寿里。明太祖闻讯曰："生不为我臣，死当卫我土。"即敕封为上海城隍。

金山庙改建为城隍庙后，一直兼祀霍光，俗称"前殿为霍，后殿为秦"。抗战期间，上海市民又将民族英雄陈化成供入庙内，体现了上海人民的爱国气节。期间历时近六百年，历经明、清、民国、新中国几个朝代，多次重修、扩建；道光二十二年（1842 年），英军攻陷吴淞，5 月 11 日占领上海城，以城隍庙为驻屯地，占据 5 天，破坏一空。咸丰五年（1855 年），小刀会刘丽川等占领上海，以城隍庙为其总部，前后驻扎达 18 个月。咸丰十年（1860 年），城隍庙又成为英法军队营房，摧毁假山，填塞池塘，此后，城隍庙便面目全非。光绪十九年（1893 年），知县王承暄募捐头门、二门、辕门大殿以及戏楼鼓亭等，在此时期，城隍庙游人日多，商贸日盛，为今日城隍庙集商业、旅游、园林和宗教为一地的东亚特色的文化景观奠定了基础。民国时期，城隍庙大殿遭火灾，嗣后，于 1926 年 4 月重建，历时 20 个月，建成全部钢筋水泥的仿古大殿，辉煌壮丽，保留至今。大殿有副楹联："做个好人，心正身安魂梦稳；行些善事，天知地鉴鬼神钦。"反映了当时民众处世的一种追求。

上海城隍庙历来由正一道士作为住持加以管理。其经济收入主要依靠经忏、卖经、立位、普堂、通疏、香金、乐助、灯油、签卷。其宗教活动一般以正月初一、正月十五为最盛。明清两代，城隍庙道士的主要宗教节日为"三巡会"、农历二月二十一日的城隍诞辰和农历三月二十八日的城隍夫人诞辰。城隍出巡排场阔绰，仪仗极盛，一路上浩浩荡荡总有几里路长。除宗教节日外，城隍庙的香火仍然很旺，每天下午几乎都成为庙会集市。

许多久居海外的老上海一踏上故土，都有一个重游城隍庙的强烈愿望，寻觅孩提时的记忆：摩肩接踵的游人，鳞次栉比的商铺，琳琅满目的小商品，江南水乡风格的九曲桥，苏州园林风格的豫园，品种繁多的茶点，诱人馋涎欲滴的"城隍庙奶油五香豆"，以及城隍庙香烟缭绕的殿堂。多年来，他们远离家乡，仰告于"辖境安宁"的城隍，祈求家乡风调雨顺，亲人平安康宁。现在他们返回故里与亲人团聚，必然会到城隍庙去重温旧梦。清代末年的《沪江商业市景词》中有《城隍庙》诗，"城隍庙内去烧香，百戏纷陈在两廊。礼拜回头多买物，此来彼往掷钱忙"。诗句浅显，但真切反映了城隍庙旧时的繁华景象。

新中国成立以后，在党和政府的领导下，城隍庙恢复了道观的完整建筑面貌，由道教实行了民主管理，宗教活动得以正常进行。每逢春节和每月朔望，都有数以万计的中外道教信徒进香礼拜，平时也是上海市民集中的主要游览场所。

从城隍庙到豫园

城隍庙的庙园有两部分，其中的"东园"，是在康熙四十八年（1709年）由上海的士绅商人集资购置兴建的，因位于城隍庙东侧而得名。"园仅数亩，而修廊曲槛，花木幽深，促供游赏。东园作为道场和道士修炼、休息的场所，而出资的士绅商人也在此开设公所，也被人叫作"内园"。另外的"西园"，就是原来的豫园。

豫园，本是一座江南私家园林，始建于明朝嘉靖三十八年（1559年），占地面积约40亩，园中修筑亭台楼阁，堆叠假山，凿筑水池，广植花木，形成了典型的江南园林景观命名为"豫园"。豫园是江南园林艺术的瑰宝之一，原来是明代四川布政使上海人潘允端为了侍奉他的父亲——明嘉靖年间的尚书潘恩而建造的，取"豫悦老亲"之意，故名为"豫园"。

豫园当时占地七十余亩，由明代造园名家张南阳精心设计，并亲自参与施工。整座园林规模宏伟、景色佳丽。古人称赞豫园"奇秀甲于东南""东南名园冠"。潘允端晚年家道中落。明万历二十九年（1601年）潘允端去世，潘氏家庭日趋衰微，无力承担园林修缮和管理所需的巨大开支。明朝末年，豫园为张肇林所得。

至清乾隆二十五年（1760 年），上海县城的富商士绅集资购买了渐荒的豫园，在其旧址上扩大面积，重新叠山理水，总规模比原先的豫园大了很多，并将它委托由城隍庙代管，因城隍庙已有“东园”，而豫园的位置偏西，遂被称为“西园”。东园和西园被合称为城隍庙的庙园。

作为庙园后，曾经捐资的士商及其所代表的各商业公所有时将西园用做宴请宾客、商议事务的场所。每逢农历初一、十五和宗教节日，庙园还会向百姓开放。

清道光二十二年（1842 年）第一次鸦片战争爆发，外国侵略者入侵上海，英国军队强占豫园，大肆蹂躏。“一望凄然，繁华顿歇……园亭风光如洗，泉石无色”。清咸丰三年（1853 年），上海小刀会响应太平天国革命，在上海发动起义。起义失败后，清兵在城内烧杀抢掠，豫园被严重破坏，点春堂、香雪堂、桂花厅、得月楼等建筑都被付之一炬。

清咸丰十年（1860 年），太平军进军上海，满清政府勾结英法侵略军，把城隍庙和豫园作为驻扎外兵场所，在园中掘石填池，造起西式兵房，园景面目全非。清光绪初年（1875 年）后，整个园林被上海豆米业、糖业、布业等二十余个工商行业所划分，建为公所。至新中国成立前夕，豫园亭台破旧，假山坍塌，池水干涸，树木枯萎，旧有园景日见湮灭。

1956 年起，豫园进行了大规模的修缮，历时五年，于 1961 年 9 月对外开放。现豫园占地三十余亩，楼阁参差，山石峥嵘，树木苍翠，以清幽秀丽，玲珑剔透见长，具有小中见大的特点，体现出明清两代江南园林建筑的艺术风格。

老上海品牌的天堂

如今的豫园，除了园林以外，还有非常著名的豫园商城，豫园商城聚集了 13 个中华老字号，有老庙黄金、亚一珠宝、童涵春堂国药、王大隆剪刀、丽云阁扇庄、永青假发、上海老饭店、南翔馒头店、豫园梨膏糖、老城隍庙五香豆、华宝楼、湖心亭、德兴馆。非遗项目也有 13 个，其中国家级 2 个（豫园灯会、老饭店制作技艺）、市级 4 个（南翔馒头制作技艺、五香豆制作技艺、梨膏糖制作技艺、永青假发制作技艺）、区级 7 个（上海老城隍庙庙会、乔家栅糕团制作技艺、王大隆刀剪制作技艺、丽云阁笺扇制作技艺、铁画轩刻磁技艺、湖心亭茶艺、童涵春药丸制作技艺）。每个老字号背后，还有着故事。比如说梨膏糖的故事，相传唐朝名臣魏徵的母亲经常咳嗽气喘，故朝中常派太医给魏母诊治开出药方，但魏母嫌苦，未能按时服用，久病不愈。于是魏徵将杏仁、川贝、茯苓、橘红等加工后掺入梨膏内，熬制成膏状供其母服用。由于梨膏香甜、口感好，魏母服用后不久便痊愈。在吴仲庆看来，“梨膏糖”品牌的背后，是中华文明孝道文化的传承。又比如“永青假发”，可溯源至清光绪五年（1879 年），创始人为褚元兴。当时的“永青假发”是为了让“苦恼人微笑”。那些头发稀少、“瘌痢头”患者，几乎无颜出门，永青假发解决了他们的难题，让他们微笑起来，面对生活。尽管今天，这样的“苦恼人”日渐减少，然而娴熟的假发技艺，成为爱美人士的新需求。“让人露出笑容”的理念，是“老字号”至今传承的精神。还比如“上海老饭店”，是上海本帮菜的鼻祖，本帮菜油爆虾、八宝鸭、扣三丝均诞生于此。非常红火的《舌尖上的中国》第二季，就提到老饭店的厨师和他们执着的精神。其背后体现的是上海人的一种生活方式，契合人们的精神需求。

一波多折的九曲桥

九曲桥九曲十八弯，且每个弯曲的角度大小不一，有大于 90 度的，也有小于 90 度的。九曲桥如今的桥面为花岗石板，每一弯曲处一块石板上均雕刻一朵季节性花朵，如正月水仙、二月杏花、三月桃花……直到十二月腊梅；并在九曲桥头尾的两块石板上各雕刻一朵荷花。九曲桥可以通达湖心亭茶楼，在湖心亭茶楼门前的一段桥面，中间雕刻一朵荷花，四角则分别雕刻彩云。池中汉白玉的荷花仙女雕塑亭亭玉立，含笑迎候来客。

豫园灯会“噶闹猛”

如今的上海，外环以内全部禁止燃放烟花爆竹，这让这座城市的年味一下少了太多。而在上海黄浦区的老城厢城隍庙，有一处地方，每年永远都是上海最有年味的所在，那就是上海的豫园新春民俗艺术灯会。这是代代上海人不能割舍的活记忆，是代表上海人文传统的一项重要文化内容，也是上海的国家级非物质文化遗产项目。每年的豫园灯会，以生肖物为主题，正在演绎着一出灯光的盛宴，成为上海过年期间最为亮丽的一道流光溢彩的风景。

石库门：地道的上海民居

说到石库门，你会想到什么？是洋气的新天地，还是文艺的田子坊？是精致的门头，还是坚实的黑漆木门？是一大会址里的星星之火，还是景云里的文学光芒？你知道什么是亭子间，什么又是老虎窗吗？无论你想到了什么，对石库门了解多少，毋庸置疑的是，你不会联想到其他城市，没错，石库门是地地道道的上海民居，就好似北京的四合院、福建的土楼，石库门是上海地方特色住宅的标志，也是上海社会与城市发展的实证。曾经星罗棋布的石库门，是特色鲜明的建筑，但又不仅仅是建筑，它们就好像是会呼吸的城市空间，从骨子里散发着浓浓的上海味道。2011 年 5 月，石库门里弄建筑营造技艺经国务院批准，列入第三批国家级非物质文化遗产名录。

上海开埠后，各国商人、各地劳工不断流入上海，通商和战乱又使租界人口激增，对房屋的大量需求，使得中西合璧、集合了江南民居及西方联排式住宅特征的建筑应运而生。这就是被人们称之为“石库门”的新型上海民居。

关于“石库门”名称的来历，有几种不同的说法，并无定论。有学者考证“库门”两字的来历，认为古代传说帝王的宫室有五门（路门、应门、皋门、雉门、库门），诸侯的宫室有三门（路门、雉门、库门），最外面的门都称为“库门”。石库门的住宅，最外面的门选用石料为门框，因此就称为“石库门”。有人认为，上海话里把一种东西包套、收束另一种东西称作“箍”，这种建筑的门框以条石“箍”门，就叫“石箍门”，“箍”与“库”音近，久而久之，就喊成了“石库门”。还有一种说法，以条石砌成门框加上两扇黑漆木门，很像中国传统的库房门式样，所以就叫“石库门”。

19 世纪 70 年代初，早期的石库门出现。这种老式的石库门房子脱胎于江南城镇民居住宅，又吸纳了英国伦敦毗连式住宅的布局方法。单体一般为三开间两厢房或五开间的二层楼房，保持了中国传统建筑以中轴线左右对称布局的特点。这个时期最具代表性的石库门住宅是位于北京东路以南、宁波路以北、河南中路以东的兴仁里（1980 年被拆除）。

由于老式石库门房子无法适应人口的快速增长，到了 20 世纪二三十年代，新式的石库门住宅大批兴建。新式石库门在建筑外观上基本保留了老式石库门的特征，主要有以下变化：弄堂放宽，总弄平均 5 米，支弄平均 3 米，改善交通和采光；层高降低，楼层由二层变三层，后披屋由一层变两层，厨房上增建亭子间；取消三开间两厢房和五开间两厢房，变为二开间或单开间；砖墙承重结构代替立帖式木结构，屋面从木桁条蝴蝶瓦变成人字木屋架机平瓦；房屋部分部位采用钢筋混凝土梁和现浇楼板，外墙取消石灰粉墙、板墙，普遍采用石灰勾缝的清水青、红砖墙；石库门门框改花岗岩、宁波红石等石料为斩假石（水泥将干未干时，将它垛毛，做成石头的样子）、汰石子（用水泥、颜料和细如米粒的石子，加水拌和，涂抹于墙面上，待水泥浆半凝固时，洗刷去面层的水泥浆，使石子半露）；西洋元素越来越多；水电设施开始装备。总的来说，弄堂变宽了，每个单元变窄了，每条弄堂里的单元数量增加了。尚贤坊、梅兰坊等都是这一时期兴建的。

了解完石库门的演变，我们再来了解一些石库门的独特之处。

石库门门头

石库门住宅最有特色的部位莫过于石库门门头了，这是石库门最显著的特征。门头有木门、门框、门套、门楣及门环等组成。木门 5—8 厘米厚，双开门，宽 1.4 米左右，高 2.8 米左右，门面用黑漆，门上有铜环或铁环一对。早期的门框多用石料，后期则改用水泥或汰石子。门套有水泥砌筑西式半圆壁柱和砖砌壁柱，也有不做门套，仅在门框上方两侧和中央做砖饰的。门楣是门头的重头戏，有采用长方形内含四字中国传统祈福文字装饰，也有采用三角形、半圆形西洋山花图案装饰，更有将中外元素完美结合一起上的，花样经着实不少，值得细细赏玩。门是传统的中国门，但门楣上的装饰又多为西洋花样，因此，石库门的门头跟石库门的建筑形式一样，也是中西合璧的最佳注脚。

山墙

除了门头，山墙是体现石库门建筑艺术的又一个重要部位。山墙即侧墙，位于建筑的侧面，立面由裙肩、上身和山尖组成。石库门有不同的屋顶形式，因此，山墙也不尽相同。山墙处于一进弄堂口就能看到的突出位置，建筑师们也就特别愿意花工夫去装饰。石库门的山墙也是土洋结合的产物，既有中国传统建筑的基因，又移植了欧洲古典建筑的装饰元素。

天井

中国传统民居，往往会有个庭院，在地皮紧张、寸土寸金的上海，庭院成为奢侈品，只能留出一块小小的“天井”作为庭院的替代品。天井具有改善通风、采光的功能，还提供了住宅内部露天活动的空间。正如叶圣陶在《天井里的种植》中写到的那样：“天井也许又有人不明白是什么，天井就是庭院。弄堂房子的庭院可真浅，只需三四步就跨过了，横里等于一所房子的阔，也不过五六步光景，如果从空中望下来，一定会觉得那个‘井’字怪适当的。”

灶披间

灶披间就是厨房，当石库门一个单元只是一家人家居住时，灶披间就是单层披屋里设一个传统的灶头。房屋紧缺之后，一幢石库门里，往往居住着好几户人家，家家都要煮饭烧菜，灶披间就成了公共的空间，灶头不可能再用，取而代之的是各家一只煤球炉，再后来就是煤气灶了，灶台上各家拉一只电灯，钉一个碗橱，煤气灶和碗橱，可都是要上锁的。由于空间狭小，灶披间一个水斗上有几个水龙头的景象也是比比皆是。灶披间就是一个小社会，上演着油盐酱醋和锅碗瓢盆交织成的生活交响曲，邻里关系、居民生活甚至社会经济状况都能在此窥见。

亭子间

亭子间出现在老式石库门的后期，由于住房紧张，人们在灶披间上加盖一间卧室，称之为“亭子间”，名字虽美，居住条件却真的很差：面积只有十平方米左右，朝北，楼下是厨房，楼上是晒台，冬冷夏热。但也由于居住条件不佳，亭子间的租金往往较为便宜，因此居住在亭子间的，往往是收入微薄的小市民和读书人。20 世纪 30 年代，文艺界不少进步人士来到上海，由于经济条件较差，往往只能蜗居在亭子间，但这并不妨碍他们刻苦工作和开展革命活动。亭子间里走出了许多大作家，“亭子间文学”由此诞生。著名的文学家、思想家鲁迅曾出过《且介亭》杂文，“且介”取自“半租界”，“且”是“租”的右边一半，“介”是“界”的下面一半，而“亭”就是亭子间了。

老虎窗

由于住房紧缺，石库门里开始利用二楼房间里的三角屋顶搭建阁楼，阁楼没有窗户，为了通风和采光，只能在屋面开洞，搭建类似纺织厂锯齿形气窗的天窗。英语屋顶“roof”读起来颇似上海话的“老虎”，这屋顶的天窗，就变成了老虎窗。也有人说，这天窗开在屋顶，好像一只蹲着的老虎，因此而获名。

树德里

黄陂南路374弄，19世纪10年代末始建，占地面积2亩多，建筑面积约3000平方米，建有砖木结构二层石库门住宅25幢。望志路106、108号（今兴业路76、78号）为树德里并排的两幢沿街二层建筑，坐北朝南，外墙为青红砖交错的清水墙面嵌白粉线，门楣为矾红色山花浮雕，门框为米黄色石条。李书诚、李汉俊兄弟为该房屋的最早住户。当时，这里地理位置相对偏僻，周围还有农田。1921年7月23日，中国共产党第一次全国代表大会就在106号客堂间秘密举行，李达、李汉俊、张国焘、刘仁静、毛泽东、何叔衡、董必武、陈潭秋、王尽美、邓恩铭、陈公博、周佛海及陈独秀的代表包惠僧，这13名党员代表着全国53名党员，另有两名共产国际的代表马林和尼克尔斯基参加了会议。7月30日，会议遭到法租界巡捕房的注意和骚扰，不得不中止，后来，会议转移到嘉兴南湖一艘游船上举行。党的第一次全国代表大会正式宣告了中国共产党的诞生，从此，中国的无产阶级有了战斗的司令部，中国的革命焕然一新。

辅德里

南成都路辅德里625号（今老成都北路7弄30号），1915年始建，砖木结构，为单开间石库门，一层是天井和客堂间，二层是前楼和亭子间，这里是一大代表李达和夫人王会悟的居住地。1922年7月16日至23日，中国共产党全国第二次代表大会在此召开，12名代表出席会议，通过了中国共产党的第一个党章，提出了彻底反帝反封建的民主革命纲领，第一次提出"中国共产党万岁"的口号。党的事业由此步入了更为广阔的天地。同年9月，中共中央局在这里成立了人民出版社，先后出版了《共产党宣言》《资本论入门》《列宁传》《俄国共产党党纲》等十多部进步书籍。

景云里

现为横浜路35弄，建于20世纪20年代中期，弄内有三排坐北朝南、砖木结构的石库门三层楼房，在当时的上海来说，是非常普通的石库门建筑。但这里的住户却非常不平凡，在20世纪二三十年代先后聚集了叶圣陶、鲁迅、茅盾、周建人、柔石、冯雪峰等一批文人志士。鲁迅1927年10月从广州来沪时，最初与许广平一起住在景云里23号，因为邻居家的麻将声干扰写作，就搬到了18号，后来又因为17号的阳光比较充足，又搬去了那里。他的胞弟周建人则住在景云里10号，隔壁就是叶圣陶。大革命失败后，遭到通缉的沈雁冰于1927年8月搬到景云里11号甲的三楼，在这里创作了《幻灭》《动摇》《追求》三部曲，完稿后署名"矛盾"，交给身为《小说月报》主编的隔壁邻居叶圣陶。叶圣陶看后，认为百家姓里并无"矛"，这个名字容易引起军警的注意，就加上了草字头变成了"茅"。从此"茅盾"这个笔名就被沈雁冰一直用于文学创作。

像以上这样有故事的石库门，上海还有很多，细细寻访，细心品味，你一定会有特别的感悟和体会。石库门始于19世纪70年代，盛行于19世纪末至20世纪初。解放之初，有80%以上的居民居住在石库门里，直至20世纪90年代，仍有超过半数上海居民栖身石库门。可以说，读懂"石库门"，你就能读懂上海各时期的政治、经济、文化、市政、建筑和社会万象，就能读懂上海。随着城市建设的推进，石库门正在成片消失，但也有不少成为文物保护对象，作为非物质形态的营造技艺、居住习俗、生活风情的抢救和保护也正日益被社会所重视。石库门，海派民居的永恒经典，上海人心中永远的情结。

罗店：龙舟承技艺　漫步在水中

罗店，枕长江，面东海，江海交融，历史悠久，文化积淀深厚。元代中后期起，就是太仓、嘉定、宝山交界的经济文化中心，享有“金罗店”的美誉。罗店自明代成镇以后，逐渐变成通商大邑，大量的商店在此开张，人气渐旺，外来者蜂拥而至。随着商贸活动的日趋频繁，与外地的文化交流也日渐广泛。

千年罗店龙舟

龙船盛行于全国各地，虽风格迥异，却均以竞渡为主，唯罗店龙船独树一帜，“重观赏，以表演为主”。中国庞大的龙船阵营中，上海的罗店龙船犹如熠熠生辉的璀璨明珠，玲珑独特的造型和别具一格的表演，以及由此带动和延伸的丰富多彩的民间民俗活动，深受百姓的欢迎。在上海，每年一到端午节，罗店龙船都是当仁不让的“主角”。

根据《宝山县志》记载，罗店龙船诞生于明末清初，迄今约四百年。据传万历年间，棉花业日趋兴盛的罗店渐成江南重镇，棉花及棉花制品远销江、浙、皖。当时，镇上棉业商贾将流行于江浙一带的竞渡龙舟搬至罗店，后多家商铺合伙请来龙船桨手作表演，引得众人竞相观看，商贾因此生意旺发。明时，太仓、浏河、嘉定地区造船业相当发达，能人巧匠云集，为郑成功船队七下西洋的船舶制造基地。在罗店，镇上造船技匠相对集中的韩家湾人开始仿造龙船，凭着丰富经验，造出的本镇龙船外观更胜一筹，且船上表演技艺与其他地方相比独树一帜，由此渐渐享有盛名。

罗店在元明两朝均为嘉定县所辖，而嘉定又是苏州府属的七县之一，苏州是江南民间龙船活动最频繁的地区之一，也是高度商业化的城市。相对于罗店这样的后起之秀，无疑具有极大的诱惑力。苏州的龙船较为华丽，上有亭台楼阁，船头之上，选面目端正的儿童装扮成台阁故事，称龙头太子。船上还设兵器家，以此体现勾践操练水军的寓意，在划龙船时，还有敬涛神的种种仪式。因此，罗店的龙舟也汲取了苏州龙船的特色，以结构华丽、布置精美而闻名。

新中国成立后，由于历史的原因，罗店龙船活动时断时续。1994 年起正式恢复举办罗店龙船节。

罗店龙舟的华美绚烂

清末民初，罗店龙船增到七艘，按船身颜色分白、绿、青、玉、金、紫、乌诸色命名，它们大都由镇上各街坊的头面人物筹建，平时放在六七座庙宇内保存。罗店龙船荟萃了造船、建筑、雕刻、织锦、刺绣、扎灯、书画等众多艺术的精华，表演时轻竞驶、重表演，同时汇聚了音乐、器乐、声乐、戏剧、曲艺、舞蹈、杂技和其他众多的民间表演艺术。

船体：小巧玲珑，长六至八米，宽约二米，昂首、翘尾，底平而吃水浅，宜于狭小河道行驶。龙头用整段樟木雕刻而成，鳄鱼咀，虾眼，麒麟角，口含明珠，颚下长须拂水，遍体龙鳞叠彩，船体造型酷似龙的形状。

牌楼：仿照本镇玉皇宫内明代古建筑“真武阁”式样，双层飞檐、朱栏围绕、雕梁画栋、轩敞门窗，阁内宫灯高悬，旗牌銮驾分列左右，外观富丽堂皇，尊贵威严。

艄亭：船尾设艄亭，一只金鹤单足立于亭顶中央，亭内立着执旗的艄公艄婆。艄亭尾部插九件长柄古式兵器，本意源于越王勾践以龙舟形式激励练兵。

台角：在龙船的前部，有少年扮成戏剧人物，称为“台角”或“出彩”。台角间的配合构成戏剧故事的情节画面，给观者赏心悦目的视觉享受。据曾经当过台角的陈静兰女士口述，做台角的孩子都是穷人的子女，后来台角演变成由假人替代。

旗仗：龙船上层两边各插八面薄刀旗，中层两边各插八面蜈蚣旗，下层两边插八面三角旗。三角旗比蜈蚣旗插得更斜，飘垂在船舷之外，正中央高矗大帅旗，上写“国泰民安”“风调雨顺”字样，罩有4顶平顶大圆伞，伞顶有顶饰，置有八顶圆形小伞。整条龙船上旗仗错落有致，呈现出灿烂喜庆的氛围。

水上行街的艺术特色

罗店端午划龙船素有“水上行街”之称，船队行进时，数船配合，交叉往返，迂回旋转，或同向追逐，或相向穿行，或顺流竞驶，或逆水调头，精彩纷呈。

罗店龙船的表演别开生面，数条龙船在“头港”（首发之龙船）的指挥下顺水前行，以“打招”（划船的招式）走出不同的线路，变换出不同的队形，可谓千姿百态。在龙船表演之时有专门的乐队用专门的乐曲伴奏。

最精彩之处是“打招”，向左转叫作“打左招”，向右转叫“打右招”，连续转叫“打连环招”，还可变换出“链条串”“荷花箍”“交叉环”“团团转”等队形。

龙船在表演中，尽管“台角”以静态的造型展示在观者面前，但其中也保留着戏剧元素，常常演出《天仙配》《白蛇传》《小放牛》《梁山伯与祝英台》《吕布戏貂蝉》等戏目。抗战胜利后，出现了“中国兵枪对东洋兵”的“台角”，表达国人扬眉吐气的心情。

船上乐队五至八人，有演奏唢呐、笛、笙，还有打击乐的。演奏人员来自镇上“和合堂”凌家、“兴福堂”蒋家巷陆家的吹打班子，演奏以民间吹打为主。乐队不够时，镇上寺庙中的和尚、尼姑会前来躬逢其盛。后期由“兴福堂”依据民间乐曲《三幢迭》《傍妆台》改编而成脍炙人口的《龙舟曲》，至今还有许多八九十岁的老人能哼上几句。

龙船行进时，跟随龙船的其他船只同时进行舞枪弄棒表演。光绪年间编撰的《罗溪镇志》叙道：“又有一等拳勇之人，另驾小船戏弄枪棒，各献武艺，佐以锣鼓，名曰快船。”后这些表演逐渐淡出，但陆上的表演却更为热闹，唱歌跳舞，戏曲曲艺，魔术杂技，还有“挑花篮”“荡湖船”“出彩灯”“抬花轿”“蚌壳精”等，可谓精彩纷呈。

上海港：码头号子在这里回响

搭起来噻！噢嗨！开步走喽！嗨嗖！脚下小心！嗨嗖……

这些非常富有特色的歌曲有一个特别的名字，叫“码头号子”。通俗地说，就是码头工人在劳作中自然发出的呼吼声。由于装卸的货物、搬运路线及搬运方法的不同，工人们创造性地形成了不同的号子。在上海港口，由于码头工人们来自不同地方，又按照地域、方言的不同分为不同流派，形成了海纳百川的各种风格。那声调高亢、粗犷雄浑、铿锵激越、气势壮阔的上海港码头号子，从形成到发展流传至今已有一百多年的历史了。

上海港的历史，始于隋唐，发展于元代，盛于明清，尤其长江沿岸商埠的开放，为上海进一步发挥进出口转口基地的作用提供广阔的市场。加上苏伊士运河开通，以及外国在华轮船航运业的兴起，上海港的外贸功获得进一步发展，由此促进了商业兴旺、近代金融中心和工业中心的形成。上海港取代广州成为我国最大的外贸口岸，由此带动了商业的发展，促进了上海金融中心、工业中心的形成。虽然随着社会的发展，码头工人也逐渐减少，码头号子成了逐渐消失的声音，但码头文化仍然影响着我们。2017 年 6 月，北外滩滨江区域再添新亮点，一条反映上海百年码头文化历史的长廊——码头文化露天博物馆已经开建。

码头号子：上海的传统民歌

1843 年，上海被辟为通商口岸，随着旧上海“远东航运中心”地位的确立和工业城市的发展，内外贸易交往增长迅速，在蜿蜒流淌的黄浦江畔，建造了一座码头和仓库，遂有周边地区的农民和城市贫民纷纷到码头谋生，而那些从五湖四海运来的超重型货物也就全部压在了码头工人的肩膀上。在这种极其繁重的体力劳动中，人们口中时不时会发出“哼哟哼哟”的喘气声，以此来分解体力的疲乏，也为自己鼓劲加油，码头号子也由此而产生。

昔日的码头上，码头工人把沉重的货包从码头搬运到仓库，从而要用一尺多宽、一丈多长的跳板，一头搁在船上，一头架在高凳上，然后一块一块地延伸至仓库，作为通道，工人称这为“过山跳”。当工人们扛着数百斤重的棉包在“过山跳”上奔走，一步一颤抖，稍有不慎，就会跌下跳板，不死即伤。码头工人中流传这样的歌谣：“过山跳，颤悠悠，前脚斜，后脚扭，一脚踏空，命便休！”“上压肩膀，下磨脚板，根根毛孔流血汗，码头处处鬼门关。”

当码头工人肩抬重物，缓缓行走在高耸危架的“过山跳”时，经常唱着这样的号子：“搭起来嚒！噢——嗨！开步走喽！嗨——嗖！颤颤悠悠！嗨——嗖！脚下小心！嗨——嗖！三脚跳板！嗨嗖！嗨嗖！大胆上去！嗨——嗖！别向下看！嗨——嗖！货包扛完！嗨嗖！嗨嗖！你我钱赚！嗨——嗖！养家活口！嗨嗖！嗨嗖！”

鲁迅先生形象地称之为“吭唷吭唷派”——在搬运劳动中产生原始歌声。有些货物需要多人合力来搬运，如搬运四五吨的大件就需要 16 根扛棒 32 个人来抬，如果没有一个人喊起扛、开步、上路的口令，这么多人的行动就难以一致，用力也不匀，更容易造成各种事故。而“一领众和”的扛棒号子一喊，人的精神就会高度集中，步法也就能统一起来，而起扛、快行、卸肩等行动，都能从号子声中得到指令，从而行动统一，同心协力，搬运效果明显。这种为统一动作调整节奏而发出的呐喊所形成的民歌——码头号子确实是码头工人在劳作中必不可少的。

起承转合：充满劳动的激情

码头号子是上海市的传统民歌，传唱于码头、货场的装卸、抬扛、推拉等劳动场合。码头号子的歌唱方式主要是“领、合”式，即一人领、众人合，或者众人领、众人合。在节奏较缓的劳动中，“领”句较长，“合”句稍短。而在较紧张的劳动中，“领”句、“合”句都十分短促。

上海港的码头工人，大多来自江苏、浙江、湖北和本地农村，故形成“本帮”“苏北帮”“湖北帮”“宁波帮”等不同的号子，由于装卸的货物、搬运路线及搬运方法不同，码头号子可分为搭肩号子、肩运号子、堆装号子、杠棒号子、单抬号子等4大类9个品种。

《杠棒号子》声调高亢，气势壮阔，前呼后应，无固定歌词，一般由演唱者即兴编词，见啥唱啥，和唱者只唱呼号式的衬词。用其他各地号子中极少见的三分节拍。还有《小扁担号子》《堆装号子》等。

老码头们常回忆道：“那时候的‘码头号子’可谓原生态号子。如不会打号子，码头上的老师傅都不愿意搭理你，因为大家很难齐心协力劲往一处使。”

今日传承：新民歌的故事

上海港码头号子音乐因其发生在我国工业都市和沿海最大港口，其演唱环境、音乐内涵、文化背景使之有别于内地风味，有别于农业号子、建筑号子，因此又显示其号子类音乐遗产的独特性和唯一性。

1843年上海港开埠以来，这号子声声见证着百年港区的变迁史，协同着工人的步伐，号子声声最早把这独特的民歌风吹到过往船只各国船员的耳边；1934年，人民音乐家聂耳在上海港码头体验生活，他所创作舞台剧《扬子江暴风雨》中脍炙人口的《码头工人歌》，就是汲取码头号子素材的结晶；新中国成立以来，政府部门一直关注着这一文化的传承和弘扬。1956年5月，码头号子搬上了舞台，曾受当年文化部领导的首肯。1961年，全港区举办码头号子会演，一百多老工人、19个流派、108首号子的动人场面通过上海新闻界各大报纸留下历史的记载。此后，无论是1963年港区文工团的巡回演出，1964年号子演唱队全国比赛，还是1974年出版发行的连环画《号子嘹亮》，都是在给这颗璀璨明珠注入新的活力。上海淮剧团、上海京剧院先后创作演出以码头工人为题材的现代剧《海港》，传播海内外。1986年，英国磐石电影制片厂专程来港区拍摄以码头号子为内容的专题片，又一次把它推向世界。数十年来，上海音乐界几代人孜孜不倦地采集、记录着码头号子的风采。仅上海音乐学院、上海音乐家协会和上海市群众艺术馆编入《中国民歌集成》“上海港”码头号子的就达55首之多。

如今传唱码头号子的都是老年人，他们在传承这朵文化奇葩的同时，也让退休后的生活精彩起来。

为保护继承上海港码头号子这一独特的民间文化遗产，码头号子发源地之一的上海浦东塘桥街道派专人调查采访了许多老码头工人，收集许多相关的历史资料，从各种号子采撷不同流派的代表曲调，编写成了上海港码头号子表演剧本，并组织了以码头退休工人为主的上海港码头号子表演队，他们最年长的近80岁，最小的也已有60岁。他们克服了年龄大、没有表演经验的困难，以本色的歌喉、粗犷的形体，原汁原味地再现了码头工人的形象及劳动场景，他们深感演唱号子让人精神振奋，让人快乐。

市劳动模范、五一劳动奖章获得者蒋华金深有感触地说：“码头号子喊出了码头工人齐心协力、共克难关、吃苦耐劳的优秀品质。”参与过火箭和载人飞船发射工作的上海航天局退休干部陈渝生说：“我们唱的不仅是码头号子声音，更是顽强不息、拼搏向上的上海码头精神。”当退休码头工人梁建荣重新唱起码头号子时，不由想起以前的艰辛劳动。他认为：“我们今天唱号子，就是为了不忘昔日码头工人的苦难历史。演唱码头号子也使这群老人们的精神面貌发生了很大的变化。”

上海港码头号子表演队至今已公演了上百场次，他们还走出国门，远赴德国和巴西，在沙提亚洲、谢瑟尔贝国际艺术节及马托格罗索州国际民俗民间艺术节上演出，他们以饱满的激情演唱和海港文化深厚的内涵深深地感染了观众。一位名叫阿力西的巴西观众说：“我虽然不是很明白唱词的内容，但这群老人们的表演太让人震撼。”

2008年，“上海港码头号子”获得国务院批准，列入第二批“国家级非物质文化遗产保护名录。”

朵云轩：镂象于木　印之素纸

张爱玲在 1943 年的《金锁记》中这样写道："三十年前的上海，一个有月亮的晚上……年轻的人想着三十年前的月亮该是铜钱大的一个红黄的湿晕，像朵云轩信笺上落了一滴泪珠，陈旧而迷糊。"信笺，就是专门用来写信或是题诗的精美纸张，张爱玲为什么要特意写"朵云轩信笺"呢？那是因为，朵云轩是当时沪上有名的笺扇庄，所出信笺花色繁多、精巧雅致，颇得文人墨客的喜爱。朵云轩信笺，用的是"木版水印"工艺。"镂象于木　印之素纸"便是对这种工艺的诗意概括，它源于古老的中国传统雕版印刷术，被誉为中国印刷史上的"活化石"。因此，从某种意义上说，这种信笺是一种具有实用价值的工艺品，自然不同凡响。

朵云轩与木版水印

光绪二十六年(1900 年)，上海的河南路旁新开了一家笺扇商号——朵云轩，主要经营苏杭雅扇、文房四宝、碑帖印谱，以及木版水印的诗笺、画笺，

明　仇十洲　秋原猎骑图

齐白石　荷花蜻蜓(水印复制品)

也承接书画装裱和书画中介业务。“朵云”是对别人书信的敬称，兼有“盛美、美善”的意思，文化品格都非常契合。凭借优质的产品和诚信服务，朵云轩很快跻身沪上主流艺术圈，“书画之家”“江南艺苑”的美名不胫而走。鼎盛之时，朵云轩代理书画家达数百人。

创立之初，朵云轩就已经开始生产经营各类木版水印的笺纸，从存世的一些晚晴、民国时期朵云轩笺纸来看，有的分版套印多达十几色，足以说明朵云轩的木版水印已经达到了较高的技艺水平。新中国成立后，随着著名画家胡也佛等人的加入，朵云轩木版水印技术发展到了一个新高度，精选细刻，印制出大量木版水印中国画，具有极强的艺术魅力，形成了“悉仿古制、刻意仿古”独特的风格，尤其以再现水墨大写意见长。曾有一幅朵云轩水印的仇十洲《秋原猎骑图》在上海海关出关时被阻，因不辨真伪，海关人员特意到朵云轩木版水印室查看求证，之后才放行；还有一幅“白石老人”的《荷花蜻蜓》，被列为某大型拍卖会的图录封面，鉴定师将此画估价18万至22万元，其实竟是朵云轩的木版水印复制品；钱松喦的《延安颂》曾与复制品一起送画家本人鉴别，复制画竟被误认为是原作……

2008年，朵云轩传承的木版水印技艺被列为国家级非物质文化遗产。2014年，朵云轩被文化部认定为国家非遗生产性保护示范基地。

木版水印 VS 现代印刷术

现代机械印刷速度快、成本低、准确率高、质量稳定，相较之下，历史悠久、全手工的木版水印有什么独特价值和优势？

从艺术审美的角度来看，现代印刷生产的绘画复制品，尤其是中国画复制品，不可能具有纸张与水墨之间冲撞、融合产生的艺术效果，色彩层次较平，缺乏水墨独特的视觉效果和韵味。木版水印在这方面对原作给予了最大限度的还原，同时，所用材料、颜料都力求照原作配备、极尽考究，套印尺幅也不受印刷设备规格的限制。以1958年朵云轩用最强技术班子印制的《明·陈老莲　花鸟草虫册》为例，所用画绢为精选定制的仿明手工湖丝，墨用嘉庆旧墨，颜料是上好的植物、矿物颜料，为了表现《红果秋虫》中几颗小红果明亮、厚重的效果，不惜工本，磨用了乾隆年间制的朱砂墨。

此外，每一幅木版水印其实都注入了参与人的情感，是能工巧匠们对原作的解读和诠释，是追溯书画大师们笔情墨韵的精神之旅，泯灭了历史感的机械复制品与之不可同日而语。

木版水印工艺流程

木版水印技艺只有三步工序：勾描、刻板、水印，主要工具也很简单，不外乎毛笔、拳刀、棕刷、棕耙。可是，它的每道工序都蕴含了众多复杂、精细的技艺，精确度近乎严苛。朵云轩的木版水印以“悉仿古制、刻意乱真”见长，在制作中稍有差池，原作的笔情墨韵就难得再现，真正是差之毫厘谬以千里。

勾描是木版水印的第一道工序，主要用到的工具是毛笔，把一幅画按照不同颜色区分开，然后把形状、线条都按照原样勾摹下来。勾描前要选稿，木版水印的第一要义是“画须大雅，又入时眸”，就是说，画不仅要好而且还要符合时代审美。选好稿之后接下来的工序叫作择套，择套用现在的话说就是分版，根据一幅作品需要多少套版子来分，色彩和笔墨简单的画有两三套至八九套版不等，工细而复杂的要分到几十套，大幅的甚至会分到几百套甚至几千套之多。分好之后才是描稿，把画描在雁皮纸上。雁皮纸是一种小构树皮为原料制成的半生熟纸，薄如蝉翼，透若月光，吸水性强但渗化不重，贴在木板上不会变形，是最适宜用于勾描的纸张。

勾描完成之后就来到木版水印的第二道工序刻板，这也是承上启下的关键一环。雕刻前要先选版，从整体上观察木头是否有暗伤，然后用木节草（相当于砂纸）打光。在选材方面主要选用梨木、枣木、梓木、黄杨木等。接下来是上样，用糨糊把勾描的样稿反贴在木板上，等糨糊干了就可以刻了。刻板师傅不仅要对毛笔的运笔点画、起止运行了如指掌，还得“运刀如笔”，方能展现出笔墨的圆润透逸、顿挫转折。刻印完毕，要用圆口刀，将空白木板去掉，保留印制的笔画线条，制成“饾版”。

最后一道工序就是水印了，须按照分版顺序依次进行套印。饾版底部以传统膏药粘固于桌面，一叠画纸确定好位置，在饾版刷掸上颜色，然后拓印。力度轻重、时间长短、不同的水印工具都会给作品的浓淡、干湿、用笔效果带来微妙的变化。朵云轩印刷不同的笔法都配备了独门秘籍：一般大色块的印刷用棕刷，轻浅线条用毛笔，复制印章则用小贝壳。大幅的作品还配备专职的“拉纸师”，因为纸张的位置一旦有偏差，整幅画便报废。

三道工序，环环相扣，“勾者笔力甚深，刻者刀锋精细，印者匠心独运”，各个环节的完美结合，才能使作品达到逼真的境地，只要一个步骤出错，便前功尽弃。因此，每一幅成功的木版水印作品都是集体的杰作。

体验指南

在具有“远东第一俱乐部”以及中国文化“东方之门”称号的“大世界”，你可以跟木版水印来一次亲密接触哦！在大世界3楼的朵云书院，大家可以零距离观摩朵云轩木版水印勾描、雕版和水印的制作过程，并欣赏木版水印作品——金笺《群仙祝寿图》。这组由12条屏构成、总长720厘米、高206.8厘米的巨作，价值120万元，耗时8年完成，是目前木版水印尺幅最大的作品，曾在世博会中国馆中公开展出，画上呈现的是46个神仙人物从地面、空中和海上共赴王母寿筵祝寿的仙境。

群仙祝寿图

同时展出的，还有距今400年左右的古籍真品《宋书明万历版刻赏真》，通过这件重要的文物，我们可以见证中国印刷术的传承、中国古代书籍的艺术魅力和中国书籍发展。这件文物，是明万历国子监的刻本。国子监是明代最高学府，其刻本为当时点校最仔细、版式最规范、刻工最精良的书籍，主要供明朝最杰出的学生使用。

在朵云书院，有“我在大世界做木版水印”的体验活动，你还可以买到《萝轩变古笺谱》《赵佶锦鸡芙蓉图》等木版水印文创产品。赶紧带上家人，一起去做一次传承“工匠精神”的手艺人吧！

上海笔墨博物馆：笔走龙蛇 光彩陆离

福州路，是上海著名的文化一条街，从人声鼎沸的上海书城往东走不远，来到429号，你就会看到一家不起眼的博物馆——上海笔墨博物馆。说它“不起眼”，是因为这家博物馆的门面小，一不留神，你很可能就错过了它。可是，你可千万不要因为它的袖珍而小瞧了它哟，从展品到文化内涵，它可都是大有来头的。

上海笔墨博物馆成立于2008年底，以上海著名的老字号“周虎臣”“曹素功”的历史发展和传世遗存为主线，探究上海乃至全国文房四宝发展的轨迹。它不仅是周虎臣毛笔制作技艺、曹素功墨锭制作技艺的展示中心，还是国家级非物质文化遗产生产性保护示范基地。

“周虎臣”和“曹素功”是什么呢？上过毛笔书法课的同学肯定不陌生，还没接触过这门地道中国文化课的同学可能就有点懵了。我们先来说说“周虎臣”。

入木三分传笔阵，良工四美誉书林

被列为清代“四大名笔”之一的周虎臣，至今已传承了十一代。数百年来，它始终是艺坛名家及书画爱好者们钟爱之笔。清康熙三十三年(1694年)，制笔名匠周虎臣在苏州开设笔庄。1713年，清康熙帝六十大寿时，两江总督在周虎臣定制“万寿贡笔”，深得康熙赞赏，赐书“笔走龙蛇”，自此周虎臣成为朝廷主要御用制笔者。乾隆六十大寿时，“周虎臣”进贡了60支寿笔，皇帝十分欣赏，亲题“周虎臣”，赐为店招，悬于店首，引起了不小的轰动效应，“文官落轿、武官下马”，成为一时盛事，“周虎臣”因此身价百倍，声名远播。1862年，以生产狼毫书画笔、狼毫水笔著称的周虎臣笔庄到上海兴圣街(今永胜路)开设分店。海派书画的繁荣，推动了周虎臣在上海的振兴，清末著名的海上书法家李瑞清(清道人)曾赞誉：“海上制笔者，无逾周虎臣，圆劲而不失古法”，认为周虎臣是当时上海制笔业的头牌。因为生意越来越好，到了1899年，周虎臣索性将苏州总店歇业，集中精力在上海经营。1956年公私合营，周虎臣合并了“杨振华”和“李鼎和”等八家著名笔庄，成立了“老周虎臣笔墨庄”，使狼毫、羊毫和兼毫的制笔技术及品种更加齐全、完备。1987年，又更名为“上海老周虎臣笔厂”，在浦东建造了新厂房。2011年，周虎臣毛笔制作技艺被评为国家级非物质文化遗产。

看上去简单、日常不过的毛笔，何以荣列国家级非遗？原来，周虎臣毛笔具有“尖、齐、圆、健”的特点。尖，即笔头如锥有锋颖，运笔如意不散锋；齐，即笔毛铺开锋平齐，不偏不秃无虚顶；圆，即覆毛均匀起祥圆，笔画圆润吐墨匀；健，即腰锋聚力富弹性，刚柔相济有笔力。简单来说，就是锋颖锐利，圆润饱满，刚劲有力，富有弹性，书写、绘画皆挥洒自如，得心应手，久用不损。要制作出这样的毛笔，可不是件容易的事情，小小一支笔，大致需要经过十多道大工序，并可细分为一百多道小工序。在机械化相当普及的今天，周虎臣仍然坚持全手工制作，严谨地保留、坚守传统的工艺技艺。

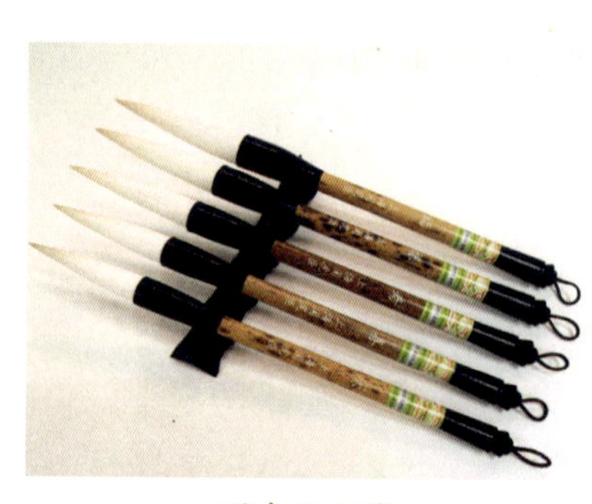
周虎臣毛笔

在笔墨博物馆，你可以大致了解毛笔的选材、生产过程，还能看到上海近代海派书画大师吴昌硕、赵之谦、沈尹默、张大千、吴湖帆、潘天寿等人的用笔，这些书画家还都给自己的爱笔取了名字，比如李可染的两支狼毫笔，就分别叫做“师牛堂”“落木草堂”。周虎臣笔厂曾为诸多名人特制过毛笔，除了李可染的“师牛堂”，还有吴湖帆的“梅景书屋画笔”、沈尹默的“尹默选颖”、任政的“兰斋选颖”、张大千的“大千选用画笔”等，这些名家名笔有些已经留在了周虎臣的“看家”品种之中。众多名人用笔中，值得一提的是鲁迅的“金不换”，据介绍这是鲁迅先生用笔中唯一一支买去尚未来得及用的毛笔，因此显得特别珍贵。另外，在笔墨博物馆中，你还会发现有两支毛笔格外显眼，它的毫毛长达10厘米，称得上笔中之王。据说，这是由一位八十多岁的李老先生花了70年的时间，从千万根正冬东北狼尾毛中挑出了足以做成两支毛笔的特长毫毛，这必须是野生黄鼠狼在特定季节、达到特定长度的尾毛才能被选上，真正是“千万毛中拣一毫”。

2008年，老周虎臣经北京第29届奥林匹克博览会批准，成为全国毛笔行业唯一荣膺奥运会特许商品“第三方制造商”资格的企业。由老周虎臣精心设计的“龙凤对笔”被国家博物馆收藏。在笔墨博物馆里，你也能一睹这对笔的精美。了解了周虎臣，我们再来看看曹素功。

元霜万杵文蟠螭，轻烟融液生琼芝

曹素功墨

标题中的诗句，既是古代诗人对制墨技巧的赞叹，也是制墨工人辛勤劳动的写照。跟周虎臣的毛笔一样，曹素功墨也有着悠久的历史。清康熙六年（1667年），安徽歙县人曹素功创设墨庄，以墨质和工艺造型精良而闻名，与汪近圣、汪节庵、胡开文并称制墨“四大家”，有“天下之墨推歙州，歙州之墨推曹氏”之说。坊间传闻，康熙南巡到江南时，曹素功曾以“黄山图”墨进贡，黄山图有七十二峰、七十二洞，深得赏识，皇帝御赐“紫玉光”之名，由此墨庄一举成名天下知。1864年，曹素功墨由安徽迁址上海，随着海派书画的形成而同步发展。1934年，王一亭书写了《曹素功尧千氏墨庄介绍启》，竭力称颂曹素功的墨锭品质，褒扬其对优秀传统的坚守，于右任、郭沫若、梅兰芳、吴湖帆、蔡元培、马公愚等55位书画家和社会名流一致签名表示赞同。1958年，上海五家制墨企业归并合一，成立曹素功笔墨庄。从此，“曹素功”不再只是曹氏家族的传承，更成为“海派徽墨”的统一旗号和综合代表。1967年，笔墨庄更名为上海墨厂，郭沫若曾亲笔题词“光彩陆离”，赞誉上海墨厂所制的墨锭像美玉一样五彩斑斓、造型脱俗。2011年，“曹素功墨锭制作技艺”被列入国家级非物质文化遗产保护名录，这门技艺至今已传至第十五代。

坚如石、纹如犀、黑如漆的曹素功墨，从炼烟和料、制墨翻晾、锉墨描金、检验包装，要经过九大生产流程。墨的基本原料是烟和胶：将桐油、麻油等不完全燃烧，承接其烟炱而得的是油烟；将松枝熏炼，收集的烟炱是松烟；胶则可分为骨胶、阿胶等。从前，曹素功墨多用广东产的牛皮胶，因为熬胶对环境影响大，更由于手工业的不景气，已经很难找到生产厂家，如今只能用骨胶替代。除了烟和胶，曹素功制墨还会添加麝香、檀香、金箔、珍珠、玉屑、熊胆、紫草、丹参、藤黄、梅片、冰片等材料。现在，麝香是国家明令禁止使用的材料，曹素功用狸猫香进行了替代。为什么制墨要放入香料和名贵中草药呢？原来，这不仅仅是为了增添墨的香气，更重要的是因为这些珍贵材料能延长墨的储存时间，使用时增强墨的渗透作用，无论毛笔尖软硬，均可保持运笔灵活，不粘、不涩、不带，还能添加墨色光彩，防腐防蛀，使墨迹经久不变色。据记载，嘉庆年间，皇帝召曹氏后人曹尧千进宫制墨，在制墨时加入各种名贵香料，锤打时香气四溢，缭绕大殿，沁人肺腑，大臣们惊叹不已。制墨最关键的是捶打，制墨匠人一手持锤，一手搓墨，将坯料捶打成质地均匀的墨坯，确保表面无缝隙，内部无气泡，而后根据大小一一放入墨模压制墨锭。曹素功首创了“锤击硬坯法”，千杵万捶，使得墨质细润匀和，墨锭的成品率大为提高。墨锭制成后，经过数月甚至上年翻晾，自然阴干，再加上描金。最后，金光璀璨、五彩斑斓、造型美观的书画墨便精制而成。

在笔墨博物馆，你能看到曹素功的演进历史，还有明清、民国及新中国成立后各个时代的墨模和墨品。许多墨品的字画都是由著名书画家、文人雅士绘制、设计和创作。康熙的《耕织图》、钱慧安的《提梁墨》、任伯年的《名花十二客》、王一亭的《良金美玉》、吴昌硕的《寒香》、郭沫若的《光彩陆离》……让人应接不暇。墨本身也是千姿百态，最为吸引眼球的则是一组“御园圆墨”，画面取材颐和园景色，材料则是高级矿物颜料，纯天然的朱砂、石绿、石青、雄精等，每一块墨的色彩都特别纯正。2010 年曹素功的“世博墨”成了“世博会”的特许产品，笔墨博物馆对这款墨也进行了收藏。

作为全国第一家以笔墨为主题的专业博物馆，在笔墨陈列的同时，博物馆还经常举办书画名家个展、笔墨特展，丰富的传统文化底蕴和艺术价值，正等着你去一探究竟呢！

项目篇

江南丝竹：演绎民乐雅韵

江南丝竹，是流行于江苏南部、浙江北部及上海地区的以丝弦乐器和竹管乐器为主，并具有江南地方音乐风格的一个民间乐种，被视作江南水乡文化的声音符号和活化石。

江南丝竹是长江三角洲地域文化的杰出代表，其产生和存续对沪上民族音乐、戏曲艺术、民俗生活和群众文化的发展均有重要意义。

演奏江南丝竹，最为常用的有笛、箫、笙、二胡、琵琶、扬琴、三弦等丝竹乐器和彩盆、拍板等打击乐器。演奏时，风格优雅，曲调婉丽，既富有江南秀美之风，又显尽都市灵动之韵，是民族器乐中最具地域文化特色的乐种之一。

众说纷纭话源头

“丝”“竹”两字，最早可见于先秦的《周礼·春官》，书中曾提到中国最早的乐器分类法为“八音”：金、石、土、革、丝、木、匏、竹，将“以丝为弦、以竹为管”的乐器组合统称为“丝竹”。作为环太湖地区地域文化特征鲜明的合奏样式的江南丝竹，距今已有数百年的历史。

关于江南丝竹的源头，一直是众说纷纭，归纳起来无外乎两种说法。一是“昆曲说”，认为丝竹器乐演奏形式脱胎于昆曲的伴奏。在昆曲改革的过程中，明代魏良辅、张野塘等人共同改造了“北曲”弦索，张野塘更是取法“大三弦”而创制“小三弦”用于昆曲的演奏。后来，魏良辅在伴奏中加入了笛、箫、笙、管之类的管乐器，这奠定了“丝竹音乐”的基础。说江南丝竹乐源于昆曲的凭证即在此，丝竹音乐成型过程中出现的器乐丝竹牌子曲，就是由数以千计的昆曲曲牌发展变化而来。

而另一种说法“十番锣鼓说”，认为江南地区单纯的丝竹乐器组合形式源自丝竹锣鼓。丝竹锣鼓在历史演变的过程中，除去打击乐器，形成了丝竹乐器合奏。19 世纪中叶以苏州、无锡一带为经济文化中心的江南地区，普遍流行的器乐合奏形式便是“十番锣鼓”。当时，在上海西郊流行的《锣鼓四合》与后来的丝竹名曲《四合如意》存在着密切关系。以此为证，持“十番锣鼓说”者认为江南丝竹源于“十番锣鼓”。

但无论是哪一种说法，似乎都已经不再重要，重要的是，江南丝竹无疑是中国民族民间音乐里一颗璀璨的明珠。

在上海，江南丝竹初兴于 19 世纪末 20 世纪初，那时多称其为“丝竹”“国乐”“清音”“仙鹤”等。据现有资料看，“江南丝竹”的提法在清道光《嘉兴府志》已涉及，记有“采苏杭之丝，截洞庭秀竹，变吴越佳音，集弦索精粹，江南有丝竹者也”。但江南丝竹的正式定名，初见于 1954 年的上海民间古典音乐观摩演出和上海市国乐团体联谊会筹备委员会主办的“国乐观摩演奏会”节目单上。同年上海音乐工作者协会成立了“江南丝竹研究会”，继而 1955 年上海民族乐团成立了“江南丝竹整理研究组”。

1958 年这种演奏形式被正式定名为江南丝竹，2006 年江南丝竹经国务院批准列入了第一批国家级非物质文化遗产名录。

浓妆淡抹总相宜

江南丝竹“乐队”

江南丝竹的乐队组合灵活多变，根据不同乐曲表现的需要和客观条件，可多至一二十人，也可少至两三人。演奏者时常即兴，通过“加、减、抢、让、变”的处理，突出主要乐器，体现个人和乐社的演奏风格。

关于江南丝竹的音乐特色，有不少人作过论述。早在 20 世纪 50 年代，在《江南丝竹概述》讲义中，金祖礼就以“小、轻、细、雅”四字来概括过江南丝竹的音乐风格。

“小”是指乐队组织和乐曲结构大多是小型的，“轻”指音乐情趣侧重于轻快典雅，“细”则指演奏风格上的精致细腻，“雅”指曲调优美秀雅，柔和清澈。其后，也有人将江南丝竹的音乐风格概括为“花、细、轻、小、活”；更有人将其不断更新与丰富，如“柔、细、轻”，如“绚丽、华彩、幽静、文雅、流畅、清越”等。乔建中先生则将其概括为“精致、柔婉、轻快、典雅”。

作为江南丝竹音乐的特征，这些概括都不算错。但在实际聆听江南丝竹时所感受到的，恐怕远远不止于此。

一曲江南丝竹，几多江南故事。弦乐声中，刻画的是朴实，领略的是传承，诉说的是江南古镇里最朴实的坚守。

没有曲谱的原生态

江南丝竹的乐队编制比较灵活，二胡、笛子是主要乐器，还有小三弦、琵琶、扬琴等弹弦乐器，箫、笙等管乐器，鼓、板、木鱼、碰铃等打击乐器。

人们熟知的江南丝竹八大名曲有《欢乐歌》《云庆》《老三六》《慢三六》《中花六板》《慢六板》《四合如意》《行街》。此外，《鹧鸪飞》《柳青娘》《高山流水》《霓裳曲》《倒扳桨》等乐曲也是广受喜爱的。

江南丝竹与民乐的最大区别在于它是即兴演奏，没有固定的曲谱。有许多还未曾真正了解江南丝竹魅力的人，会将江南丝竹与民乐联系起来。但实际上，江南丝竹同民乐完全是两码事。一般而言，不同年龄、不同文化背景、不同人生经历的演奏者，对同一个曲目的理解也自有差异，所以演奏出来的乐曲肯定也是不尽相同。民间有种传统说法，认为江南丝竹是在简单的“老六板”上发展起来的，当演奏到一定的熟练程度，就会对曲中的某些细节作些许处理和变化，以便能更好地表达演奏者自己内心的所思所想所感。这样周而复始地对曲目的改变，曲子不断地发生着变化，使得原来的“老六板”越变越复杂。

但不管它怎样变化，江南丝竹的音韵会一直被人们喜爱并持续流传下去，而江南丝竹也越来越被当作是一个用音乐来宣泄内心情感的平台。

无穷韵味惹人深爱

江南丝竹音乐的产生和延续，对汉族民族音乐史的研究及戏曲、民俗文化、群众文化的发展都有重要的作用。江南丝竹是江南水乡文化杰出的代表之一。

国家级江南丝竹传承人周惠（已故）、周皓，上海市级江南丝竹传承人孙文妍等名家大师的演奏展现出纯正的江南丝竹传统韵味，并通过磨炼将江南丝竹乐中的秀美、平和、温婉的音韵和气质保存下来。在历年来的各种江南丝竹乐的比赛或交流会中均获得好评和殊荣。

2008年和2012年在全市开展了2次江南丝竹项目普查工作，有关负责小组建立起了相应的档案数据库，组织编撰了上海市国家级非遗项目系列丛书之一《江南丝竹》专项本，与上海电视台艺术人文频道合作拍摄并播出了《江南丝竹》专题片，完成了国家级传承人陆春龄、周皓和市级传承人孙文妍、陆德华等的口述历史音频、视频采录工作，积极组织策划开展各类江南丝竹展演比赛活动，认真开展江南丝竹进校园等活动，出版《江南丝竹通识》教材，并在此教材基础上，依托陆行中学南校联合全市十余家中小学成立了江南丝竹进校园联盟，牵头组建了声部齐全、年轻专业的上海江南丝竹乐团。

江南丝竹旋律抒情优美，风格清新流畅。笛子演奏注重气息的运用，高音悠扬清远，低音含蓄婉转，音色醇厚圆润，常用打音、倚音、赠音、震音、颤音等技巧润饰旋律。二胡弓法饱满柔和，力度变化细腻，左手惯用透音、带音、左侧音和勾音，尤以各种滑音技法，构成江南丝竹细腻清秀、明快健朗的个性。

喧闹奢华中，江南丝竹增添喜庆气氛；生死别离中，江南丝竹抚慰心灵创伤。江南丝竹用其独特的音乐触角抵达人们内心深处最柔软的地方。而通过它散发出来的每一分魅力，我们又可以看到它在市井生活中的那一丝悠闲，还有在水乡之地中的几分热闹，这样的江南丝竹，怎能不惹人深爱。

上海田山歌：悠扬起昂　声闻远近

在农耕时代长期的稻作生产和水乡生活中，一首首饱含劳动人民情感的田山歌在田间响起，已流传数个世纪之久。但随着时代变迁、审美更迭、都市化进展，流传已久的田山歌在上海这片土地上已渐行渐远。无论在市区还是郊区，年轻一辈中通熟田山歌的屈指可数，通熟田山歌的歌手曾一度不足百人，其中大部分已进入晚年，最小的也有七十多岁。虽然上海田山歌面临着传承的困境，但古老、淳朴的田山歌在当代社会中依然有其独特的价值。

历史悠久　特点鲜明

田山歌主要传唱于水稻耕作区域，上海的田山歌最早可追溯到春秋时期的吴歌。据现有的文献资料可知，至迟在公元16、17世纪的明朝，上海地区民间传唱田山歌的风气已经十分盛行。如在明代冯梦龙辑录的吴地民歌集《山歌》中，收有吴歌356首，其词格曲调与现今上海地区流传的田山歌基本一致。明代崇祯版《青浦县志》、民国修的《续志·杂记》中，都有青浦“唱田山歌悠扬赴节，声闻远近”的记载。明代时期，松江一带的田山歌也已十分盛行，如《续修四库全书·集部·曲类》，收录了多首松江一带的田山歌。

田山歌是农民在耘稻、耥稻时，由一人领唱、众人轮流接唱的一种歌唱形式，又称吆卖山歌、落秧歌、大头山歌。现主要流传于青浦、金山、奉贤和松江等地区。吆卖山歌的演唱形式由合唱、独唱以及辅助词“虚词”前后承接唱等部分组成；落秧歌由独唱、男声合唱、女声合唱并反复重复；大头山歌演唱形式与落秧歌类似，也是反复演唱。

田山歌音调高亢，旋律起伏也较大，经常出现八度的大跳进行，同时也会形成较多的拖腔曲调，一般在句逗结束处旋律都有下行的规律性特征，而段落的结束音一般都落在调式的主音上。田山歌的织体基本上是单声部，但在各句逗连接时，后句逗常常采用侵入法，侵入到前乐句的结束音上，构成二乐句的重叠，民歌手称之为“叠起来”。由于演唱时形成的前后乐句的重叠，就构成了两个声部的和声音程效果，产生了同度、八度、四度、五度等不同种和声效果；也有二度、七度不协和音程出现，这就产生了特殊的多声因素。

田山歌同时也有着非常鲜明的语言个性，其中大量运用了当地农民的日常口头语言，这对以后文学、诗歌、戏曲等创作都产生了深远的影响。田山歌是由劳动人民自己创造的一种劳动歌曲，它既能抒发劳动人民的感情，诉说自己的欢乐与痛苦，又能陶冶性情、解除疲劳，因此田山歌在上海西南市郊代代相传，流传至今。

解乏“神器”声腔独特

田山歌是在田间劳动时唱的一种劳动歌曲，能陶冶情操，解除疲劳。农民有一句话就是；“天气越热，汗水出得越多，唱起歌来就越有劲！”民歌手演唱田山歌，可以从日出东方一点红，一直唱到日落西山鸟归巢。在上海传唱的田山歌有各种各样的名称，如大山歌、响山歌、邀卖山歌、耘稻山歌、淌稻山歌。田山歌不仅有各种各样的称谓，而且每一种称谓有它固定的旋律和音调。

青浦田山歌

赵巷吆卖山歌演唱由头歌、前卖、前嘹、发长声、赶老鸦、后卖、后嘹、歇声等部分组成，其中的赶老鸦、歇声是合唱，而前卖、后卖、发长声等部分是一个人独唱。前卖和后卖是承上连接，前嘹、后嘹是顺着前句接唱。

练塘落秧歌演唱由头歌、买歌、嘹歌等部分组成。头歌部分由一人独唱，买歌部分由男声合唱，嘹歌部分由女声合唱，练塘的大头山歌演唱由头歌、前铲、吆档、后铲等部分组成。

在上海乃至江南地区的田山歌中，最值得称道的是一种叫作“大山歌”的演唱形式。所谓“大山歌”，是农民们在夏天耘稻、耥稻时为了缓解暑热、宣泄情绪而演唱的一种田山歌，又称“吆卖山歌”“响山歌”“喊山歌”等，演唱时由七八个人组成一个山歌班，其中一人担任领唱，其他几人轮流接唱。演唱由头歌、前卖、前嘹、发长声、赶老鸦、后卖、后嘹、歇声等部分组成。大山歌演唱时一唱众和，高亢悠扬，可达数里之外，充满了群体合作的情趣。

田山歌作为一种生成传播于水稻田中的民歌样式，在音乐声腔上主要具有两个特点，其一是特别高亢，有时甚至会用假嗓演唱，其二是略带悲怆，听起来颇有哀怨之感。这与许多民歌大多是欢快热闹的风格几乎大相径庭。

说到田山歌的声腔，上海青浦一带还流传着这样一则故事：有一次乾隆皇帝来到青浦一带巡查，正值田间农民莳秧之时，沃野飘歌，不绝于耳。于是乾隆皇帝就问身边大臣这些农民在干什么。久居北京的臣子哪里知道这是农民为了消除疲劳在唱田山歌，于是就回答说农民在哭泣。由于用吴侬软语吟唱的田山歌音调高亢，旋律起伏较大，经常出现八度的大跳进行，其他如三、五度的跳进也经常出现，而且多为散板散唱，因此形成较多的拖腔，听起来的确很像在呜咽啼哭。

时代变迁　传承困难

田山歌曾流行于上海青浦、金山、奉贤和松江等地区，现在田山歌已面临传承的困境：一是语言关，田山歌是以地方方言传唱，而现在的学生已经习惯使用普通话，有的甚至听不懂地方方言；二是文字文本少，田山歌本身的音乐特点是较自由，大部分是自由创作，而现有的精于田山歌的传唱者，受文化教育较少，因此只能采录，失去当时的环境特点，另外田山歌是在农耕中产生，而随着生产生活方式的转变，很难让脱离农耕生活的孩子去真正了解田山歌；三是时代断层，由于许多教师本身对田山歌了解不深，只能请老人进课堂再通过录音方式传授，学生与老人之间存在很大的文化差异。

1953 年 9 月，由上海青浦 10 位农民组成的田山歌队，在首都北京参加了“全国首届民间音乐舞蹈汇演”，他们因演唱的青浦田山歌代表作“邀卖山歌”《五姑娘》而荣获“优秀演出奖”，得到了国内外专家的一致好评。周恩来总理还亲切接见了田山歌队的演员们。从此，青浦田山歌成为上海田山歌特有的名称而闻名全国。20 世纪 80 年代初进行民间文学普查时，工作人员走门串户，收集到田山歌 975 首，而这还仅仅是田山歌的一部分。这是田山歌历史上的第一次官方整理。2007 年，青浦田山歌被列为上海市首批非物质文化遗产，并被列入市重点保护项目。为了传承青浦田山歌，青浦已在金泽、朱家角、赵巷、练塘四地建立了传承基地，保护老艺人，建立传承链，恢复田山歌文化空间，取得了很好的成果。经过十年来的努力，建成各级传承基地三十多个，代表性传承人体系基本建立。2012 年 3 月，金山卫镇通过发掘史料，走访民间老艺人，整理出了一批田山歌曲目，并在此基础上，创作编排了一台以春夏秋冬四季为序，反映江南农耕生产和农村生活的《田山歌韵·金山卫》，于 12 月 22 日在大宁剧场成功上演。

田山歌韵·金山卫

作为田山歌传承人之一的张永联在农村生活了一辈子，也唱了一辈子。2007 年 12 月赴西安参加中国原生民歌大赛，荣获优秀传承奖和优秀演唱奖。2012 年 11 月作为市级传承人的张永联，荣获国家级代表性传承人称号。

滚灯：百灯之首

滚灯为汉族民间节日中群众自娱自乐的一种艺术形式，是一种集舞蹈、杂技、体育为一体的运动。据史料记载，至少已有七百余年的历史。舞者多为男子，以单人和双人表演为主。现发展演变到多人群体舞灯，亦有女子参加。滚灯由戏球、缠腰、跳灯等动作组成，名目有白鸽生蛋、蜘蛛放丝、缠腰缠足中脱靴、金猴嬉球、日落西山、鲤鱼卷水草、鹁鸪冲王等，集中了跳、滚、爬、窜、转、旋、腾、跃、甩等多种刚柔相济的体育、舞蹈动作。

竹里藏火 流光溢彩

滚灯是一项独具特色的传统民间艺术。史载滚灯原为纸灯，相传在明朝起源于江浙地区，到清朝已经发展到鼎盛时期。在江南一带，每当丰收季节和春节、中秋传统佳节之际，群众就以玩耍滚灯来表达欢乐的心情。传说太平天国时期，当年奉贤民众就是以舞滚灯迎接太平军开进城区的。在欢迎太平军的队列中，几个头扎红丝巾、腰束大红绸的青年汉子最为引人注目。他们手中把玩的是直径四尺、内藏烛火的大竹球，时而翻身过球，时而倒立滚球，或是将大竹球以麻绳相连，唇齿引动，球滚而火不灭。明朝田汝成的《西湖游览志余·偏安佚豫》中记有“以纸灯内置关捩放地下，以足沿街徽转之，谓之滚灯”。《沪城岁时行歌》记有“艳说年半五谷登龙蟋九节彩云燕。瞥如声涌惊涛沸火树千条拖滚灯”。

在上海奉贤有个古镇叫作柘林，奉贤滚灯便起源于此。江浙一带盛产毛竹，这为滚灯的制作提供了充足的原料来源。奉贤滚灯用十二根毛竹片条扎制而成，分为大中小三种，大滚灯直径 1.2 米，中滚灯直径 0.8 米，小滚灯直径在 0.35 米左右。三种滚灯均由外球、内球（又称内胆）两部分组成，用红布包裹内球称为文灯，用黑布包裹内球称为武灯。内球用麻绳或铅丝固定在外球体中心位置，两端用铁质转销连接，转动自如，内球中间装有蜡烛，用于表演时点燃，现在一般都改装干电池 LED 灯。舞滚灯时，男子流行服饰有古装戏服、部队短打服装，民间的绿色（黑色）对面襟上衣和湖蓝色裤子，头扎白毛巾，脚穿老布鞋。女子服饰有蓝印布无领短袖套衫，下身穿蓝色裤子或短裙，脚穿蓝布鞋，头上缠发或用插花等其他饰品。《奉贤县志》卷二十六文化志第 819—820 页记载“此灯为竹制圆球，球中心置灯火，直径 1.5 米，内置直径 50 厘米竹制小球一只。凡灯会都以滚灯为先导，舞灯者将灯用带系于腰间，人随灯上下翻滚。高潮时舞灯人用牙齿咬住带结，以颈项之力使灯四处摇动。滚灯流传较广，尤以萧塘、邬桥、齐贤、青村、泰日、新寺、胡桥等地为常见。新中国成立初期，青村区的滚灯曾参加松江专区文艺会演，获得好评。合作化后一度失传，最近得以发掘。1984 年县春节灯会上，胡桥公社文艺厂曾作滚灯表演”。由于风干、虫蛀等原因，一个新编的滚灯最多只能保存二到三年。灯不能长久，舞滚灯的习俗却是久远的。

奉贤的传统滚灯有三种表演形态：一是由于水患频繁，每年都有

舞滚灯者戴二郎神（司水利之神）面具，舞滚灯以求降伏水患；二是明朝开始奉贤就是抗倭寇重镇，滚灯成为地方驻军强体尚武的训练载体，为了提高训练难度，他们在滚灯的内球中挂上了用黑布包裹的铁锤或石块，称之为“武灯”；三是每逢灯会、节庆或者庆丰收、贺高升之日，庆贺活动都以舞滚灯为荣。

百灯之王　江南一绝

新中国成立前，民间灯彩流传极盛，其中最有名的就是滚灯。奉贤滚灯从祭神走向娱神，以娱神走向民间娱乐。20 世纪三四十年代，凡遇灯会、民间庙会皆以滚灯为先导，滚灯总在长长的灯彩长龙之首。在观灯人群拥挤的地方，只要滚灯开道，人群便会主动闪避两侧，为出灯队伍让出一条畅通无阻的道路。舞灯时将灯用线系于腰间，灯随人左右滚动，人随灯上下翻滚舞到兴致时，配以鞭炮锣鼓舞者用牙咬着线结以颈项之力使灯四处滚动小球内蜡烛不灭。舞大灯时体力消耗极大，每盏滚灯须几人轮番舞动，操控者均为男子，大多赤裸上身，体现了一种粗犷的力量美。在奉贤，滚灯被誉为“百灯之首”“灯中之王”。

滚灯表演在长期的探索演出中日趋完美，在传统的杂耍技巧白鹤生蛋、缠腰、蜘蛛放丝、金猴戏球、鲤鱼卷水草、单脱靴、双脱靴、跳脱灯、日落西山的基础上，融进了滚地龙、舞灯龙、背抛、滚刀花、甩手、水流星等系列创作动作，集古今艺术为一体，更为形象地体现了滚灯舞集跳、滚、爬、转、旋、跃、抛的特色艺术效果，豪放中有细腻，洒脱中含凝重，刚健中透柔美，其风格与桥乡独具韵致的风土习俗相宜，既别于吴风之仪，又异于越风之态，被誉为“江南一绝”。滚灯经过历年的磨砺创新，已有多套适合不同场合、展现不同手法的滚灯舞、操，在镇、区、市乃至国内的大型文化舞台上频频亮相，屡屡获奖。柘林镇胡桥社区也因此于 1999 年被国家文化部命为“全国民间艺术之乡”的荣誉称号，奉贤滚灯于 2005 年被列为上海市文化发展基金会民间艺术特色项目。2008 年 1 月，奉贤滚灯入选“第一批国家级非物质文化遗产扩展项目名录”、第二批国家级非物质文化遗产名录，成为名副其实的“国宝”。

不断创新　声名远播

奉贤滚灯经过好几代人的创造发展形成了自己独特的动作套路。其传承和发展离不开滚灯艺人的努力与创新。吴友根是胡桥地区滚灯表演的创始人，他师承何人已无法考证。20 世纪二三十年代民间滚灯活动在胡桥地区开展得如火如荼，涌现了像陈阿二等一批舞灯者。陈伯民、吴伯明也是当年舞滚灯的佼佼者。其中，陈伯民是奉贤滚灯发展中一位十分重要的传承人。

20 世纪 80 年代开始，奉贤滚灯在区、镇两级政府的支持下，在奉贤群众工作者的努力下走上高速发展的轨道，在区、市乃至全国的文艺舞台上频频亮相。每年参加大型文艺演出不少于 40 场，各镇都建起了滚灯队，多次在全国文化体育比赛中获金奖。虽然奉贤滚灯已形成自己发展的模式，但近年来，舞滚灯者人数有所下降，滚灯队伍也有所减少，一批老艺人相继谢世。为此柘林镇文广中心制定了滚灯项目的发展规划，举办了滚灯艺术研讨会，滚灯舞、滚灯操培训班和“胡桥杯”滚灯操比赛等，以提高滚灯的艺术表演水平，扩大群众基础。区文化馆副研究馆员徐思燕编辑出版《奉贤民间滚灯舞集成》，让世人多角度全方位地了解滚灯、熟知滚灯。经过他们对民间艺术进行全面的普查、挖掘、整理，抢救了濒于失传的“滚灯”。

数十年来，奉贤滚灯为弘扬民族民俗文化作出了卓著的贡献。1985 年，当时的胡桥滚灯首次登上县第二届艺术节的舞台，迈开了滚灯从乡野走向城市的步伐。1990 年，滚灯舞出上海，走向全国，参加了在广西南宁举办的全国第四届少数民族运动会并首获奖牌，取得了第二名的好成绩。1994 年新中国成立 45 周年进京献演、全国八运会、全国群星奖、全国“四进社区”文艺汇演、全国亿万农民健身展示、首届中国农民文艺汇演、上海世博会、长三角地区滚灯大汇展。央视《我要上春晚》等栏目录制中也有奉贤滚灯人的矫健身影。奉贤滚灯还在 2009 年、2014 年远赴美国、德国，开展文化交流活动。2016 年，奉贤滚灯又有了新的起点，先后参加京津沪渝非遗精品交流展演，“同饮一江水·共筑中国梦”浙江、重庆、上海文化交流展演展示活动，还远赴比利时参加国际文化交流演出。奉贤滚灯舞声名远扬，已成为奉贤文化对外交流的一张名片。

打莲湘：舞出欢乐来

打莲湘是民间流传已久的一种原生态文艺，具有浓厚的民族文化气息，亦称“打连厢”“霸王鞭”“打花棍”“浑身响”“九子鞭”“敲金杆”“金钱鞭”等，常由一人或多人手执“莲湘棒”配乐而舞，其历史可追溯到春秋战国时期一种竹筒或鞭状乐器“相”。全国各地民间打莲湘的方法各具风格，素有“南柔北刚”之说，在少数民族中打莲湘也有广泛的流传。现今打莲湘作为一种文艺表现样式主要盛行于上海城乡，融民俗、舞蹈、音乐、健身、娱乐于一体，具有独特的艺术价值，是上海市级非物质文化遗产。

民间艺术　源远流长

打莲湘作为全国各地百姓喜闻乐见的民间艺术，拥有悠久的历史。在清代许多著作中都有记述，如毛奇龄的《西河词话》中记载：“金作清乐，仿辽时大乐之制，有名连厢词者，带唱带演，以司唱一人，琵琶、笙、笛各一人，列坐唱词……此人至今谓之连厢，亦曰打连厢。”康熙年间李振声的《百戏竹枝词》中记有："徐沛伎妇，以竹鞭缀金钱，击之节歌。"清玩花主人所著的戏剧汇编《缀白裘》中，就有《连厢》一剧。《侧帽余谈》中也有记载：连厢者，"范铜为干，约二尺许，空其中，缀以环，杂剧有《打连厢》即此。盖一二雏伶乔扮好女郎，执檀板，且歌且拍……"

20世纪30年代，当时一些苏北老百姓到江南拿着莲湘棒自演自唱，卖艺乞讨，也有一些苏北船民迁移到金山廊下定居，同时将打莲湘这些民间艺术带到了那里。在廊下地区，打莲湘主要在当地民间的祭祀活动中进行表演。"老爷出会"时跟在后面，边走边打，其目的多为驱邪、撵鬼、祭奠神灵，祈求五谷丰登、岁岁平安等。廊下打莲湘动作轻快、明朗，节奏感强。打莲湘动作原有十几节，流传下来只有九节，每八拍八个动作为一节。演奏时，常由一人、数人或数十人手执竹竿配乐而舞，主要有交齐、起步、转棒、敲肩、敲地、打地、对打转身等基本动作。敲击肩、腰、背、臂、肘、两手、两膝、两足等部位和穴道，可以达到舒筋活血的功效。同时，敲击时振动铜钱作响，再配上音乐、唱词，形成了丰富的节奏变化，既锻炼了身体，又愉悦了心情。

浦东惠南地区的打莲湘与廊下地区类似，初时源于外来逃荒者或移民中乞讨者的一种乞讨表演。乞讨者一边打莲花棒一边向人乞讨，多为单个表演，男女老少乞讨者皆有，由此流入民间。后来移民而至的垦荒者"穷开心"，借此庆祝丰收或庆贺节日，逐渐由单个变成一男一女成对合演，并发展到数对，甚至四五十对男女青年合演的群舞，表演地点也由田头场角走向舞台、庙会以及重大节庆活动。

莲湘棒是打莲湘的主要道具，它用普通的竹竿制作，长80—100厘米、直径2.5—3厘米，在距两端5—10厘米处各开一个长10厘米、宽1.5厘米或三四个较短的透空孔，从侧面钻一小孔穿入铁钉作轴，再分别嵌入四五个小铜钱或小铜钹，竹竿表面涂以红、黄、蓝等色漆，竹竿两端系扎若干彩色绸布细条或丝线为穗，以作装饰。舞动时不仅可以听到铜钱撞击的"哗哗"声，更可欣赏彩穗飞舞的热闹场景。

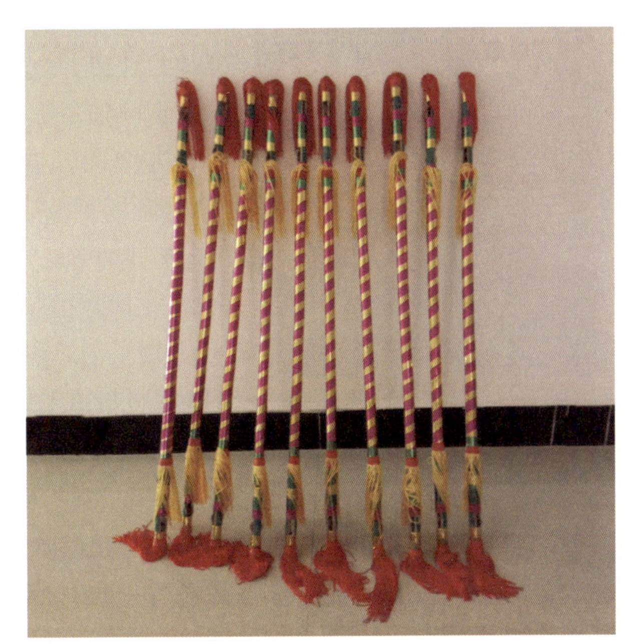

廊下莲湘　传承五代

据《廊下志》记载，早在1935年，廊下沓里村（现勇敢村6组）就已成立由民间艺人王金法组织的十余人的莲湘队。吴克勤是廊下莲湘第一代传承人。1949年，吴克勤在浙江平湖一家南货店当学徒，那时就经常跑到解放军营地看文艺兵排练打莲湘，从而学会了打莲湘。1950年，他回到廊下成为一名小学教师，常组织学生打莲湘，将古老的莲湘舞在廊下传了下来。而第三代传承人吴迪观不仅是打莲湘的高手，还是莲湘棒制造技艺的传人，廊下人的莲湘棒大多出自他的工作室，吴迪观也被人称作“莲湘王”。廊下莲湘至今已传承五代，其中“二吴”有着极为重要的作用。

2009年6月廊下莲湘被列入上海市非物质文化遗产名录，廊下2010年1月被中国民间艺术家协会命名为全国首个“中国莲湘文化之乡”“中国莲湘文化传承基地”。近年来，廊下镇已连续举办五届莲湘文化节和四届乡村体育节，承办市农民体育特色项目邀请赛。廊下镇把传统的打莲湘融入全民健身项目之中，组织全民通过打莲湘强身健体，成了全镇老、中、青、少年全民参与的娱乐健身项目。廊下莲湘还频频走进上海电视台、中央电视台参加表演和比赛。

为了把打莲湘铸造成廊下特色文化艺术品牌，廊下镇领导确立了从娃娃抓起的理念。2006年5月，廊下小学编发了校本教材《廊下民间艺术——打莲湘》，明确三年级学生每星期上一节莲湘课，并作为学生素质教育的特色项目加以重点推进，要求廊下小学每一位毕业生都能够打出一套漂亮的莲湘，还于2013年建造了主题园林景观——“莲湘园”。在廊下的打莲湘被列入金山区首批非物质文化遗产名录后，廊下镇又召开了专题工作会议，全镇12个行政村和学校、居委全都组建了莲湘队。莲湘队的队员达五百余人，各莲湘队都开展了经常性的训练和自娱自乐活动。镇文化广播影视服务中心组织打莲湘辅导老师到各莲湘队传授打莲湘技艺，邀请浙江嘉善、平湖的打莲湘高手前来指导，对基本动作、相互配合、音乐配置等进行全方位的演练，还开展了创新动作的研究。

近年来，廊下镇以莲湘非物质文化遗产的保护和中国莲湘文化之乡、传承基地的创建为抓手，对本地莲湘文化进行了系统挖掘、保护、开发和传承，制定了打莲湘“一镇一品”五年规划，成立了廊下镇莲湘工作室，建立了莲湘顾问团、莲湘研究员队伍和莲湘传承人队伍，并将打莲湘列入了廊下小学的素质教育课程。他们更以传统莲湘为基础，开发了莲湘诗歌、莲湘小品、莲湘情景剧、莲湘表演场、莲湘舞蹈、莲湘操、莲湘游戏等系列文化体育产品，提升了莲湘的生命活力。如今，不同年龄层次的三十多支莲湘队常年活跃在廊下的大街小巷、田间农院，从三四岁的孩子到七八十岁的老人，常年参与打莲湘的2万余人，占全镇人口的一半以上。“人人会打莲湘”已成为廊下独特的文化名片。

惠南莲湘　不断创新

浦东惠南地区六灶湾等地早在100多年前就活跃着打莲湘队伍，经常在庙会等节庆活动中亮相。打莲湘融合了大众化的民间舞蹈语言及民间舞蹈音乐，为群众所喜闻乐见，因而极易流传。

20世纪80年代，原南汇县文广局就在非遗项目调研工作中，对打莲湘进行挖掘与保护。2008年，由惠南镇申报的“打莲湘”被批准为上海市非物质文化遗产保护项目。惠南镇文化服务中心在黄路学校建立了莲湘基地，配送了道具等设施，加以扶持和推广。

在惠南镇，打莲湘的普及与发展离不开倪青芳等“莲湘人”的创新。作为打莲湘项目的传承人，倪青芳已经舞了五十多年的莲花棒。从黄路社区文化中心退休后，她将健身操、太极拳等运动的动作元素融入打莲湘中，编出了一套全新的“莲湘健身操”，在学校一推广就受到了广大学生的追捧。黄路学校学生学习莲湘健身操及传统的打莲湘已将近10年。

除了黄路学校，惠东村是惠南镇普及打莲湘的另一个基地。在传承传统的同时，倪青芳还以每年一部的进度，编排新的“莲湘健身操”，今年第三部新操已经面世，受到大众广泛的欢迎。目前打莲湘表演队已经在惠南镇的各居委会、村委会以及基层单位中遍地开花，现在已有近30支队伍，500多名成员参与其中。因为有着良好的群众基础，打莲湘这一极具欢快喜庆特征的草根文化，已深深地根植于全镇广大居民的生活中，每逢节庆文化演出，打莲湘表演成为全镇一道特别而亮丽的文化风景线。

昆曲：起死回生的百戏之祖

昆曲，是以昆腔为基本曲调的戏曲表演艺术，现在一般也指代其舞台形式——昆剧。昆曲又称昆山腔、昆腔，既是中国最古老的剧种，也是中国传统文化艺术中的珍品，更是中国非物质文化遗产中的瑰宝。昆曲发源于元朝末期（14世纪中叶）苏州昆山一带，后经魏良辅等人的改良而走向全国，自明代中叶起，独领中国剧坛近三百年。很多剧种都是在昆曲的基础上发展起来的，因此它被称为“百戏之祖”。2001年，昆曲被联合国教科文组织列为第一批“人类口述和非物质遗产代表作”。

昆山水磨调的诞生

宋、元以来，中国戏曲有南、北之分，昆曲的形成最初是受南戏的影响。元末时期，顾坚等人把流行于昆山一带的南曲原有腔调与当地的语言、民间音乐相结合，逐渐形成了南戏的一种新唱法，称之为“昆山腔”（简称“昆腔”），是为昆曲的雏形。

明嘉靖年间（1522—1566年），杰出的戏曲音乐家魏良辅规定了昆山腔的字音唱法，规范了它的腔调并且改良了伴奏乐器，使得昆山腔最终压倒了当时同属南戏系统的起源于浙江的海盐腔、余姚腔和起源于江西的弋阳腔，从而形成了委婉细腻、流丽悠远、轻柔婉折的“昆山水磨调”，使得昆山腔从某区域流行的地方戏一跃成为全国流行的昆曲。

随后，昆山人梁辰鱼在魏良辅研究的基础上对昆腔作进一步的改革，让昆曲以清唱的形式出现，终于使昆腔在无大锣大鼓烘托的气氛下能够清丽悠远，旋律更加优美。为了使昆腔的演唱更富有感染力，他将笛、管、笙、琴、琵琶、弦子等乐器集合于一堂，用来为昆腔的演唱进行伴奏，获得成功。明代隆庆末年，他编写了第一部用昆曲表演的传奇，即昆剧《浣纱记》。伴随着这部传奇的上演，文人学士争用昆曲创作传奇，习昆曲者也日益增多，昆曲的影响范围越来越大。

昆曲的蓬勃发展时期是从明万历年间到清乾隆年间（1563—1796年）。由于江南城镇网络的形成以及江南水路交通逐渐发达，昆班广泛巡演，加之人们开始注重文化层面和精神境界的追求，昆曲从以苏州为中心扩展到长江以南和钱塘江以北各地，并逐渐流布到福建、江西、广东、湖北、湖南、四川、河南、河北各地，万历末年（1620年）还流入北京。到了清代，由于康熙喜爱昆曲，使之更为流行。这样昆曲便成为明代中叶至清代中叶影响最大的声腔剧种，发展成为具有全民族代表性的戏曲。

从花雅争胜到死而复生

清乾隆年间（1736—1796年），花部雅部竞相争夺剧坛盟主。“花部”花俏活泼，指的是各地的地方声腔，比如弋阳腔、秦腔和民间小腔等；“雅部”温文尔雅，就是当时被文人奉为正宗的昆曲。乾隆皇帝喜欢下江南，每每经过扬州这座繁华的大都市之时，都会观赏丰富精彩的剧目。参加演出的，既有专唱昆曲的戏班，也有演出各种地方戏的剧团。一时间，昆曲和地方戏的竞争异常激烈起来，对北京和其他一些大城市都产生了深刻的影响，并在全国上下的戏曲舞台上演了这样一出“花雅之争”。这场竞争的结局是象征典雅的昆曲落败，逐渐退出剧坛主流位置，最后脱颖而出的是京剧。

昆曲为了生存下去，它的因应之道便是上演折子戏。折子戏，是从整部完整的传奇中截取最为吸引人的段落，有时是整段切分出来，有的是由前后几个散在不同段落的片段合并而成。比如，中国古代伟大的浪漫主义戏曲家汤显祖的代表作《牡丹亭》，其全本共有55出，清代以后，由于昆曲逐渐没落以及人们大多熟悉了剧本，昆班于是挑选其中精华上演片段《游园》《惊梦》《寻梦》《拾画》等。折子戏的特点是，情节集中、结构严谨、套曲相对完整、表达思想准确，而表演则尤其值得称道，不仅表演技艺精湛，而且人物搭配相得益彰，演出时间也相对紧凑，因而具有了整本戏无可比拟的优越性，被形象地比喻为“摘锦”版。当时，纯粹的昆剧班较少，昆剧以折子戏的形式“寄居”在京剧中，因演出便捷，昆剧便以这种生存方式一直延续到清末。

《牡丹亭》

20 世纪初，京剧大盛。京剧以一种海纳百川、兼容并蓄的姿态把昆剧的某些精华吸收，随着最后一个昆剧职业戏班“全福班”的解散，昆剧在民国初年整体趋向消亡。昆剧逐渐衰落的局势激发了热爱昆剧的有识之士的报国之心。1921 年，一些喜欢昆剧的实业家在苏州桃花坞五亩园创办了一个昆剧传习所。聘请的主要教师都是清代末叶在苏、沪地区享有盛名的“全福班”后期艺人。尽管他们用了 5 年的时间只培养了一期“传”字辈学员，但这一代昆剧“传”字辈宗师使南方甚至全国的昆剧继续传承、延续了下去。昆剧，死而复生。新中国成立后，昆剧改革的第一大成果《十五贯》于 1956 年在北京演出 46 场，出现了满城争说的盛况。周恩来总理对其评价“一出戏救活了一个剧种”，对昆剧的生存发展起到了无以复加的重要作用。

随着改革开放的推进和物质生活的丰富，中国人开始关注精神生活的享受。随着昆曲申遗的成功以及白先勇青春版《牡丹亭》在中国各大学及美国等地的巡演，电视、报纸、杂志、网络等开始出现昆曲的字样，昆曲之音慢慢地进入到世俗的生活之中。

诗意的雅文化

昆曲糅合了唱念做打、舞蹈及武术等，以曲词典雅、行腔宛转、表演细腻著称。昆曲以曲笛、三弦等为主要伴奏乐器，音乐属于联曲体结构，简称“曲牌体”，所使用的曲牌，大约有一千种以上。其演唱讲究“以字行腔”，同时有一定的腔格，演唱时不同于其他戏曲可以根据演员个人条件随意发挥，而是有严格的定调、定腔、定板和定谱。技巧上注重声音的控制，节奏速度的顿挫疾徐和咬字吐音的讲究，以达到行腔优美，缠绵婉转、柔曼悠远的效果。

昆剧的角色分工随着表演艺术的发展，也越来越细致，在生、旦、净、末、丑五大行当之下，又细分二十小行当，称作“二十个家门”。在生行中，又分为大官生、小管生、巾生、鞋皮生、雉尾生；旦行也细分为老旦、正旦、作旦、四旦、五旦、六旦和贴旦；净行分大面、白面和邋遢白面；末行又细分为老生、末、老外；丑行又分为副（又称“二面”）和丑两个家门。传统昆剧职业班社，一般只需要18个演员，俗称“十八顶网巾”。

昆曲表演

昆曲唱腔华丽、念白儒雅、表演细腻、舞蹈飘逸，加上完美的舞台置景，可以说在戏曲表演的各个方面都达到了最高境界，许多地方剧种，像晋剧、蒲剧、上党戏、湘剧、川剧、赣剧、桂剧、邕剧、越剧、粤剧、闽剧、婺剧、滇剧等，都受到过昆剧艺术多方面哺育和滋养。昆曲中的许多剧本，如《浣溪沙》《玉簪记》《狮吼记》《水浒记》《牡丹亭》《占花魁》《长生殿》《桃花扇》等，都是古代戏曲文学中的不朽之作。昆曲曲文秉承了唐诗、宋词、元曲的文学传统，曲牌则有许多与宋词元曲相同，这为昆曲的发展打下了良好的文化基础。昆曲与文学的关系非常密切，在所有的戏曲中，昆曲的文学底蕴最深厚，尤其是昆曲与抒情诗的关系。昆曲之所以那么优美的原因就在于我们民族的灵魂里对美的最深刻的认知，那便是诗意的呈现，昆曲的文学价值就体现在它以歌舞的形式把抒情诗的意境具体地呈现在舞台之上。与此同时也造就了一大批昆曲作家和音乐家，其中梁辰鱼、汤显祖、洪升、孔尚任、李煜、李渔、叶崖等都是中国戏曲和文学史上的杰出代表。

作为中国雅文化集大成的代表——昆曲艺术，在上海地区的活动已经延绵了 500 年。在昆曲的发展史上，上海地区为昆曲的传播与传承做出了具有深远意义的重要贡献。特别是上海开埠之后，江浙一带昆班纷纷抢滩上海。演出场所的繁荣、媒体宣传的兴盛、曲社活动的蓬勃，这些都使得黄浦江畔逐渐成为昆曲的活动中心。上海昆剧团是目前上海地区传承昆曲艺术的主要力量，近十多年来整理演出的传统折子戏 250 余出、大型剧目 30 余出，为弘扬和发展昆曲艺术做出了重要的贡献。

沪剧：上海地域文化的典型代表

沪剧是上海土生土长的传统戏曲，发源于上海吴淞江、黄浦江两岸的田头山歌和民间小曲。初名花鼓戏，清末形成上海滩簧，其间受苏州滩簧的影响。后采用文明戏的演出形式，发展成为小型舞台剧"申曲"。1927 年以后，申曲开始演出文明戏和时事剧。1941 年上海沪剧社成立，申曲正式改称沪剧。沪剧音乐及唱腔抒情优美，具有江南水乡的泥土芬芳气息。2006 年 5 月，沪剧经国务院批准列入第一批国家级非物质文化遗产名录。同年，上海沪剧院、长宁沪剧团正式成为上海市非物质文化遗产保护单位。

从"花鼓戏"到"沪剧"

从最早的花鼓戏、滩簧、申曲到当代沪剧的成熟，其衍变至今已有两百多年。沪剧的发展可分为四个时期：

"花鼓戏"时期。起初曾以民间说唱的形式出现，被称为"东方调"，又称为"山歌"。到清同治、光绪年间，这一说唱形式逐渐向作为戏剧表现形式的“对子戏”“同场戏”过渡，当时群众就把它称为“花鼓戏”。

“滩簧戏”时期。19世纪初，长年在市郊农村演出的花鼓戏艺人开始进入刚刚兴起的上海城区，经常在南市一带茶楼演出。当时，受江南一带苏州滩簧、宁波滩簧等影响，艺人们为了区别于外来滩簧的声腔系流，自称为“本地滩簧”，当时广大老百姓又简称为“本滩”。

“申曲”时期。民国早期，进入市区演出后涌现的“本滩”第二、三代演员施兰亭、邵文滨、丁少兰等，他们的目光已不单瞄准茶楼，而进入当时上海滩著名的大世界、新世界、先施公司等游乐场，受京剧、昆曲剧社的影响，他们发起成立“振新集”，主张进行艺术改良，并把“本滩”改称为“申曲”。

“沪剧”时期。“沪剧”剧种的名称由来与沪剧表演艺术家王雅琴有着密切关联。有这样一段鲜为人知的故事，据王雅琴回忆，这个称谓是她一位好友业医（医生）的老观众首先提出来的。他认为，当时已有京剧、昆曲、越剧之称，作为一个已有较完整表演系流的申曲，不宜再称曲，而该称为剧。王雅琴觉得这个建议非常好。在1941年上海沪剧社宣告成立时，首次将“申曲”定名为“沪剧”。当时在话剧、电影界人士的积极参与下，在皇后剧场首演了由解洪元、王雅琴主演的根据美国同名电影改编的《魂断蓝桥》。该剧一经上演就轰动一时。当时唯恐人们不了解，在报纸的广告显著地方特别注明“过去的本滩叫作申曲　今天的申曲改称沪剧”。从此，“沪剧”的名称一直沿用至今。

折射现代生活的沪剧

沪剧最大的特点是擅长表现现当代生活。沪剧从农村发源之初起，就形成了反映现实生活的传统，早期对子戏、同场戏《拔兰花》《摘石榴》《庵堂相令》等就以说新闻、唱新闻的形式，描绘了清末市郊乡镇的世俗风情。后来艺人们纷纷进入上海城区后，为了生存和丰富剧目，不再局限于演过去的对子戏、同场戏，而是向弹词戏、京剧、文明戏学习借鉴。曾一度移植改编了许多古装剧和清装剧，搬上“本滩”和“申曲”舞台。如《白蛇传》《封神榜》《杨乃武与小白菜》等剧目甚至成了“本滩”演出的主流。但许多艺人经过一阶段演出实践后，越来越感到演古装戏并非自己所长。为了生存发展，他们调整方向，另辟蹊径，探索一条能与其他戏曲剧种进行竞争的艺术道路，同时向文明戏和当时正在兴起的话剧、电影靠拢，开始尝试都市时装剧。

在沪剧历史上，开都市时装剧先河的首推“子云社”的刘子云先生。1921 年，刘子云和文明戏演员范子良合作编演表现当时上海家庭生活的大戏《离婚怨》，反响强烈。到 20 世纪三四十年代，取材于时事新闻和电影故事的申曲时装戏开始大量涌现，影响较大的有《雷雨》《秋海棠》等。这些剧目不仅相当及时地反映现实社会，而且在题材选择和表现手法上不讲究戏曲程式化，贴近生活，更靠拢话剧表演艺术，展现鲜明的上海地域色彩。人们习惯上把这一时期兴起的申曲时装剧称为“西装旗袍戏”，这是其他戏曲剧种所缺乏的，也是沪剧弥足珍贵的艺术遗产。

沪剧《雷雨》

“西装旗袍戏”的兴起，促进沪剧发展成为现代城市的剧场艺术，也促进了流派唱腔的形成，带来沪剧的繁荣兴旺，为新中国成立后沪剧大力反映新时代、塑造新人物积累了经验，打下了基础。沪剧现今在现代戏创作演出方面取得的出色成与这一传统分不开。

流派纷呈，特色鲜明

沪剧是以唱功为主，以小生、花旦主角戏为中心的舞台艺术。一些演员通过广泛学习与继承前辈的表演技艺，结合自身的性格、嗓音特点、爱好、生理特征和思想及艺术修养，在艺术上形成了不同的艺术见解，创造出独具特色的表演剧目和迥然不同的唱腔风格。略谈三个派别：

丁是娥“丁派”唱腔艺术。丁是娥的嗓音宽而圆润，音质明亮饱满，音域宽广。在高音区善于运用头腔共鸣，声音亮丽，富有光彩。善于表现音乐性丰富的曲调，她的唱腔适应表现各种不同类型人物的复杂感情，既能在《雷雨》中表现抑郁苦闷又有叛逆性格的繁漪，又能在《芦荡火种》中表现机警和沉着的阿庆嫂，还能在《甲午海战》中表现饱经风霜的金堂妈等。她的唱腔在“字、声、情”的处理上和塑造人物的形象紧密结合在一起。在“丁派”唱腔艺术中，她对“反阴阳”的曲调作了新的发展，在《雷雨》《罗汉钱》《甲午海战》巧妙运用同一曲调演唱出不同人物的性格和感情。

杨飞飞“杨派”唱腔艺术。杨飞飞年轻时嗓音宽厚响亮，喜学唱京剧大花脸的唱腔，被同行称为“小金少山”。她有一副与众不同、自身特有的偏低女中音的嗓子。唱腔“以情见长，以味取胜”，音质浓润，音色醇美，有自然的胸腔共鸣音，中低音区声音宽厚、洪亮。她的演唱特点是吐字清晰，运腔低沉婉转，凄楚动人，柔中有刚，韵味隽永，具有委婉纤浓的风格。在行腔气息的运用上，用她自己的话说："发音的动力是气，气息是发声的关键。因此，气要吸足慢吐。在演唱时要运用声断情不断、空间无杂声的技巧。"杨飞飞在演唱中十分讲究感情的真挚，运腔朴实无华。她擅长演悲旦而著称于沪剧界，故有"杨悲调"之称。

石筱英"石派"唱腔艺术。石筱英在艺术上讲究唱做并重，她嗓音甜糯，创立的"石派"唱腔在艺术处理上十分细腻感人，吐字软糯清晰，行腔柔美自然，婉转优美，感情细腻真挚。她善用小腔、拖腔、装饰音及衬字来装饰乐句，使唱腔更生情动听。演唱总能紧贴角色和剧情的需要，以情制腔。达到绘声绘色、丝丝入扣的艺术境界，具有很强的亲和力、感染力和表现力。

沪剧传承的希望在学校

沪剧作为海派文化的代表性剧种，承载着上海这座城市的风土人情、文化根脉和历史记忆，被喻为"上海的声音"。沪剧的传承跟沪语紧密相连，但如今的小孩子讲着一口普通话且不太会说沪语的情况越来越普遍，对于沪剧的传承也带来冲击。通过演出、论坛、讲座等各种活动，让人们了解沪剧，保护沪剧这个上海特有的地方戏的呼声也越来越大，而沪剧进校园是一个重要传承方式，上海的不少学校已经做出特色，取得不少成果。

新泾中学于 1995 年 9 月创办了沪剧特色班，1998 年 1 月被命名为长宁区中学生艺术团新泾中学沪剧团，2015 年学校被授予"上海市中华优秀传统文化研习暨非遗进校园传习示范基地"。以沪剧为中心，《学说上海话》《沪歌传唱》《沪剧课本剧编演》等课程应运而生，通过学习和培养，一批批具有沪剧特长的学生日后走上了专业发展道路，被上海沪剧院、长宁沪剧团等专业团体录取，有的已经成为剧团顶梁柱。

洛川学校沪剧艺术教学中心成立于 2005 年，学校邀请上海沪剧院的专业演员负责沪剧教学工作。2014 年学校被评为"上海市中华优秀传统文化研习暨非遗进校园优秀传习基地"。学校培养了许多喜欢沪剧的小演员，通过沪剧传承地方文化和中华优秀传统文化。

上海东新中学、华漕中心小学、清水路小学等，常年开设沪剧班，寓德、智、美于教育之中，在校园活动中以沪剧为载体，积极打造沪剧特色教育，也取得了良好的传承效果。

海派木偶戏：用手讲述故事

木偶戏是由演员在幕后操纵木制玩偶进行表演的一种戏剧形式，在古代被称为“傀儡戏”。在中国木偶戏的发展历程中，逐步形成了以杖头木偶、提线木偶和布袋木偶为主的三大代表性木偶。近代上海，因受国内各地和国外木偶戏的相互影响，木偶戏逐渐形成了具有上海地域特色的海派风格。作为创立者的上海木偶剧团，表演样式丰富多彩，在艺术上包容创新，善于将艺术、技术和科技结合。经过百年的探索和发展，如今的海派木偶戏已经成了当今中国木偶戏的重要流派之一。2011 年，海派木偶戏被列入第三批国家级非物质文化遗产名录。

萌芽中的海派木偶戏

有一种遍布世界的特殊剧种，有时候无须用语言，夸张的抬手举足之间就能让观众们领略其中的喜怒哀乐，这就是被人们公认为能超越国界的木偶戏。两千多年前中国的春秋时期就有了木偶俑此后源于中原大地的木偶，随着艺人远走他乡，到了唐宋年间木偶戏已在江浙一带盛行。1978 年，在山东省莱西庄镇岱墅村村东一处叫作“点将台”的高地上清理出两处西汉木椁墓，其中出土了一件 193 厘米的大木偶，肢体由 13 段木条组成，关节能动，可坐、可立、可跪，被认定为“当即后世的提线傀儡”之祖，莱西也因此成为公认的中国木偶戏重要发源地。

上海在清末民初就有木偶戏演出的文字记载。清代，崇明出现了赫赫有名的民间街头艺术“扁担戏”。这是一种用一根扁担就可以挑起乐器、偶人、道具、小型舞台全部家当的木偶戏，它的技法包含布袋木偶和杖头木偶两种。传说清代苏州民间艺人李氏到崇明演出扁担戏，吸引了无数没见过扁担戏的当地人，一位名叫顾再之的青年看得流连忘返，后拜李氏艺人为师。李氏见他真心学艺，就把扁担戏的表演和木偶制作悉心传授给他。顾再之后来就独自挑担外出表演，他又把扁担戏传授给了其他人，扁担戏便在崇明岛上流传开来。到了民国初年，崇明就有了十几副木偶戏担。起初仅在岛上演，后来挑担乘船离岛赴上海，走街串巷，迎合了上海市民的口味，孩子们特别爱看，他们常常驻足街头，流连忘返。

20 世纪 30 年代前后，有两名文化人士开始了与众不同的木偶实践，一位是从东洋回国的新文学运动先驱者陶晶孙，另一位是从欧洲归来的幼儿文化教育者陈鹤琴，他们给上海的观众带来了与众不同的木偶戏。陶晶孙对于现代木偶的首要贡献在于对现代木偶戏剧作的引进。他不仅创办了木人剧社，翻译了外国经典木偶剧，还把中国传统手工艺泥塑的朴实、夸张、传神等艺术手法运用到木偶制作中，对现代木偶审美观作出了重要贡献。作为一个幼儿教育家，陈鹤琴专赴欧洲考察教育，带回不少外国木偶戏书籍和资料，还有外国的布袋木偶，从此开始积极宣传外国木偶戏样式。他不仅把儿童们天生喜欢的木偶引进国民的教育中，更难能可贵的是他提出木偶戏的主要服务对象应该是少年儿童。这些左翼文化名人为“海派木偶戏”风格的形成乃至今后的发展奠定了坚实的基础。

令人惊叹的传统精良技艺

20 世纪 50 年代，来自江浙地区的三个杖头木偶和五个提线木偶剧团繁荣了上海的木偶戏舞台。其中，原本有个叫“全福堂”的戏班子，到了上海改了个名字叫红星木偶京剧团。这个红星木偶京剧团来自江苏泰兴，它凭着精良的艺术立足上海，后来又更名为上海木偶剧团。海派木偶艺术先后造就了陈明达、钱时信、陈明兰等优秀木偶表演艺术家。他们在表演上都各有特色，刻画人物细腻真实，模仿人物言行惟妙惟肖，并且敢于探索不同的表演方式。

海派木偶戏的人物形象塑造从剧情需要和人物性格出发，强调夸张性、民族性、趣味性和奇特性。一个木偶的制作过程需要好几十道工序。经过那么多年的发展，海派木偶的制作技艺已经有了长足的进步。

最初海派木偶戏是以简单的杖头木偶为主要形式，所谓杖头木偶就是由一根主杆和两根手杆进行操纵表演。有了木偶的头和手，就要制作支撑木偶的主杆以及手杆。木偶主杆有许多功能，头部动作、眼睛、嘴巴的活动等机关全部集中在主杆上面。手杆一般都选用粗一点的钢丝制成，一头插进木偶的手，一头配上木柄，又装上手部机关的玻璃丝等。经过一道又一道的工序，一个又一个的零件制作，最后是化妆和组装，穿上衣服之后，一个完整的木偶就基本上制作完成了。在表演的时候，木偶演员一手持主杆操控身体，一手握手杆操纵肢体动作，相当巧妙。

木偶在后台到底是如何操作的呢？表演木偶还可根据剧情的需要在木偶的头部和操纵杆中暗藏特殊机关，根据需要内部装有特殊的装置完成任务的常规动作和脸部五官表情。海派木偶行当齐全，表演手法新颖。创作于20世纪70年代的《孙悟空三打白骨精》更是将杖头木偶发扬到新的高度，实现了海派木偶戏表演样式的又一次突破。特别是孙悟空，一双脚的灵活运用，令人感到这双脚同样有情有义、爱憎分明，更是弥补了传统杖头木偶之间半身不见脚的缺陷。

上海木偶剧团

经典作品是托起海派木偶戏的脊梁

海派木偶在继承传统剧目的同时，也能演绎各种当今现代木偶，上海木偶剧团在表演手段上以杖头木偶为基础，从样式、材料、制作工艺等方面又创造出许多新的木偶品种。如布拟偶，以布为材料，通过几个演员协作模拟具体的形象进行变化想象的表演；绒线偶，“聪明的乌龟”的造型是写意的，整个木偶是用毛线编织而成的；人

《卖火柴的小女孩》

形木偶，假面舞会中的木偶是按照与真人 1∶1 的比例来制作的，形象逼真完整、动作洒脱优美，但从外部看不到杖头木偶常用的操纵杆子；特殊偶，“红宝石”的形象达到了一个全新的境界，脑袋能劈开并闪出光芒的霹雳大仙，脑袋藏在铙钹中的双钹大仙，一身双头的心佛大仙，身体与双手能伸能缩的伸缩大仙；横挑木偶，《卖火柴的小女孩》的创作完全打破传统的制作方法，需要三个演员的共同合作才能完成一个艺术形象的创作，它比起传统木偶形象更加可爱、丰满。这部《卖火柴的小女孩》一经上演，便轰动海内外，丹麦驻华大使评价：全世界有千万个各式各样的“卖火柴的小女孩”，上海木偶剧团的无疑是最好的。2005 年，丹麦纪念安徒生诞生二百周年的庆典活动，该剧受邀演出并获得“杰出贡献奖”的荣誉称号。

从创立之初到现在，海派木偶剧团结下了丰富的硕果。《小八路》以其丰富的表演手段给那个年代的孩子留下了难忘的印象，《孙悟空三打白骨精》《红宝石》把杖头木偶特色和表演技巧发挥得淋漓尽致，《迷人的雪顿节》打开了传统木偶戏舞台空间，这些剧目在国内外木偶艺术节上频频获得最高艺术奖项。《哪吒神遇钛星人》《蛤蟆与鹅》等剧目荣获文化部颁布的“文华新剧目奖”。

近年来，海派木偶为了适应市场坚持不断地优化创新。新形式的海派木偶戏《母与子》采用新颖的黑幕和黑衣人的操作形式，舞台效果出众。2014 年 2 月 6 日，在上海城市剧院正式首演了《阿拉丁神灯》，它的最大特点体现在高科技与传统模式相结合的办法上，向观众展现了更为逼真立体的舞台效果，梦幻般的多媒体动态背景、五彩斑斓的场景设计、千变万化的民族服饰造型，将阿拉伯异域风情与神话超越现实的想象力融为一体，配合以独创的民族风情乐曲，演员们在台上载歌载舞，或是神秘的，或是动人的，或是活泼的，或是煽情的，别具一番特色。当然，观众对于当代海派木偶的发展是很重要的，没有观众，创作再好的剧也没有意义。今天木偶剧最大的观众群体依然是小朋友。对于木偶剧的创作来讲，能够激发小朋友们的兴趣并推进正能量思想传递还需要创作者们下更大的功夫。2003 年，上海木偶剧团和上海戏剧学院合作办班，开设了第一个木偶表演班。

历经了八十余年的改革变迁和风雨洗礼，海派木偶剧团仍作为非物质文化遗产活跃在人们眼前。海派木偶的传承发展，任重道远。

滑稽戏：让人开心年轻的海派艺术

滑稽戏是由曲艺独脚戏演变、发展而来的一种独特的戏剧艺术样式，它主要流行于上海以及周边的长江三角洲地区。

滑稽戏是我国特有的、独具民族色彩的一个剧种。它是上海海派文化的典型代表之一。滑稽戏具有情节滑稽、方言多变、表演夸张等特点，而且音乐包容了“九腔十八调”等艺术特色。剧目历来则以现代题材为主，擅长反映市民生活，专演喜剧、闹剧。它把“笑料”作为自己的艺术语言，于嬉笑怒骂之中透出人生的甜酸苦辣，在笑声里倾注耐人寻味的各种社会体验，观众也把滑稽看作“让人开心年轻的艺术”。

滑稽戏的前世今生

滑稽戏是上海独有的剧种，深受沪杭一带观众的喜爱。它的特点与北方的相声相似，都是以笑作为手段，讽刺社会生活中不合理现象。从先秦的俳优到京剧的小花脸，中国的戏剧中都会有滑稽的穿插，这些都能看作是滑稽戏的始祖，再加上民间说唱和文明新戏的影响，滑稽戏就从独脚戏中发展而来。

滑稽戏从清朝末年一场学生和留洋归来知识分子演绎“新剧”（也称“文明戏”）和戏曲的改良运动中脱颖而出。它以新剧为载体，一方面以中国传统戏曲的优秀喜剧以及国外喜剧为榜样，演出“滑稽剧”“滑稽新剧”“滑稽喜剧”“趣剧”，一方面又在很多新剧的正剧里作“滑稽穿插”。

从独脚戏演变、发展出滑稽戏是在20世纪40年代，二战爆发后，日军进占租界，上海游乐场营业萧条，堂会生意清淡，电台被敌伪封锁，独脚戏艺人谋生困难，于是出现了独脚戏艺人联合起来演出的大型滑稽戏和滑稽戏剧团。1942年初，江笑笑发起和组织杨天笑、赵宝山、仲心笑等采用文明戏的样式，发挥滑稽的表演手法，演出了第一个有故事情节和扮演人物的正本大戏《一碗饭》，被认为是由独脚戏到滑稽戏的第一个剧目。与此同时，江笑笑、鲍乐乐等又组织成立了第一个滑稽戏剧团“笑笑剧团”，其他独脚戏艺人和部分文明戏演员也随后纷纷组织滑稽戏剧团。

2011年，滑稽戏经国务院批准列入第三批国家级非物质文化遗产名录。

混杂多彩的表演风格

滑稽戏刚从文明戏派生出来之时，其表演艺术及角色分行仍沿袭文明戏体例，其行当划分亦按文明戏旧例，有滑稽、老生、小生、旦、老旦，而以滑稽为主。后独脚戏与文明戏合流，形成了一个有说有唱着重于制造笑料的特殊戏剧表演艺术。由于其表演身段动作保持生活的原有形态，略加夸张，故在角色分行中，将生活中性格大体相同的人物归为一类，使之定型化，由此而产生风骚旦、悲旦、言论小生、言论老生、阴险小生、马褂滑稽、马甲滑稽等。此外，由于某些演员个人表演风格不同，而产生所谓冷面滑稽、呆派滑稽等派别。

在滑稽戏表演中注重的是对真情实意的表达，通过说、学、演、唱把作品中的人物形象表现出来。只有通过用心去表演，把最贴近生活的感悟融合到表演中，让观众的情感跟随剧情的发展而变化，才能获得观众的好评。

滑稽戏偏重于戏谑意味和游戏精神，并没有规定的表演形式，在动作和语言上可以有夸张或者独特的表现形式，现在滑稽戏的表演融合了多种艺术形式，使其内容丰富，发展迅速，贴近生活。滑稽戏舞台动作无程式规范，大抵与话剧表演相同，但一些著名演员又大多各有特殊的、常用的形体动作，成为他们整个表演风格中的重要组成部分。当下很多的通俗歌曲、摇滚说唱，通过变奏或修改歌词，都能很好地融入滑稽戏的音乐和唱段中，吸收各式各样的艺术成分来丰富自己的舞台表演。特别是运用滑稽语言和各地方言，更加有力地凸显了人物的性格特点，增加了表演的特点和艺术的亮点。

滑稽戏也是一门语言艺术，使用各种方言是它的一大特色。它除了以上海方言为主要舞台语言外，还兼用宁波、绍兴、苏州、无锡、常州、崇明、苏北、广东等地的十几种方言，以及混杂几种方言的“苏北上海话”“宁波普通话”等。这就要求滑稽戏演员多加练习，在反应敏捷的同时还能讲一口漂亮的各地方言，有时可能还会加入一些外国话，这样就大大增加了表演的丰富性。

独脚戏与滑稽戏的区别

独脚戏和滑稽戏都是海派文化的一个重要组成部分，它们的传统剧目、曲目中保存着上海民俗和“十里洋场”特有的怪诞，它们的创作方法又极具海派特征，这对于发扬海派优良传统文化、研究都市上海都有重要的价值。但是它们又有什么区别呢？

独脚戏是曲艺。上海开埠后，即成五方杂处之地，在经济快速发展的生活背景下，上海地区原已流行的钹子书、宣卷、喝太保等曲艺形式，与上海社会急骤的生活节奏、商业化的欣赏水平不相一致，观众相对较少。而这时以嬉笑、诙谐、嘲弄、讽刺为主要艺术特色的“唱滑稽”，演唱内容大部取材于身旁手边的社会新闻，表演过程中又善于运用群众的口语方言，故同具有鲜明地方色彩的九腔十八调的“小热昏”“唱新闻”“隔壁戏”等街头说唱形式一起，满足了社会上下各阶层观众的娱乐需要。

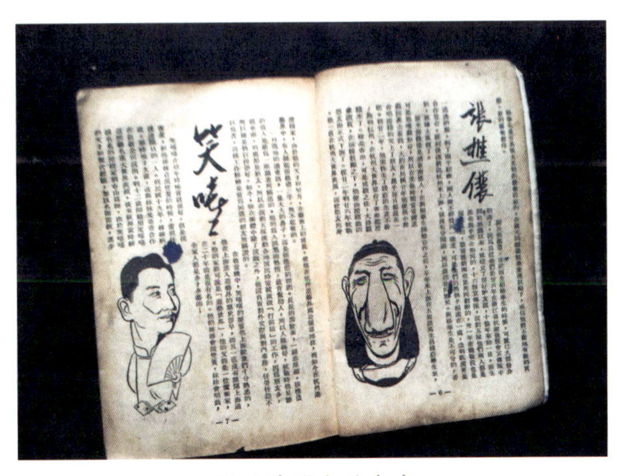

描写滑稽戏的老书

滑稽戏是戏曲。滑稽戏的剧目大致可分五类：第一类，是根据独脚戏的“段子”发展和改编成的。其中《三毛学生意》《七十二家房客》，因其思想性深刻，艺术性完整，已成为滑稽戏优秀的传统来保留剧目，并被搬上了银幕；第二类，是从文明戏移植而来。主要有《方卿见姑娘》《包公捉拿落帽风》《济公》等；第三类，是解放初期，从话剧、戏曲、电影剧本移植、改编的。移植的地方戏剧目，有《苏州二公差》（即《炼印》）、《好好先生》（即《三家福》）。根据话剧剧本改编的，有《幸福》《西望长安》等，根据越剧剧本改编的，有《小九妹》（即《蜻蜓姑娘》）、《万无一失》（即《天罗地网》）等；第四类，是根据外国剧本改编的如《活菩萨》一剧，连演连满一年零九个月，创自有滑稽戏以来演出场次最多的纪录；第五类，是新创作的剧目，如《样样管》《不夜的村庄》《满园春色》《性命交关》《一千零一天》等。1981 年 9 月鲁迅诞生一百周年纪念时，滑稽戏《阿 Q 正传》被列为上海纪念演出的重点剧目之一。

由此可见，滑稽戏来源于独脚戏，又发展了独脚戏。而独脚戏作为一个“曲艺”品种，仍在文艺大花园里怒放。

滑稽戏传承与发展任重道远

滑稽戏是深受独脚戏、文明戏、电影、歌舞影响而形成的一种戏剧表演形式。不少滑稽戏演员原来就是文明戏艺人，他们对演绎喜剧故事、塑造滑稽角色的艺术样式驾轻就熟。被誉为“滑稽三大家”的王无能、江笑笑、刘春山等艺人经常举办大会串，并最终形成滑稽戏的艺术特色：营造欢乐气氛，讲究喜剧结构，运用误会巧合等手法来演绎喜剧故事、塑造滑稽人物。

滑稽戏从 20 世纪初肇始、发轫，至 20 世纪 30 年代中，曾涌现过徐半梅、张冶儿、丁怪怪、王无能、刘春山、江笑笑等一批著名演员。

20 世纪 50 年代末，形成了“蜜蜂”“大公”“大众”“海燕”四个有一定规模和组织较健全的剧团。大公滑稽剧团根据独脚戏改编成的《七十二家房客》，是上海人民滑稽剧团的看家之作。杨华生、笑嘻嘻、张樵侬、沈一乐 4 位老滑稽艺术家以解放前上海底层市民的艰苦生活为素材，写就了轰动一时的《七十二家房客》，从此在观众心目中，“七十二家房客”成了住房狭小的代名词。

上海人民艺术剧院滑稽剧团（前身是蜜蜂滑稽剧团）创作的《满园春色》《笑着向昨天告别》《一千零一天》等，不仅标志着滑稽戏戏剧文学达到了新的水平，而且姚慕双、周柏春、朱翔飞、袁一灵等著名演员通过这些剧目的演出，使自己的表演更趋完善。

上海滑稽剧团表演艺术家、滑稽戏代表性传承人钱程，说、学、做、唱技艺全面，他从老艺人那里学得了“脸上每块肌肉都可以编号活动”的技巧。在《摩登瘪三》里，钱程不借助任何机关布景，将当众多次展现“变脸”绝活。在《十三人搓麻将》中，钱程要一口气讲 13 种方言，尝试用肢体造型塑造性格迥异的“13 个人”。

曾经在上海一票难求的滑稽演出市场，如今比较尴尬。一方面，新时代环境下的网络段子冲击了包括滑稽、相声、小品等在内的几乎全部语言类表演节目。一方面上海话在年轻人中渐渐式微，许多上海孩子已不太会说上海话了。上海人民滑稽剧团里的年轻“新秀”也已 30 岁左右，寻找“小滑稽”来传承滑稽戏艺术，已变得越来越困难。

评弹：吴侬软语曲中来

评弹，是“评话”和“弹词”的合称，又称苏州评弹、说书和南词，是一门古老、优美的说唱艺术。评话和弹词均以说表细腻见长，吴侬软语娓娓动听，演出中常穿插一些笑料，妙趣横生。

在四百多年前的明代，苏州地区已有说书，19 世纪中期传入上海。从 20 世纪初开始，上海成为评弹活动的中心，涌现了一大批轰动当时、影响后世的著名演员和流派创始人。在 20 世纪 30 年代，“空中书场”（即电台播放说书节目）盛行一时，听书成了上海市民日常生活中的重要内容之一，并向长江三角洲地区辐射，还远达北京、天津、武汉等地。

吴侬软语岁月长

评弹亦称说书，历史上有查考的可追溯到汉代，但真正有名有姓的最早的说书大家，当属明末清初的柳敬亭。他慕名松江说书名家莫后光书技，曾四次专程赶往拜莫后光为师，数年后成为名噪江南的一代说书大家。评弹博物馆前厅以一幅“磨漆画”再现了历史上柳敬亭向莫后光学艺的情景。

清代乾隆年间，“御前弹唱”的苏州评弹名家王周士在 1776 年创建了评弹艺人的行会组织“光裕社”，取其“光前裕后”之意，并提出了“书品”和“书忌”，是其毕生对评弹表演理论和艺术境界的理论心得和典范概括，堪称苏州评弹艺术的表演规范。直到今天，“书品”和“书忌”仍然是评弹艺人们奉为圭臬的表演准则。

在嘉庆、道光年间有陈遇乾、毛菖佩、俞秀山、陆世珍前四大名家。

前四大名家的高超技艺，提高了评弹艺术的总体水平，也扩大了评弹的影响。到了咸丰、同治年间又有马如飞、姚时章、赵湘洲、王石泉后四大名家为代表的一大批评弹艺术家，为以后的评弹发展奠定了基础。

从20世纪初开始，评弹活动的中心已经从苏州转移到了上海，一度上海出现“街头巷尾尽吴语”的情景。再以上海为中心，向长江三角洲地区辐射，几乎涵盖了整个江浙水乡，还远达北京、天津、武汉等地。

20世纪三四十年代，评弹进入鼎盛时期，重心移至上海，上海各式书场星罗棋布，许多广播电台大量播送评弹节目，夏荷生等一批有创造意识的艺术家脱颖而出，评弹艺人已把能否进上海的书场演出，能否在上海立足作为艺术水准高下的标志，听众十分踊跃，也已把听评弹视为娱乐时尚。

20世纪五六十年代，这是评弹在新的历史条件下的变革和繁荣时期，重心也在上海，蒋月泉、刘天韵等一些新中国成立前就已成名的演员，艺术更臻成熟，并成为自成一派的艺术家，评弹的演出更加活跃，艺术的样式更加多样，艺术本体得到全面提升，评弹已跻身于全国主要曲种的行列。正是因为上海特殊的地域、经济、文化市场等条件，使上海在评弹发展的历史进程中居于举足轻重的地位。

2006年，国务院将评弹列入第一批国家级非物质文化遗产名录。

妙韵雅音说江南

三弦琴

评弹是以苏州话为代表的、吴语方言徒口讲说表演的汉族曲艺说书形式，是评话和弹词的合称 。

评话是用苏州方言讲故事的口头语言艺术。其语言由第一人称即说书人的语言和第三人称，即故事中人物的语言两部分组成，而以前者为主。它是讲故事，而不是演故事。但也有用作诵的一小部分韵文，包括赋赞、挂口、引子和韵白等。赋赞用以描景、状物和渲染、烘托人物的心理状态及性格特征。挂口是人物的自我介绍。引子是说书人的书情介绍或点题。韵白是韵文的表或白或铺叙情节，或总结前段书情。评话通常一人登台开讲，不加演唱，内容多为历史和侠义故事。

弹词一般两人说唱，上手持三弦，下手抱琵琶，自弹自唱，内容多为传奇小说和民间故事。评弹音乐优美细腻，曲调丰富独特，唱腔具有浓郁的江南韵味。弹词具有以理、味、趣、细、技的艺术特色。其唱篇一般为七字句式，吴音或中州音押韵。所唱为明白晓畅的吟诵体的基本曲调“书调”。书调以语言因素为主，崇尚咬字清晰和行腔韵味。规范的基本曲调又可随内容而作即兴发挥，以适应各种书目唱篇，所谓“一曲百唱”。

评弹说表运用苏州方言，艺术手法除说、噱、弹、唱之外，又大胆吸收了其他舞台表演形式的艺术营养，丰富自己的表现手段。评弹的艺术表现手段——说、噱、弹、唱：“说”指叙说故事，包括以第三者口吻叙事的表白和模拟故事中人物的说白；“噱”指噱头，即引人发笑；“弹”指弹奏乐器，使用三弦或琵琶进行伴奏，既可自弹自唱，又可相互伴奏和烘托；“唱”指演唱。

评弹作品分长篇、中篇、短篇和开篇几种形式。长篇形式都是讲长篇故事，分回逐日连说。一部长篇传统书目，每天说一回，每回一小时左右，能连说几个月，长的可达一年半载。单线顺叙，用未来先说、过去重谈的方法前后呼应。用“关子”来制造悬念，以吸引听众。新中国成立后，除长篇书目外，出现一些中、短篇作品。把一个故事分成三、四回书，在两个小时内说完的，称为中篇形式。以半小时左右说完一个故事的，称为短篇形式。在演出正书之前，总要加唱一段叙事或抒情的篇子，以起静场的作用，称为开篇。

评弹长篇书目数量众多，内容深广，保存着中华民族丰富的文化内涵，折射着人民群众的传统道德观念及生活理想。群众通过听书，能了解历史知识，接受伦理道德教育，也反映了江南地区人民的社会心理及价值观念。

评弹是以创始人的姓氏来划分，叫调。与苏州话发言有关，普通话是四声，苏州话有七声。

评弹有说有唱，大体可分三种演出方式，即一人的单档，两人的双档，三人的三个档。演员均自弹自唱，伴奏乐器为小三弦和琵琶。唱腔音乐为板式变化体，主要曲调为能演唱不同风格内容的〔书调〕，同时也吸收许多曲牌及民歌小调，如〔费伽调〕、〔乱鸡啼〕等。〔书调〕是各种流派唱腔发展的基础，它通过不同艺人演唱，形成了丰富多彩的流派唱腔。大致可分三大流派，即陈（遇乾）调、马（如飞）调、俞（秀山）调。经百余年的发展，又不断出现继承这三位名家风格，且又有创造发展自成一家的新流派。如“陈调”的继承人刘天韵、杨振雄；“俞调”的继承者夏荷生、朱慧珍，他们均自成一家。其中“马调”对后世影响最大，多有继承并自成一派者，如薛（筱卿）调、沈（俭安）调、“琴调”（朱雪琴在“薛调”基础上的发展）。周（玉泉）调是在“马调”基础上的发展，而蒋（月泉）调又出自“周调”，如此发展繁衍形成了评弹流派唱腔千姿百态的兴旺景象。

唱不尽的妙音清词

评弹虽然发源于苏州，上海却是评弹的发祥兴盛之地。在评弹的生存和发展过程中，上海以其特殊的地域和文化条件，起了极其重要的关键作用。

评弹场所

20 世纪三四十年代，评弹听众日益增加，上海的书场迅速发展。那时上海专业书场已有数十家，仅老城隍庙内就有得意楼、怡情处、四美轩、逍遥楼、鑫园、明园、柴行厅等七八家之多。后来又出现了一大批新式书场（饭店书场和舞厅书场）。这些新式书场吸收了现代剧场的长处，采用现代化设备，场地宽敞，环境幽雅，座位舒适，可适应较高层次听众的需要和较大规模演出的需要。还有大中型游乐场，如大世界、新世界、小世界、先施公司等都专门辟有评弹场子，这种场子，观众数量多，流动性大，影响也大。

之后的五十年，是评弹发展的全盛时期，名家辈出，流派纷呈，好节目层出不穷。20 世纪 50 年代初，上海市人民评弹工作团和苏州市人民评弹团等专业演出团体相继成立，这些团体集中了当时评弹界的不少精英，编演了一大批轰动一时的好作品，进一步开拓了评弹市场，更把这门艺术的水准推向了新的高峰。

而今，上海书场工作者协会评弹保护工作委员会经考察评估后，最终确认武定书场、鲁艺书场、雅庐书场、长艺书场、梅文书苑、奉贤老年活动中心书场、青浦文化书场、松江工人文化宫书场、龙珠书苑、七宝书场等 10 家演出场所为评弹国家级非物质文化遗产展演基地。

评弹艺术带有浓郁的江南气息，也悄然地走进了中小学，惠民中学、姚连生中学、天山中学等与上海评弹团合作共建，上海评弹团的一级演员每周到校指导学生，系统的评弹说唱和琵琶弹奏训练“大师课”让孩子们一下子感受到这门艺术的韵味和专业。

浦东说书：土生土长的本土曲艺

"浦东说书"起源于清乾隆年间黄浦江东岸，是一种通俗易懂，在全国都有一定影响力的民间地方曲艺。目前主要分布于上海奉贤、金山、松江、青浦以及浦东新区的川沙、南汇等市郊全境；除在上海老城厢演出外，也曾流传到浙江平湖、嘉兴等地。浦东说书又称"沪书""农民书"，因单手击打钹子，又称"钹子书""唱单片""敲刮子"，是上海极具乡土特色的地方曲艺。它源于田间地头，根植于百姓，是浦东居民十分偏爱的一种草根艺术。

2008年6月，被国务院列入第二批国家级非物质文化遗产名录。

土生土长　源于民间

浦东说书是上海土生土长的极具乡土特色的地方曲艺。它源于浦东，是唯一以浦东地名命名的，在全国有一定影响的民间曲艺。

浦东说书又称沪书、农民书，脱胎于佛教劝人向善、宣传因果报应的说唱形式，那些生活在浦东的唱导法师手敲小钹，结合了浦东语言语音语调，自击自说唱，又吸收了浦东的山歌、田歌、盐歌、渔歌即兴创作的旋律，再结合出于佛教歌曲的莲花落，逐渐变成摆脱"梵呗"的"因果调"，故浦东说书最原始称为"说因果"或"因果书"（至今崇明和流传到浙江平湖、嘉兴等地的浦东说书仍称"因果书"）。

由于浦东说书源于民间，不受封建统治阶层重视，史志记载极少，但清光绪三十二年（1906年）颐安主人所著石印本《沪江商业市景词》中记载：茶寮里有说书人，海市蜃楼幻作真，一扇一瓯聊佐讲，偷闲争听味津津。可见当时"浦东说书"已形成一定规模。清宣统元年（1909年8月）创刊、孙兰荪等为主要画师、孙家振等为主要撰稿人的《图画时报》营业写真"三百七十三"中，便有记载"说因果"的表演内容和形式的图文。该图题"说因果"图中立者站立街头，用竹签敲击"单片"演唱，周围六人听其说唱，其中有穿马褂的，也有穿"短打"的平民，图中配诗：手敲小钹说因果，口唱还将手势做，多人环听笑眯眯，只为乡音真清楚。可见浦东说书在当时已很兴盛。1936 年版川沙志记载，清乾隆年间，高桥镇就有浦东说书的书场了。

从业艺人大多是半农半艺，农忙种田，农闲在农村集镇的茶馆演出说书糊口，每逢庙会、节庆时演出频繁，日夜两场演出熙来攘往，门庭若市，余音绕梁。他们以浦东方言表演，一般为单人坐唱，演员拿钹子，身着长衫，演出开始用竹筷敲钹子唱四句诗或词，再唱开篇，后说长篇正本，在长篇时开头也是唱一段，长篇以说为主，时有穿插唱。敲钹子打出许多花样，以渲染气氛，给人美感。钹子声的轻重缓急都是为了表达书中人物思想、感情、动作的停顿和转换。曲调节奏明快，朗朗如诉，有长调、慢调、急调、哭调等。浦东说书的说表既有第三人称的表述，又有“起角色”第一人称的代言，刻画人物细致入微、栩栩如生，描绘故事生动灵活。其演唱曲调优美，具有浓浓的江南水乡风味，加之浓重的浦东乡音，构成了独特的艺术形态，散发出南方曲艺特有的艺术魅力。

形式多样　盛极一时

1949 年后，浦东说书在表演形式更是有了新的变化，出现了双档、多个档、小组唱和表演唱。演出时演员左手持钹，右手持一根筷子或竹签，称之为“鼓签”或“击心”。用竹签敲击小钹，打出各种不同的节奏。演出前，艺人还常敲击钹子表演击钹技巧，用以吸引观众及静场，称之为“钹子闹场”。“闹场”，以敲击钹子不同部位而产生的音响与左手拇指和食指抵、按钹子产生的不同音色，以及打击钹子快慢而产生的节奏变化来进行组合，产生了十余种不同的技法，用以烘托气氛，调节气息。唱书行腔为上下两句，腔似吟诵。表唱一般用本嗓，演花旦时用假嗓唱，落腔末字有明显的唱腔特征，即东乡调的，西乡调的，两者正好成为上四度的转调关系。评话只说不唱，说表用浦东和上海方言为主，常用醒木、扇子、手帕等道具辅助表演。演员起角色可讲各地方言，武打场面有程式动作，演员表演角色跳进跳出等，节目大多以讲史、侠义、公案及灵怪为主。

根据《中国曲艺音乐集成·上海卷》记载，老艺人以师承上推，浦东说书当始于清嘉庆年间（1796—1820 年），创始人为顾秀春。顾秀春初时只在浦东农村或集镇说唱，后来逐渐去浦西和浦东大城镇演唱。由于历史原因和资料缺失，已很难理顺师徒代代相传的关系。但以老艺人回忆的传人谱系来看：第二代是高足褚兰芳，他将“说唱因果”广传浦东浦西，在松江领了个徒弟唐振良（第三代）又传到松江、青浦、金山及浙江省平湖、嘉兴等地。褚兰芳传傅炎泉（第三代），又传吴朝荣（第四代），再传张景山（第五代），第六代是季凤山等，第七代传至施凤飞等“四大飞”，他们在自己说唱的基础上广收门徒，使浦东说书得以代代相传，传至新中国成立前已有一百五十多人。

1932 年时，还出现了两个比较有名的行会组织，浦东说书也走向“职业化”的道路：一个叫“大团开智社”，设在南汇县大团镇；一个叫“上海永裕社”，设在川沙县洋泾顺风茶园，全称为上海市永裕说书研究社。那时艺人占领浦东绝大部分茶园书场，浦西南市老城厢也有演出，可谓盛极一时。

由盛转衰　几经波折

但抗战爆发后，说书行会组织全部散伙，从此一蹶不振，从兴盛走向没落。1949 年上海解放，成立了“上海市沪书改进协会”。上海浦东县建制时，建立上海市浦东县沪书演出队。1961 年浦东县建制撤销时划归南市区，又改名上海市浦江沪书队，也几经波折。

上海市浦东县沪书演出队 1959 年收 6 名学员，但 1961 年却因为 6 名学员全是农业户口，只能解散。1962 年浦江沪书队又培养出 6 名学员，可惜之后又遇上了“文化大革命”，1966 年 8 月被改为上海市红卫曲艺团，在 1971 年 12 月又被撤销，学员们也只能转业。之后，原浦江沪书队施春年等部分老演员于 1978 年筹建沪书演出团体。上海浦江沪书队也得以在 1979 年 5 月恢复并改名为上海市春江沪书队。但 1987 年上海市春江沪书团全体转业，浦东说书职业演出团体就不复存在了。

说书人铜像

浦东说书是地域性汉族民间艺术，往往既有师徒传承，也是家庭传承，还有社会传承，早期浦东广大农村大部分乡镇都可见说书人的踪迹。人称“浦东说书末代皇帝”的施春年，自幼随父施凤飞学艺，后以季凤山为师，父子师承一人门下。施春年生前欲将他毕生积累的书目、经验和史料保存下来，但随着他的病逝人去艺绝。

由于时代变迁，各类传统戏曲和曲艺传承变得越来越困难。随着社会现代化步伐的不断加快，农村城市化迅速变化，乡土文化逐渐消失，浦东说书传承人也难以寻觅。而且浦东说书主要靠师徒口口相传，随着许多说书人相继老去，浦东说书也一度“濒危”。包括浦东说书的市级传承人陈建纬在内，会浦东说书的艺人也只有寥寥数十人。但浦东说书是浦东文化的一个亮点，更是海派文化中的一部分，有着其独特的文化价值和社会价值。2008 年 6 月，浦东说书被国务院列入第二批国家级非物质文化遗产名录，北蔡镇政府成为浦东说书的保护单位，并为保护这项非物质文化遗产做了大量工作。浦东说书也走进课堂，在校园埋下了传承的种子。北蔡镇中心小学、北蔡中学相继成为“浦东说书”传承基地。北校镇中心小学开设唱腔、形体、故事班，学员以小学二年级为主体，训练期为 3 年。北蔡中学学员以预备班学生为主，还与北蔡镇文广中心联合编撰了《浦东说书教材》，填补了非物质文化遗产浦东说书教材的空白。

扁担戏：一副扁担藏乾坤

扁担戏又称布袋木偶，或掌中木偶戏，被誉为世界三大木偶戏之一，是一种汉族民间传统戏剧。因其动作道具，音响伴奏时手脚并用，一人一台戏。道具人物一箱载入，小小舞台可以拆卸组合，一根扁担挑着全部家当，所以人们叫它为“扁担戏”，在崇明岛上又被称为“木人头戏”。

崇明扁担戏，是中国单人木偶戏中仅存的一种表演形式，集木偶技巧、表演技巧于一体，具有神、精、奇、简等特点，原汁原味地保留了初创时期的风格、手法和形式，是布袋木偶戏的活化石。

2007 年，崇明扁担戏入选第一批上海市非物质文化遗产名录。

一副扁担一台戏

扁担戏的历史可以追溯到唐代。相传，唐太宗李世民年幼时为解病中的母后心烦之乱，把大量歌女招进宫中作乐，都没有奏效。有一天，他突发奇想，做了十个小木偶套在手指上，配上诙谐幽默的语言和简短的故事情节，终于博得了母后一笑。因此，有人认为“扁担戏”是从唐朝的宫廷里兴盛起来的，称之为“宫廷戏”，后来传入民间。

崇明“木人头戏”相传在清朝嘉庆年间由江苏苏州传入，当时一位李姓艺人来到崇明演出，吸引了许多从未看到过“木人头做戏”的当地人，一位叫顾再之的当地青年看得津津有味，流连忘返，后来竟跟着姓李的艺人走乡穿村去看演出，顾再之由好奇到产生兴趣，要拜李姓艺人为师。李姓艺人见顾再之真心学艺，就收下了他，把扁担戏的表演艺术木偶制作工艺悉心传授给顾再之。顾再之努力学习，木偶艺术不断提高，先是跟随李姓艺人表演，后来单独挑担外出表演。崇明人表演木偶戏由此而始。后来，顾再之将木偶艺术传授给朱少云等十余人，于是“木人头戏”便在崇明流传开了。清末民初，“木人头戏”传到崇明汲浜地区（现为中兴镇）朱氏家族，朱氏第一代传人朱克诚结合崇明地方特色将表演方法进行了大胆改革，最终形成现在的崇明扁担戏，且表演形式得到了最终定型。通常一场演出需要扁担、木凳、大锣、小锣、钹、踏板、帷幕、舞台、木偶等道具，从道具运送到完成搭台表演全部由一人完成，扁担除了在演出前后用于挑运其他道具外，在演出时还具有舞台支架的功能。在演奏时，演奏者独坐在木凳上，通过有节奏地脚踩锣钹，伴随着唱词和口技，手拿木偶舞动跳跃，一场精彩的木偶戏就上演了。

一人演戏百人看

扁担戏的独特之处在于剧情紧凑、技法严密、敲锣击鼓、说唱吹做全由一人担当。随剧情变化，艺人且念且唱，问答叙议，插科打诨，有些类似相声的捧哏逗哏，还有转盘子等手技，表演的剧情大都通俗、风趣、明快，富有夸张戏剧性。著名的剧目有《武松大闹蜈蚣岭》《薛仁贵大破摩天岭》《孙悟空三打白骨精》《罗通扫北》《杨家将》《白蛇传》等传统剧目以及由在崇明流行的民间故事改编而成的《陆阿大卖小布》等。

崇明扁担戏不同于其他地区的扁担戏，更具有地区文化特色。崇明扁担戏的木偶用梧桐树木雕刻而成，画上脸谱，穿上戏服，即成人物形象，生、旦、净、末、丑形象俱全。一个艺人一副戏担，木偶艺人用扁担一头挑起布袋，袋中装木偶和一张能装能拆的小舞台，一头挑起一条高1米左右的木凳，轻装简从，穿乡走村，演出不受场地限制，到处都可演出。长戏短戏、文戏武戏，生、旦、净、末、丑，唱、做、念、打、耍，全靠艺人一人手、脚、口、舌并用表演。演出前，艺人用扁担的一头撑起小舞台，另一头插入木凳下部横档的一个凹榫或暗销里，小舞台便牢牢固定住了。

演出时艺人钻入撑起的舞台布幔中，布帽遮住长凳，不见其人只闻其声。艺人口中唱，念剧情，时而塞进口哨，加口技模仿刀枪格斗兽叫鸟鸣，人物角色等各种声音；脚踩锣钹，左脚踩京锣，右脚踏细锣与钹，艺人手指掌控木偶，食指控制木偶头，中指和拇指插入木偶的两袖中，能做出点头、唱喏、拥抱、手执兵器、两人格斗对打动作，惟妙惟肖，引人入胜。口中发出念、唱口技声，伴以声声锣钹，文唱武打的木偶粉墨登场，唱腔以江南小调崇明山歌为主，用吴语崇明官话念唱，非常精彩。

崇明扁担戏有两种：一种是悬丝木偶，操作时拉动提线，方言叫“提戏”；另一种是空腹木偶，操作时将木偶插在手指上，方言叫“戳腹俚子”。2000年，森林旅游节期间表演的“空腹木偶戏”，让人大开眼界。演出时，表演者将一根扁担竖于地上，撑起一个方寸舞台、神龛状的微型舞台，四周围以布幔，布围里有锣鼓和小木偶等，木偶是用泡桐做成，刻好，粉成人脸。艺人在布幔内双手操作木偶，忙中偷闲加以锣鼓伴奏，嘴含特制口哨（“簏子”）模拟人声边说话边用口技模仿人物的语言进行表演。“簏子”是用绸布做簧，外用响铜固定，用棉线缠绕固定，放在后舌与后上腭间自然压紧吹奏，加上口腔的咬字，能说出或唱出人声的道白和唱腔，这种角色和本嗓的角色交替来表演剧情的不同人物。“簏子”吹腔和真嗓的交替角色表演对答、对唱是这门艺术中最难掌握的，需要几年的艺术实践才能应用自如。

扁担绝活谁传承

苏州人顾再之传授的木偶戏担是将木桶置于桌面上，木桶上方架有木框，木框三面布幔，前面向观众开放，艺人坐在木桶中，双手向上操控木偶表演，双膝之间绑一副铙钹，用膝盖的碰撞让铙钹发出响声，配以念唱进行表演，唱腔以江南小调为主，用吴语苏州官话，也用吴语崇明官话念唱。表演很精彩，但艺人表演得很劳累。

到了20世纪30年代，汲浜镇北面（今中兴镇）的扁担戏传人朱克成感到这样表演不但累人，而且道具搬运、装卸也很麻烦。他设想要对表演方法及道具进行改革。他自己设计了一个高脚凳和一个能伸缩的小舞台，人钻在布幔围起来的高脚凳上，双脚踏响架在凳脚之间的钹锣，双手撑木偶在小舞台上表演，大大减轻了表演者劳动强度。于是崇明岛上的木偶艺人纷纷仿制这种轻便的戏担子，并流传到了外地。

20 世纪 50 年代，崇明县文化馆曾和有“木人头戏”担子的文化站，对木偶艺人进行访问，帮助他们加工道具。1956 年曾集中九副木人头戏担子举行过会演。20 世纪 60 年代后“木人头戏”沉寂了，到八十年代初又开演了，但仅存中兴镇朱家几副担子，朱家已传三代，第一代为朱克成，第二代为朱学文，第三代为朱雪山等六人。

为保护和发展本土非遗项目，崇明有关部门建起非遗项目传承基地，组织代表性传承人开展“非遗进校园”活动。上海首批非物质文化遗产项目“崇明扁担戏”的传承人、花甲之龄的朱雪山，开起兴趣课，办起工作室。他打破家族与性别的门规界限，遵循“活态传承”的内涵，将崇明扁担戏带进课堂，讲述历史故事，教授表演技巧，通过寓教于乐的方式，培养和熏陶孩子们对扁担戏的热爱，传授家乡的独特文化遗产。

在政府部门的支持下，朱雪山在家中开设了扁担戏工作室，介绍历史，展出道具。对崇明扁担戏未来发展，他有着一系列设想：将扁担戏与崇明旅游相结合，将“看一场扁担戏”打造成到崇明旅游的保留节目；让体制内的文艺人士系统学习，组建表演剧团，这样就不用担忧扁担戏后继无人了。

如今，扁担戏第三代传人朱雪山、朱顺发等堂兄弟经常参与各种形式的群众文化演出，并到学校作示范表演。朱雪山还到汲浜小学担任课外辅导员。

崇明区建设中学肩负文化传承与创新的使命，珍惜扁担戏这一乡土文化瑰宝，开设“扁担戏”校本课程，让这一非遗项目在学校生根发芽。在扁担戏实际教学过程中，学校张国维老师设计并制作了 3 人或 2 人共同表演的扁担戏“戏台”，为了方便移动，特意设计成可拆卸的。当学生技艺达到一定水平的时候，再让他们上单人表演的扁担戏“戏台”。这样可以让学生从易到难、循序渐进地学习扁担戏，不至于一开始就打击学生们的学习热情。

独脚戏：一两人逗乐一场人

独脚戏诞生于20世纪20年代末期，其源头是一种卖梨膏糖的说唱形式，是艺人为了兜售自制的梨膏糖而演唱一些滑稽的段子，也有即兴的“卖口”，称为“小热昏”。还有隔壁戏、苏滩等曲艺样式也含有许多滑稽谐趣的成分。这些不同的样式逐渐融合演变，形成了一种以滑稽逗笑为其特征的说唱形式——独脚戏。

独脚戏的形成与艺人王无能有直接的关系，1920年前后，有一次他应邀去演堂会，单独一人进行滑稽表演，大受欢迎，此后他经常作类似的演出。因一人饰演多种角色，故取名“独脚戏”。

独“脚”戏还是独“角”戏

在上海话中，以“脚色”通“角色”，而“脚（jia）”、“角（go）”两字读音不同。在电脑上输入拼音（jiao），会跳出两种写法——“独脚戏”“独角戏”。《咬文嚼字》上解释，这是一组异形词，可以通用。在曲艺界，更倾向于“独脚戏”的写法。

“脚”——出自“脚色”，在戏曲曲艺里，是“行当”的意思。行当，亦即我们常说的生、旦、净、末、丑，就是戏曲表演里的“职业分工”。“独脚”的意思，也就是一个人扮演各种“职业分工”。

独脚戏是一种深受小热昏、卖朝报、相声、双簧等影响而形成的曲艺表演形式。清末民初，杭州有位艺人杜宝林，夕阳西下，他在龙翔桥卖艺，说笑话、唱小调、卖梨膏糖，称为“醒世笑谈”。由于他敢于讽刺达官贵人欺压老百姓的行径，警察厅长恼羞成怒，抓他严查审讯。杜宝林机灵地说："我身体不好，头脑热得发昏，因此，瞎三瞎四在唱小热昏。"警察厅长只得放他走。后来，杜宝林索性把这种演唱形式称为"小热昏"。辛亥革命后，杜宝林被聘到游乐场演出，从街头走向舞台，小热昏演变成独脚戏。无独有偶，上海文明戏艺人王无能在堂会客串演出时，由一人说笑话、讲故事、唱京戏、学方言，扮演多种角色，自称独脚戏。后来，他与钱无量合作表演，由单口变为对口，也称为独脚戏。艺术相通，艺人们互相影响，融会贯通，逐渐形成了独脚戏鲜明的表演风格：运用语言艺术，演唱南腔北调，模仿各地方言，一人多角，跳进跳出，表演富有强烈的喜剧色彩。

独脚戏必须说上海话吗

2015 年，滑稽戏演员钱程携阮继凯一起登上央视元宵节的舞台，用一台上海独脚戏给全国观众拜年，引发了大众对"独脚戏"的关注。

登上央视舞台的上海独脚戏，为了照顾全国人民的欣赏习惯，改成了普通话表达。那么，独脚戏必须说上海话吗？

独脚戏，是上海富有地方特色的曲艺表演形式，发祥于上海，分布流行于长江三角洲等区域，形成了一个观众多达千百万人口的沪方言曲艺文化圈。独脚戏形成了以上海话作为基本表演语言，以各地方言作为辅助语言的特点。在周边的江浙城市，无论是来自杭州或是苏州的剧团都有演员唱独脚戏，他们有个约定俗成的规矩，演独脚戏就用上海话来表演，各地方言主要用以"学"的过程。

直接源自民间说唱和文明新戏，以上海方言为主的独脚戏，可说、可唱，在说、学、做、唱之间，以滑稽的方式讲故事或段子。其中有不少突出的技术要领，例如绕口令，"金陵塔，塔金陵……"上海人都会讲。例如学方言，故事里总有"小宁波""小山东"，独脚戏艺人立刻以一口宁波话"化身"为"小宁波"……独脚戏艺人都要操练"十八般武艺"，尤其是江南一带的各地民俗文化均须以嘴皮子涉猎。

独脚戏是一种什么样的艺术

独脚戏具有强烈的喜剧色彩和娱乐性，表现形式广采杂糅，剧目甚多，如《哭妙根笃爷》《宁波空城计》《七十二家房客》等。

独脚戏一般以二人合作演出为主，也有一人独演和三人合演的形式。

在游乐场、堂会、剧场等，多为站立表演。在电台演播时多为坐演。

分单档（单口）和双档（对口），两人以上，称为“大独脚戏“。双档多为男性，少数也有男女档的。

表演时，舞台上常用堂幔（或以屏风替代），堂幔前置一横放的半桌，半桌左右各有一张椅子。早期，半桌和椅子上都有桌披和椅披，桌披上还常绣上演员艺名或本档独脚戏的滑稽名称，如“社会滑稽”“醒世谈笑”等。半桌上放置常用道具，如春锣、木鱼、三巧板等。半桌和椅子可随表演内容而移动，变成“象征性”的实物道具，如将半桌代柜台、代墙，将椅子代黄包车、轿车等。

独脚戏一般可分两种类型，一种是以说为主的，或说一个滑稽故事，或讲一段笑话，其间学讲各地方言等；另一种以唱为主，或唱各种地方戏曲唱腔，或唱民间小调，以叙述一个滑稽故事的，但一般情况，许多段子都是说唱相间的。

独脚戏的表演，讲究说、学、做、唱。“说”“学”“唱”近似于北方相声，以学习京剧等戏曲剧种、地方方言和曲艺为主，“做”则以直接扮演人物，在舞台上表演作品中的情节和人物对话为主，表演的夸张幅度大。角色的语言、对白，又以相同于相声组织“包袱”的手法，来产生笑料，喜剧效果强烈。这种“做”的手法已逐渐渗入到以说、学、唱为主的节目当中，成为重要的艺术手段。这四种表演形式均为制造笑料服务，它通常运用语言上的夸张、误会、巧合、对比、诡辩、差错、拉扯、偷换、谐音、拼凑、重复、双关等，形成“噱”（逗笑）的效果。常用简易的化妆和各地方言在表演（起角色）时区分各种不同人物。有时也借助木鱼、三巧板之类的小道具，或者作象征性甚至夸张性的表演，以加强“噱”的演出效果。

独脚戏传承发展前景美好

独脚戏开始鼎盛，是在20世纪30年代。那个时期，从业人员有100多档（双档即为一档两人），在游艺场、堂会和民营电台演播，内容均自编自演，各显其能。抗战胜利至建国初期，姚慕双、周柏春以“新潮滑稽”出现，台风带有书卷气，在继承发展前人曲目的同时，大量编演新段子，如《人民真开心》等。程笑飞在“唱”上别树一帜，在独脚戏中展示各种地方戏曲。杨华生从内地回沪，表演独脚戏注重作品内容。其时，姚、周档，程、刘（小刘春山）、俞（祥明）档，杨、张（樵侬）、笑（嘻嘻）、沈（一乐）档，在民间电台上各展所长，拥有大量听众。艺人们足迹遍布电台、游乐场、堂会、舞厅、酒楼，再次掀起独脚戏的高潮。建国初期，独脚戏演员已逾500人。独脚戏的表演一般出现在专门组织的“独脚戏专场”，或滑稽广播会，或下厂下乡下基层时演出整套或零星节目。

20世纪50年代初至60年代初，独脚戏的“唱”派得到较大发展。不少独脚戏演员经常以“说唱”或“说说唱唱”的名称，在电台说唱新人新事，或演播独脚戏“唱”派的节目。

改革开放以来，一些专演独脚戏和兼演独脚戏的滑稽剧团逐渐恢复建立，有上海曲艺剧团（后改名为上海滑稽剧团），上海广播电视艺术团曲艺队，上海市人民滑稽剧团，上海市青艺滑稽剧团等。这些剧团中，不少中青年演员挑起了独脚戏演出的大梁，有影响的有吴双艺、童双春、王双庆、翁双杰、李青等。独脚戏大家笑嘻嘻、刘春山、江笑笑等的嫡传弟子或搭档的嫡传弟子，都是上海市人民滑稽剧团的顶梁柱。上海市人民滑稽剧团在1981年起办起了培养滑稽演员的学馆，涌现出钱程、胡晴云、秦雷等优秀的青年演员。

2008年，上海滑稽剧社申报的独脚戏被列入第二批国家级非物质文化遗产名录。上海市人民滑稽剧团在黄浦剧场“驻扎”，有了固定的场所，独脚戏演出变成了常态，现代独脚戏《爱心》《包装》《爸爸去哪儿了》等，受到普通大众的欢迎。作为国家级非物质文化遗产的独脚戏，最具代表性传承人为王汝刚，他在独脚戏演员中相对“全能”。在他初登舞台演《满意不满意》时，只被分派到3句台词，他发挥到30句，令人捧腹、噱头十足，因而一举成名。

为了更好地弘扬沪语文化，传承和发扬曲艺艺术，上海市惠民中学发起成立沪语文化教育联盟。学校请来曲艺家协会的著名独脚戏演员钱程，每周给学生们授课，授课内容都是钱程老师自己编写的独脚戏教材。

海派剪纸：一纸一世界

中国的剪纸艺术历史悠久，许多地方都有剪纸，或作为窗花装饰，或用于实用图案。一把剪刀，一张纸，妙手生花。人们借剪纸表达丰衣足食、人丁兴旺的朴素愿望和对美好生活的向往，其中不乏各种质朴怪诞，又包含率真至美的剪纸造型。

中国剪纸技艺，源于南北朝，到唐代以后广为流传，是中国民间装饰艺术中具有广泛群众性的一种工艺美术品种，它的艺术形式具有很强的装饰性和趣味性。历经岁月沧桑，传承发展，形成了南北地方不同的表现形式。北派剪纸粗犷有力，以形代物；南派剪纸细腻写实，秀美耐看。它们都成为人们喜闻乐见的艺术形式。

指尖上的艺术

上海剪纸属于南派，被称为“海派剪纸”，是我国各地剪纸流派中的一个重要流派。上海剪纸在19世纪初见端倪，起始于上海老城厢和徐家汇地区，表现在门笺、鞋花、绣花样上。由于各地人口汇集，民间高手争奇斗艳，上海地区剪纸广泛吸收其他剪纸流派和艺术门类的营养，融会贯通，形成了不同于江南剪纸的区域风格。海派剪纸富有浓郁摩登都市情调，随着上海城区的延伸而日益扩展，在不断发展中推陈出新，体现出符合现代审美的新面貌。

海派文化既有吴越文化的古典与雅致，又有国际大都市的现代与时尚，海纳百川又自成一派。而海派剪纸恰恰体现了传统技艺在上海这座城市背景下，独有的文化模式、文化形态与文化观念：海纳百川、兼容并蓄。

海派剪纸在造型和手法表现上，吸收了北方剪纸粗犷朴实、线条奔放的特点，又糅合了南方剪纸纤细秀丽、线条流畅的特色，形成了构图丰满、线条简练、形态生动的海派剪纸艺术风格。

海派剪纸，有着独特的造型表现，打破比例、透视、体积、时空的限制，充分发挥作者的主观想象，随心所欲地进行物象的夸张、简括、变形、拼接、套嵌、复合、装饰、象征，表现了民众的人生观、自然观、幸福观、价值观。

同时，由于受到工具和材料的局限，剪纸在处理形象时要有些程式化，民间剪纸的许多特点和风格都是由于剪法、刀法上的一定技巧而产生的。整幅剪纸造型的美还体现在线条的千刻不落、万剪不断的特殊结构上。由于剪纸是在纸上剪出或刻出的，因此多采取镂空的剪刻方法。

2005 年，海派剪纸被上海市经委同意认定为上海市传统保护技艺。

2007 年 6 月，海派剪纸艺术被列为首批上海市非物质文化遗产。

2008 年 6 月，又被列入国家级非物质文化遗产保护名录。

代表性人物的风采与艺术

“敢竞桃李色，自呈刀尺功。”海派剪纸这一非物质文化遗产，正在传承人的刀剪下焕发出新的光彩，王子淦、林曦明即是公认的海派剪纸艺术代表人物。王子淦已故世，林曦明现为中国剪纸协会名誉会长、上海剪纸协会会长、上海美协理事、上海中国画院一级画师。

王子淦，出生于江苏南通一个贫苦农民家庭，13 岁时便随叔父到上海谋生，拜街头剪纸艺人武万恒为师。他的作品兼容南柔北刚之风，题材广泛，花鸟虫草，飞禽走兽，都在他的剪下成为栩栩如生的优美图案。尤其即兴创作表演，在两三分钟的时间内可剪出一件作品，令人倾倒，被誉为“神剪”。

他很好地继承了江南民间剪纸传统，在原有的基础上加入了自己的创新。他突破传统剪纸多表现刺绣花样的局限，开拓了更广泛的题材空间。传统的花鸟鱼虫、山水瓜果、人物走兽以及都市人所喜爱的时尚图案，都可以成为他剪下的表现对象。他还变废为宝，利用现代印刷的废纸剪制动植物。这种废纸质地坚挺，又有印刷时产生的肌理纹，经他恰到好处地利用，大大丰富了剪纸的表现力。学习传统，不囿于传统，敢于创新的追求精神，使他的剪纸超出了一般工匠的水平，既有质朴厚重的文化底蕴，又注入了新鲜活泼的时代气息，达到了真正的艺术境界。

他的剪纸构思巧妙、造型生动，善于把握表现对象的神态。他剪下的动物都有一股“灵性”，小猴子的顽皮、青蛙的机灵、凤的蓬勃向上……他剪的“五牛图”，牛的姿态各不相同，造型古朴。猫头鹰的整体轮廓近似于一个对称的“心”字，细看上面多了两只耳朵，圆圆的一对大眼睛，以及身上的羽毛全是图案化的，远观近视都十分有趣。他剪的蛇，用曲折蜿蜒的藏卧式的结构，蛇身上的花纹用了几个有规律的三角形，蛇的形态便活现出来。他的作品既有南派剪纸的秀气，也有北派的大气，耐看而且韵味无穷。

王子淦的剪纸有极强的韵律感，他善于发挥剪纸对称、重复、阴阳相成的特长。他还善于运用反复重叠的刀法来表现动物有规律的羽毛、鳞片，并运用旋纹来表现动物的关节动势，这既便于运剪，又增加了剪纸的韵味。

林曦明，生于浙江永嘉的一家世代制作龙灯的艺术人家。幼年，在具有剪纸技艺的父亲精心传授下，他从剪刻大红灯笼上的各类剪贴起步，传承父业，经勤学苦练，成为农村剪纸的后起之秀。成年后，他居住在上海徐汇区枫林社区，师从苏昧朔，为其入室弟子。林曦明七十余年来创作了数百成千幅反映中国农村和城市变化的剪纸作品，相继在多种报刊上发表，在众多书籍中作为插图，蜚声民间艺术领域，成为上海民间美术中的一朵奇葩。

林曦明剪纸刀法细腻精到，形象生动传神，它结合了我国传统剪纸细腻质朴色彩，又融合了现代的粗犷、联想等元素；蕴涵文人书卷气，把书画的大写意、夸张、神形兼备等风格移植到剪纸技艺上；他将自己对生活的理解和书画艺术的经历与独特的想法与构思，融合于剪纸，夸张变形而又顺乎自然，纯真动人而又寓意深邃，具有非同他人的原创性和抒情性。如在西藏平乱后，林曦明先生创作的一幅农家姑娘喜迎平叛归来的解放军剪纸作品，受到原人民日报评论部主任邓拓的青睐，特为其题诗《同心平乱》一首，与剪纸作品一起刊登在人民日报上。他的剪纸作品有丰富艺术内涵，极富思想性又有生活情趣，同时具有独特视角而又别出心裁。在表现形式上，大胆运用他擅长的山水画中写意手法，把书画和民间剪纸融会一起，互相交融，相得益彰，这在我国剪纸艺术上堪称一绝。

时兴校园的剪纸热

如今，剪纸在徐汇、闵行、松江、长宁和杨浦等上海各区域蓬勃发展，不仅拥有数千名剪纸爱好者，使学习剪纸的热潮在社区、学校风行，更在继承传统的基础上不断探索创新，拓展题材，努力追求地域特点，反映时代气息。

近年来，非物质文化遗产进中小学第二课堂的活动可谓如火如荼。单从“2016 年上海市学生中华优秀文化主题月系列活动”（2016 年 9 月）的安排来看，就有封浜高级中学、马陆育才联合中学、大华第二小学、华阴小学、呼玛路小学、西南位育中学东校、园南中学等学校开展了以海派剪纸为主题的体验、传习活动。直至今日，越来越多的学校开设、开展了与剪纸有关的课程、活动，使这门技艺生生不息。

顾绣：以针代笔绣丹青

顾绣，又称露香园顾绣，汉族传统刺绣工艺之一，是以名画为蓝本的“画绣”，以技法精湛、形式典雅、艺术性极高而著称于世。顾绣精妙之处在于以名画为蓝本、以丝线作丹青。历经400年的跌宕起伏，先后出现了缪氏、韩希孟、顾兰玉等名手，顾绣作品中的山水、人物、花鸟，气韵生动，细腻无匹，因而被誉为“画绣”。顾绣与苏、粤、湘、蜀四大名绣不同，它专绣书画作品，把宋绣中传统的针法与国画笔法相结合，以针代笔，以线代墨，勾画晕染，浑然一体，是独特的艺术品。2006年5月，顾绣被列入第一批国家非物资文化遗产名录。

江南地区　只此一家

顾绣是江南地区唯一以家族冠名的绣艺流派，因源于明代松江府上海县露香园主人顾名世家而得名，亦称“露香园顾绣”。它是以名画为蓝本的“画绣”，以技法精湛、形式典雅、艺术性极高而著称于世。顾名世是明嘉靖三十八年进士，官尚宝司丞，就是在内宫管理宝物的官吏，晚年居上海。“名世性好文艺”，见多识广，艺术修养较高。在他的影响和倡导下，他的女眷们也酷爱艺术，善丹青书法，精于女红，尤其擅长刺绣。她们从事刺绣的目的不仅于实用而是视作上层妇女的修养和更高层次的艺术追求。顾氏女眷中较早从事画绣的，是顾名世长子顾汇海之妾缪氏。顾绣名手中，造诣最高，最具代表性的，是略迟于缪氏的顾名世次孙顾寿潜之妻韩希孟（又名韩媛）。董其昌极为推崇顾绣，他为顾绣八骏图题曰：“顾太学家有铁圣，绣此八骏图，虽子昂用笔不能辩，亦当一绝。”

缪氏是顾名世的长子顾汇海之妾，她绣技很高，“所绣人物，山水、花卉大有生韵”。韩希孟是顾名世的孙媳，在顾绣诸名手中最有代表性，她的丈夫顾寿潜，别号绣佛主人，能诗善画；韩希孟既善绣，也工画花卉。夫妇都有很高的艺术素养，珍视刺绣，显示出独立的艺术地位。韩希孟钻研刺绣“覃精运巧，寝寐经营”，作品大多绣宋、元名画。她充分运用针锋特技来表达画面的神韵，所绣人物神采奕奕，呼之欲出。《洗马图》是她的代表作，绣出了洗马人全神贯注洗马的神情。绣制山水，能表达各派的画风，她绣制的宋代名画家米芾的山水画，根据近水远山的关系，采用不同的针法，表现了山、云、水、天，虚无缥缈，似有若无的意境。她绣的花鸟鱼虫，生气回动，五彩斑斓。韩希孟的精湛技艺确立了顾绣的卓越地位，她的写真手法对后世仿真绣具有启迪作用。苏绣的发展受她影响很大。

在韩希孟之后，顾氏家道中落，渐倚赖女眷刺绣维持生计，并广招女工，从此顾绣由家庭女红转向商品绣。顾名世曾孙女顾玉兰，设帐授徒，历时30余年，将家传秘绣技艺传于外姓，顾绣悄然走出士大夫家庭，在上海周边地区流传开来，其时，城中四乡许多妇女习顾绣以营生，形成一定规模，当时有“百里之地无寒女”之说。达官显宦、富商巨贾争相开设绣庄，购藏顾绣珍品，使顾绣身价陡增，影响遍及苏、宁、杭、湘、蜀，后来的四大名绣皆从中获益。据清代嘉庆年间《松江府志》记载，顾兰玉“工针黹，设幔授徒，女弟子咸来就学，时人亦目之为顾绣。顾绣针法外传，顾绣之名震溢天下”。清代道光年间，松江丁佩既精刺绣又通画理，著《绣谱》，于顾绣“心知其妙而能言其所妙者”。“后以仿效者皆称顾绣，绣品肆竟以顾绣相称榜，凡苏属之绣几无不以顾绣名矣。”但是，顾绣的卓绝是以高素质的艺人和大量的工时为代价的，制约条件很多，所以难以普及，难以为继。清末，顾绣逐趋湮没，以后几乎被人们所遗忘，被吸收顾绣技法和营养而崛起的苏绣所替代。

线细如发　风靡全国

据传，顾氏绣法源自皇宫内庭，使用的丝线比头发还细，配色精妙。绣制时不但要求形似，更重视表现原作的神韵，且技法多变，仅针法就有施、搂、抢、摘、铺、齐、套针等数十种，一幅绣品往往要耗时数月才能完成。明末地方志提及顾绣时记述：“尺幅之素，精者值银几两，全幅高大者，不啻数金。”可见，顾绣之名贵。当年苏州、杭州民间的绣品以及官营丝织机构还将他们的制品冠以“顾绣”之名。由此足见顾绣影响之深广。

在盛行于世的松江画派画风熏陶下，顾家女眷研究继承宋代“闺阁绣”的艺术特色和艺术技巧，在此基础上有所创新。她们选择高雅脱俗的名画作为蓝本，对表现对象深刻观察、细心揣摩，技法上创造出散针、套针、滚针等针法用以极力模仿绘画的笔墨技巧。她们将丝线劈为36丝，“其劈丝细过于发，而针如毫，配色则有秘传，故能点染成文，不特翎毛花卉巧夺天工，而山水人物无不逼肖活现”。(《顾绣考》)

顾绣具有独特的刺绣技法，其特点主要有三：第一，半绣半绘，以补色、借色见长，画绣结合。顾绣以宋元名画中的山水、花鸟、人物等杰作作为摹本，画面均是绣绘结合，以绣代画，这也是它最为独特之处。如在《群仙祝寿图轴》中，画中人物所穿锦裳，是先上底色，后于底色上加绣作锦纹状的；人物的面部则是先绣后画的，云雾则只用画笔直接用色，而不加绣。这种大胆创新的技法，表现山水、人物尤为生动。第二，用料奇特，针法多变。顾绣的针法复杂且多变，一般有齐针、铺针、打籽针、接针、钉金、单套针、刻鳞针等十余种针法。第三，运用中间色化晕。顾绣为了更形象地表现山水人物、虫鱼花鸟等层次丰富的色彩效果，采用景物色泽的老嫩、深浅、浓淡等各种中间色调，进行补色和套色。从而充分地表现原物的天然景色。

明代顾绣秘籍主要在于作者的文化艺术涵养、题材高雅、画绣合一、用材精细、针法灵活创新、择日刺绣与锲而不舍的精神等六要素。明清时期顾绣风靡全国，大有“无绣下姓顾”的势头，“‘顾绣’之专称代替‘刺绣’之通名”，以后发展起来的苏绣、湘绣、蜀绣等，都曾得益于顾绣的技法。以韩希孟为代表的顾绣传世实物，文化艺术内涵颇深，皆是文物珍品，被各大博物馆所收藏。目前收藏顾绣最多的是辽宁省博物馆，其中印有“韩媛绣”“韩氏女红”的绣品有八幅。上海博物馆藏有韩希孟的《藻虾图》等四幅绣品。

传承不易　与时俱进

1905年松江慈善机构“全节堂”开设“松江女子学校”（后改为“松筠女子职业学校”），从小学一年级到初中三年级均设立“女子刺绣班”。可惜后来学校毁于侵华日军的炮火，再也没有恢复。

1972 年底，松江工艺品厂开始筹备恢复顾绣艺术。聘请在松筠女子学校学过顾绣技艺的戴明教老师（戴老师也是新中国顾绣公认的第一代传承人，于 2007 年被被列入第一批国家级非物质文化遗产项目代表性传承人名单）收徒授艺。可惜的是，由于遭遇“文革”，刚复苏的顾绣遭到“复旧复古”罪名而夭折。

改革开放后，松江工艺厂成立顾绣组，才恢复对顾绣的研究、授艺与生产。以后，松江工艺品厂正式成立顾绣车间组织生产。松江顾绣艺人不断创作出一批精美绝伦、雅韵欲流的顾绣新作。1987 年 5 月，松江博物馆在松江工艺品厂支持下举办“顾绣艺术展览”，向世人介绍顾绣的历史和新生。展览中展出大量新作并进行现场表演。6 月初，经上海市文化局审定推荐，调往“上海首届国际艺术节”文庙展区展出，好评如潮。

获得新生的“松江顾绣”青出于蓝而胜于蓝。绣工均经过绘画和色彩的学习训练；配备专业画师选择、描画本，并掌握修下各工序色彩和形态；绣花线更细，从传统劈为 36 丝增加至 48 丝；绣工更细腻，色彩更逼真，过度更自然；在传统的针法上引申创造出更好表达绘画本意和特色的针法。在苏惠萍、钱月芳等传承人孜孜不倦的努力下，将顾绣的接力棒传至下一代手中。

2018 年 11 月 28 日，教育部发文认定全国 55 所高校为首批“中华传统文化传承基地”，上海师范大学顾绣传承项目名列其中。开展中华优秀传统文化传承基地建设活动，是不断创新新时代高校传承中华优秀传统文化的理念、形式与方法，充分发挥高校文化传承创新的优势与作用，推动中华优秀传统文化创造性转化和创新性发展的重要举措；是提高学生审美和人文素养，引领学生做中华优秀传统文化的忠实继承者和弘扬者，汲取中国智慧、弘扬中国精神、传播中国价值，坚定文化自信、增强文化自觉的重要途径；是充分发挥中华优秀传统文化育人作用，落实立德树人根本任务，以美育人、以文化人，探索学科融合协调发展，整合优化教育资源，全面提升高校美育体育质量的创新之举。

上海师范大学建立的“顾绣传承师范教育基地”，由女子学院具体负责。上海师范大学将以顾绣传承师范教育基地被认定为教育部中华优秀传统文化传承基地为契机，制作介绍顾绣历史、艺术特色、创作流程与技艺的艺术纪录片《顾绣》；长期聘请 2—3 位国家级顾绣高级工艺师为我校兼职教授，对校内学生和校外中小学教师进行技艺传授，并在上海遴选数所中小学成立顾绣兴趣班；组织专家和工艺师编撰顾绣教材，在市内外举办顾绣作品展览。

灶花：人间烟火气中的乡土艺术

如果不是住在乡下的老屋里，你不会知道“灶头”，即使在乡下的，也不一定会在意“灶花”。灶头画又称灶画，是农村民居厨房的装饰画，在每家人家灶头的“灶山”（装榱、护烟囱和灶面的短墙）上，画上各种图案，民间称之为“灶头花”。它广泛流行于整个江南大地，曾经几乎家家户户的农居均以灶花美化灶头。

在崇明岛上，有一个极富诗意的名字——灶花。它是指民间艺人以乡间农家烧饭做菜用的灶头为载体，用各种颜料手工绘制在灶壁上的图案，用来装饰、美化灶头，表达农家美好愿望的一种乡土艺术。

灶花的由来和传说

灶花源自对灶君的崇拜。人类社会进入有文字记载以后，原始的拜物崇信，往往都会转移为对神的崇拜，于是就有了灶神。《后汉书·阴识传》注引《杂五行书》说灶神名蝉，字子郭，是个穿黄衣服的人。在《三国志·魏志·管辂传》中，更为灶神编了一个传奇故事：“王基家贱妇生一儿，坠地，即走入灶中。辂曰：‘直宋元忌之妖，将其入灶也。’”这里管辂认为灶神叫宋无忌。

除了旧时文献上的记载外，民间还说灶神是天上玉皇大帝派到人间监察善恶的神灵。人们称其为“灶王爷”“灶君公公”“灶老爷”“东厨司命”。每年腊月二十三或二十四，灶神要上天向玉皇大帝汇报人间的情况，因此人们对这天特别重视，家家户户都在这一天祭祀灶神，谓之“祭灶”。祭灶时，人们会供一些糖果粘糕类的甜食给灶王爷，认为灶神上天是汇报去的，要让他带一张甜嘴巴去，这样说的就都是好话。有的人家还会真的在灶神的嘴边或者锅台里粘上一点糖块，黏黏的用来封住灶王爷的嘴，防止他说坏话。另外也有人到灶门边涂上点酒糟或者老酒，这就叫“醉司命”，灶王爷醉意朦胧，上天后就不会乱讲话了。更有人们为了讨好灶王爷，便在供奉它的灶头上画上各式图案，把灶王爷的住所打扮得漂漂亮亮，于是就有了灶头画。

过去，崇明农村几乎家家户户都砌有灶头烧菜煮饭。为避免燃烧柴火时产生烟灰熏人，一般都在灶口上砌起一堵墙，崇明人称为“灶山”。为了美观，能工巧匠会在“灶山”上画出各种各样的“灶花”。民间有传说，灶头有“灶君”专管人间善恶事。因此，人们要在灶山上画“灶头花”献给灶君老爷。若不画花，只简单刷上一层石灰浆了事，这就是“豆腐灶”，会惹灶君爷生气。崇明的灶头，不管是两眼的（砌有两口锅）还是三眼的（砌有三口锅），在灶山上和灶沿下，都画有各色图案，人物、山水、花木、动物应有尽有。灶花的内容寄托着人们的美好愿望，如灶上画“竹”寓意“祝（竹）报平安”，画“鱼”意味着“年年有余（鱼）”，画“鹰、鸽”，反映人们心想“雄鹰展翅、和平吉祥”。

精妙的技艺，鲜活的内容

在上海郊区，能信手绘画灶花的砌灶师傅确有相当数量，他们没有专门学过绘画，只是凭着日常生活中对灶花的耳濡目染，无师自通地绘就了一幅幅灶花作品，成为民间工匠中的画师。

灶花的绘制在过去主要以黑线条勾勒为主。匠人们在石灰粉刷得雪白的灶壁上，用黑线条作画，颜色分明，对比强烈，效果尤其明显。在画的四周，民间工匠还配之以吉祥符号的裙边，使灶花更显立体感。

新中国成立后，有的泥匠为追求艺术效果，开始摒弃单纯的黑色线条勾勒法，采用彩色作画，但其所用的颜料，并非为所购的广告色，而是就地取材。红色，用砖块蘸水研磨成；绿色，用草头挤汁而成；蓝色，用蓼蓝发酵而成。

在灶花绘制过程中，采用的是一种特殊的画笔——蟹爪笔。蟹爪笔出自泥匠的自创。它用一根毛笔长短的竹签，将其一头劈成若干极细极细的细丝后制成。由于制作起来较复杂，开劈顶端的细丝尤为艰难，因此后来的工匠大都以鹅毛管作笔杆，在管内一端紧紧插入公山羊颈部的鬃毛或黄鼠狼尾部的毛，制成类似于毛笔状的笔，以供轻轻绘扫，工匠们把这类笔仍称作蟹爪笔。

在灶花的具体绘制上，他们采用的是湿壁画法。湿壁画又叫“鲜画”，是刷底壁画。作画者在壁上泥灰土尚潮湿之时在上作画，日后，壁上泥灰土中的水分渐渐蒸发直至干透，其上面的画却久经不坏，灶花亦如此。灶头砌成后，其灶山上所粉的石灰还未干燥，工匠就在上面作画，以后随着灶头烘烤和水分自然挥发，灶山渐干，上面的画作能历经几十载寒来暑往而不变其形。

灶花的内容主要有五谷丰登（以稻谷、麦穗等作装饰图案），六畜兴旺、牡童嬉牛、雄鸡鸣晨、神话传说（嫦娥奔月、刘海洒金钱、福禄寿三星等），山川景物（湖光山水、花鸟鱼虫、梅兰竹菊、奔鹿飞鹤）等。随着时代的发展，灶花中也出现了反映新生活的内容，例如东升的旭日、破浪前进的轮船、疾驰的火车等等，以图时尚、吉利。

崇明灶花的吉祥图案主要以“福、禄、寿、喜、财”之五福为主。灶花的吉祥图案在涉及人物神祇时，画的都为王母观音、财神天官、寿星八仙、和合土地、刘海麻姑、金童玉女等。在涉及花果植物时，画的都是牡丹芙蓉、玉兰水仙、海棠月季、梅兰莲菊、桃李桔柿、灵芝葫芦、松柏翠竹、石榴佛手、桂圆葡萄等。在涉及瑞兽祥鸟时，画的则是麒麟狮虎、蛟龙凤凰、孔雀仙鹤、燕子喜鹊、骏马快鹿、鸳鸯蝙蝠、蜜蜂蝴蝶、游鱼灵龟等。在涉及花纹符号时，画的都是祥云纹、流水纹、万字纹、花结纹、花瓶、如意、灯笼以及“福”字、“寿“字、组合字等。正是这些寓意喜庆祥和、谐音吉利欢乐、标志兴旺富足的图案让崇明灶花成了人们心头永远开不败的娇艳花朵。

非遗灶花漫飘香

随着农村城镇化进程的加快，烧柴火的灶头已被洁净卫生的液化气灶所代替，灶头这一昔日农村百姓一日三餐都与之打交道的老朋友，已渐渐淡出了日常生活。灶花在崇明乡间也成了一种尘封的美丽。

近年来，崇明灶花重又露出了它靓丽的面容。崇明区向化镇在有关部门的配合下，对崇明灶花做了大量的抢救和扶持工作，发起成立崇明区灶文化研究会、举办研讨会、建立灶花作品及绘制工匠档案。灶花艺术也已被上海市政府列入上海市第一批非物质文化遗产名录。向化镇围绕“灶花”这一特色文化，年年举办灶文化艺术节。灶花，正璀璨绚丽地开放在向化镇的大地上。

黄汉生，上海市市级灶花代表性传承人，是崇明灶文化博物馆所在地向化镇人，既能当泥瓦匠砌灶画灶花，又能当篾匠做竹器，还有一手木工的好手艺，一副灶上所需要的林林总总物件单凭他一个人几乎都能包办。他将工笔和写意二种画法融为一体，同一灶花构图上通常动物以工笔为主，花卉草木以写意为主，这种表现手法使灶花焕发出崇明特有的质朴、纯真和浓郁的乡土气息。几十年来，黄汉生画过上千幅灶花，他希望能有更多的年轻人学习画灶花，让崇明灶花艺术能够更好地传承和创新。

2012 年位于向化镇的上海崇明灶文化博物馆开馆，由灶神传说、灶具荟萃、灶花集锦、灶台美食四大版块组成，从保护非物质文化遗产的角度出发，向大家展示行将消失的各种与灶头、餐饮有关的文字、实物资料，以勾起大家对渐行渐远岁月的记忆。一路之隔的向化小学学生们成为首批参观者。在这之后，博物馆变成了向化小学的第二课堂，形态各异的农家大灶、栩栩如生的灶花艺术，让孩子们在这里钻研探究。学校和博物馆携手创设了“我是小小讲解员”课程，培养了一批又一批的小讲解员。

“莫道家中寻常事，万家烟火仍留香”。这些爷爷们经历过的、爸妈知道的、儿孙罕见的灶文化，留给我们的是对已逝岁月的难舍情结，是值得保存的珍贵遗产。让农耕年代的文明的“灶花”，尽可能多地在学校、在民间开展各种传承保护活动，让它长盛不衰地开放下去。

海上书法：帖学与碑学间的博弈

中国书法蕴含着千年的人文情感和文化修养，体现了独具特色的优雅意境，它占据着华夏文明在古典文化艺术领域中至高无上的地位。其中，海上书法作为中国书法史的见证者，在全国书法界占据重要地位是海派文化的重要组成部分。海上书法是上海乃至中国宝贵的非物质文化遗产，2015 年，由上海市书法家协会申报的“海上书法”入选第五批上海市非物质文化遗产代表性项目名录。

帖学一统江河

海上书法的发展，与全国书法的发展基本上是一致的，但也有自己的特色，它有着兼容并蓄、注重创新和强调文化品位的时代审美特征。海上书法融合了我国帖学书法和碑学书法两大创作手法和表现特征，其特点是以帖学为主，并兼容了许多碑学的艺术特点。虽然海上书法的崛起在上海开埠之后，但其发展历史可以追溯至宋朝。

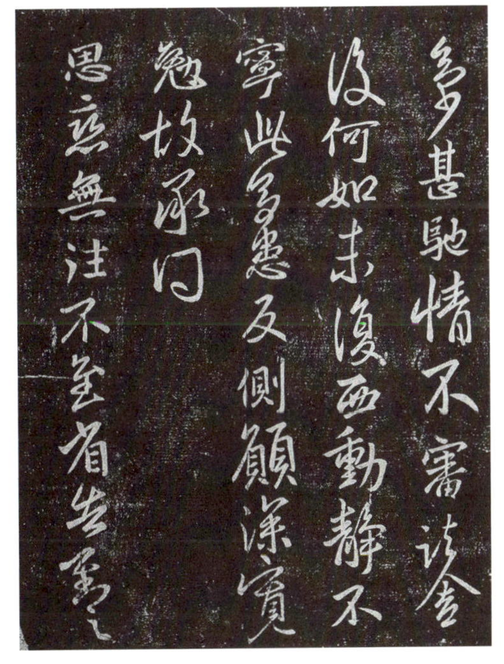

从西晋时期到清代“尊碑抑帖”之前，帖学一直是海上书法的主流。我国的帖学书法历史悠久，可以追溯到摹刻于北宋淳化三年（993 年）的《淳化阁帖》以及“二王”的书法体系。“二王”指的是我国东晋时期著名书法家王羲之和王献之父子。早在一千六百多年前，“二王”就对我国书法的字体进行了变革，从隶书到行草书的艺术转变使得“二王”成了行草书新体的奠基人物。在王氏流传至今的书法中，大多数以婉约含蓄、清峻洒脱的行草书为主。有“书圣”之称的王羲之的《兰亭集序》被众多书法家所景仰，被称作“天下第一行书”。王献之学习书法和他的父亲一样，不局限于学一种字体、一家风格，而是在兼收各家之长的基础上创造出自己的特色，相较于家中其他同辈，他在学习书法时更为专注、勤勉。

《淳化阁帖》始刻于宋淳化年间（990—994 年），开创了官刻拓本的先例，宋太宗拓刻的本子称为祖刻本，可以堪称我国的“书法鼻祖”。经过千余年的磨难艰险，流传至今的祖刻本已是少之又少。如今，在上海博物馆收藏的《淳化阁帖》共四卷，其中有三卷为北宋祖刻本。由于帖学书法的日益推广，自北宋之后，每一代都有传人。当时立志于学习书法的人，都以“二王”为楷模，以“帖学”为至高准则。在“宋四家”苏轼、黄庭坚、米芾和蔡襄中，都曾有临摹“二王”书法的记载。元代赵孟頫、鲜于枢、揭傒斯等人，明代董其昌和吴门各家，晚明清初以王铎、傅山为代表的书法家，以及清代有“帖学四家”之称的翁方纲、刘墉、梁同书、王文治等，皆有临帖佳作面世。其中，明代以董其昌为首的松江书法群体是“明代书法史上第一个地域书派”，影响了中国书坛长达三百年。

从“尊碑抑帖”到帖学复兴

从清代中期开始，正统的帖学书法家仍然以继承晋、唐以来名家书风和艺术主张为主，使得宋代以来的帖学书法得以传承下去。但是随着出土文物日渐增多以及文字学、金石学的逐渐兴起，从而带动了一批书法家将注意力集中到古代的金石文字上面。以钱大昕、毕沅、翁方纲等为代表的著名学者开始研究金石文字，阮元的《南北书派论》和《北碑南帖论》的推出使得碑学的主张被正式提出来，到后来包世臣所写的《艺舟双楫》更是直接推动了碑派书法的逐渐繁盛，从而扭转了传统帖学书派的审美取向，为清代书法开辟了更为广阔发展的天地。进入清代末期，随着碑学理论与碑派书法的深入人心，康有为在他的《广艺舟双揖》中甚至提出了“尊碑抑帖”的主张，海上书法一改尊帖为尊碑，风格特征上偏向于雄浑古朴。

清朝末年，上海开埠，工业化、市场化、多元化为上海的迅速发展创造了条件。因此，往来于上海及江南一带的书画家，人数最集中，创作力量也最强，涌现出一批以赵之谦、蒲华、吴昌硕、沈曾植、沈尹默等为领军人物的海派书法家群体。他们既秉承传统，又接近现实生活，同时以新的市民文化为向导，艺术风格上多元互补，奠定了上海书法的雄厚基础，也成为中国古代书法向近现代书法过渡中的一个重要环节。

新中国成立后，以沈尹默为代表的书家群体复兴帖学，着力于探索“二王”帖派书法的奥妙及其科学笔法。沈尹默与现代书法文化复兴是密切相连的，除了在书法实践中致力于弘扬帖学之外，他还花大量心思以上海为中心培养了一批书法人才，曾经还创立了新中国第一个国家设立的书法组织——上海中国篆刻书法研究会，从而影响了整个中国书法界。直至20世纪80年代初，上海书法始终领全国风气之先，对全国书法的现当代格局及美学趣味产生重要的影响。

引领中国书法潮流

海上书法具有开放性、创新性、多元化的艺术特征。开埠后的上海成了艺术交融荟萃的宝地，众多艺术家来到此地驻足谋生。从吴宗麟开设的“萍花社画会”到胡公寿等筹办的“有仁寿雅集”，再到任伯年的“徐园雅集”，都为当时书法艺术家的交流和沟通提供了场所。随着海上书法阵营的逐步壮大，“豫园书画善会”“海上题襟馆金石书画会”相继成立，让艺术家们在上海这片沃土生根发芽，将上海发展为书法艺术风格多元之地。这些画会、雅集的诞生，标志着书画艺术社团的组织最早出现在上海，他们不仅有制定严密的章程，明确的权利和义务，而且举办各种书画展览交流会，编辑出版期刊，帮助书画家们出售作品。其次，以现代印刷技术印刷出版的书法字帖，最早出现在上海，这种书法字帖的印刷极大地推动了海上书法的交流。此外，上海最先举办了向社会开放的书法展览，如1914年在日本友人白石鹿叟倡议下举办的吴昌硕书画篆刻展览，这是最早以供人欣赏、娱乐为目的的展览。很多海上书法大师不仅精通诗书画印，还具备文、史、哲等方面的知识学问。比如，黄宾虹不仅精于绘画，亦工于书法、篆刻，于考证、鉴赏、画论、画史、诗文、印学乃至编辑均有成就，被誉为海派书画家中全能型的艺术家；在近现代书法史上，白蕉也是集诗、书、画、印兼备的全才型艺术家；李叔同也是极具深厚传统文化底蕴的书法大师，在出家之前他是多才多艺的艺术家和艺术教育家，出家之后，他专注于修行和研究佛法，逐步修炼成为大德高僧和杰出的书法家。

21世纪以来，上海市书法家协会为了积极做好非物质文化遗产的保护工作，弘扬海上书法并扩大其影响力，2007年在北京举办了“海派书法晋京展”，2008年举办了“海派书法国际研讨会”，2009年举办了《平复帖》暨“二陆”文化国际研讨会，2011年发起了“海派书法全球行”活

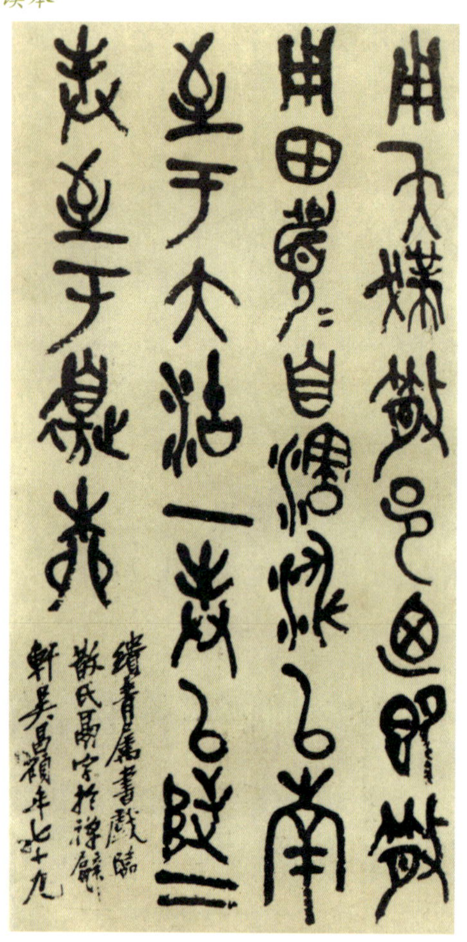

动，2013 年举办了上海书法艺术节活动，包括以潘基文等为首的“外交官作品邀请展”“当代书法创作及中国书法如何走向世界国际论坛活动”等，2014 年举办了“情系上海”——海内外著名书法家论坛。为切实保护和振兴海上书法，上海市书法家协会先后组织录制《书坛耆宿——上海七十岁以上著名书家书法艺术》，编辑出版了《海派代表书法家系列作品集》十卷本（吴昌硕、沈曾植、李叔同、沈尹默、王蘧常、潘伯鹰、来楚生、白蕉、陆俨少、谢稚柳），建立了“上海市中国书法研究中心”，并开展了《上海千年书法文化图史》（古代卷、近代卷、当代卷）以及《上海地方志·书法卷（1978—2010）》编撰工作等。

2015 年，由上海市书法家协会申报的海上书法正式入选第五批上海市非物质文化遗产代表性项目名录。

农民画：定格纸上的民俗风情

农民画，是通俗画的一种，多系农民自己制作和自我欣赏的绘画和印画，风格奇特，手法夸张，有东方毕加索之美誉。农民画以农村田野民俗风情为基本素材，水彩为颜料，重彩艳丽，线条流畅，人物夸张，视角多样化。上海农民画活动在上海金山、长宁等地区十分活跃。

扎根于民间的农民画，以浪漫主义的想象力，融合历代民间工匠艺人在刺绣、剪纸、蓝印花布、灶头壁画、雕塑、漆绘等民间艺术方面的表现手法，运用大胆的艺术夸张和强烈的色彩反差，形成了鲜明的艺术构思和造型特点。

唤醒沉睡于心的生活艺术

金山农民画艺术是上海金山的传统艺术。金山是上海最古老的成陆地区之一，素有“吴跟越角”之称，历史文化的底蕴源远流长。

1974 年，金山农民画的开拓者吴彤章先生在担任金山地区美术辅导员。他的绘画灵感来源于那些掌握剪纸等民间工艺的农妇们。这群农村大娘，天生能绣善剪，当她们身上那种沉睡的人类童年般的认知变为苏醒的绘画意识时，刺绣、剪纸、印染等家庭杂艺，民间漆绘、灶壁画、箱柜画、雕花大床、翘檐跳脊等百工匠艺，都转化为她们笔下的绘画语言——把笔当针，把纸当布，把颜色当色彩的丝线，像绣花一样雕琢，像剪纸一样造型，自然地将民间艺术融于化作当中，逐渐形成了乡村特色浓郁，却又不失艺术美感的金山农民画。吴彤章先生对农民画不断进行探索、发扬、推广，并成立了金山农民画院。许多当地农民们不再仅仅守着自己的一亩三分地，而是积极地参与到吴彤章先生的农民画院活动里。

金山农民画院里收藏了很多市场上买不到的金山农民画的珍品，还有为了世博会中国馆而制作的金山农民画衍生产品。当时选用的都是最优质原料，打版出来之后只做出几件成品，用以展览或送外宾，例如羊绒围巾、黑陶笔缸、用德国钛做的中式茶具，农民画彩绘玻璃等。

1977 年，162 幅金山农民画在上海美术馆展出，参观者达 11700 人次。同年，金山区文化馆组织农民画作者到枫泾等地采风，欣赏了色彩艳丽的绣品织物，领悟到这种民间刺绣的艺术素养，正是绘画的基础。两者之间在艺术规律上是相通的，通过它可以绕过素描、透视两大障碍。经过实践，农民画有了长足的进步，在选材立意、绘制技巧上日趋成熟，逐渐形成了自己的艺术流派。1980 年 9 月，140 幅金山农民画在比利时布鲁塞尔国际博览会展出，受到观众的热烈欢迎。从此，金山农民画走向国际艺坛。

艺术源于生活　高于生活

金山农民画构图饱满、造型质朴、色彩明快，舍技巧，靠直觉，重精神，强调主观感情而不受自然造型和色彩的局限，不讲究科学透视，常用散点或多视点组合将物体平面展开表现空间关系。它不同于对刺绣、年画、纸马的原始样式的复制，而是注重于对其民俗生活或文化图式的挖掘，在于对生活习俗和遗传的尊重大于对绘画技巧技艺的描摹。除却题材、审美的优势，其内核在于现代生活形态中淡化失灭的物品或独特的文化符号被“激活”，集心理基因的遗存、文化记忆之大成被复制再现的“乡土风俗画”的样式意义。

农民画看似土气，其实包含着很多“前卫的东西”：一是童趣，农民画有着原始、淳朴的视角；二是装饰性强，这是当代美术的一个潮流；三是与城市人的“怀旧”情怀相合，不少田野中出来的城市人可以在农民画的乡风乡情中找到根的感觉。

对于金山农民画的创作者们，最初的起点就是纯真与淳朴，不需要兜兜转转、故弄玄虚，他们对色彩的灵敏、对构图的饱满，有得天独厚的优势。农民画的出现，仿佛原本黑白的生活被涂上了颜色，每一天都是新的，每一天都有无限的创作灵感，每一天都感悟着生活给予的一切美好，即使不需要远离故乡，也使得生活变了，生活品质提高了，一切皆因为艺术。

金山农民画题材往往取材于农村的景色或农村的生活片断，以鲜艳绚丽的色彩，朴素简洁的笔触呈现于画中，每一幅农民画仿佛都诉说着一个动人有趣的故事。农民艺术家们有着丰富的农村生活，使得农民画创作有着源源不断的灵感和创意。再加上一些专业的指导，农村的一个个场景，一个个故事都通过画师们的画笔跃然于画纸之上，这是曾经躬耕与田野的实干者们才有的生活素材。

农民画把农耕生活变成了画面，也使农民作画并进入画坛成为真实，对各地农民画的发展走向造成强烈冲击，并产生深远的影响。农民画虽具有了架上绘画的形态，但存活环境却不脱离草根状态。

金山农民画，简洁明快、色彩浓丽、造型夸张，它保留了人类天真的奇特想象以及纯朴的民间风情。金山农民画一直沿用宣纸，分单宣和夹宣两种，一般都使用单宣，可有特殊的水墨晕化效果加水粉色覆盖，达到色彩柔和并有“糯的调子感”，夹宣一般只用作装裱使用。

承载着农民画的源远流长

枫泾古镇是金山农民画的发祥地。金山农民画于 2007 年被列入上海市第一批非物质文化遗产名录，其代表性传承人有曹金英、阮四娣、陈德华、阮章云、曹秀文、怀明富、陆永忠等。

金山农民画的兴起多亏了吴彤章老师，他去乡间采风，被大娘们的灵巧手艺所感动，不管是剪纸还是绣品，都明快鲜艳、稚拙质朴。吴彤章老师启发他们，把民间艺术形式中习得的造型本领与配色方法，运用到农民画创作中。

怀明富是金山农民画 20 世纪 90 年代的中年一代，原是军人的他没有想过会以绘画为职，机缘巧合，吴彤章老师发现了他敏锐的用色才能，让他试试画农民画。外地的农民画画师也总是又佩服又好奇地问“你的颜色为什么这么好看？”怀明富先生哈哈笑着说这是天赋，他总能一下子选准颜色，但他也尽力地指导后辈，培养他们对色彩的感受，比如原色为主，不要刻意追求调出某种颜色，而把颜色弄脏了。

陆永忠将创作的眼光投射于海外。近年来，他的足迹遍布世界，法国的教堂、德国的乡村、巴基斯坦的少年相继入画。除了题材不局限于农村主题，如绣花、纺织、剪纸、捕鱼、卖猪、打谷等，作画的材料也在变化，传统农民画采用水粉、毛笔、铅化纸或宣纸，如今也有人用丙烯、油画布……陆永忠表示，金山农民画是抒发对生活的感受，更是时代精神的表达。与此同时，金山年农民画的培育工作也在如火如荼地开展着。

在非遗的传承之路上，要敢于和善于用新的语言来阐释、深化和拓展。在这方面，上海市金山区枫泾小学的“金山农民画”的传承就是一个很好的案例。枫泾小学从实际教学出发，结合自身情况，发挥地域文化资源优势，在对金山农民画学习传承的同时进行了创新，根据农民画与儿童画之间的共性之处，创立了“枫泾儿童画”这一特色项目，并形成校本课程，使金山农民画为文化教育事业提供了新的价值实践空间。

海派紫砂：人文与美学的交融

海派紫砂是19世纪末以来在上海地区出现并成熟的融紫砂造型、书画镌刻和诗文题句为一体的艺术形式。海派紫砂艺术既是古老的，又是现代的；既是原生的，又是创新的。它博大精深，源远流长。海派紫砂艺术在形成的过程中，所承载并凝聚而成的海纳百川、兼容并蓄、中西合璧、与时俱进的特征，正是海派文化的精神象征，具有不可替代的社会价值与艺术价值，是海派文化的代表和结晶。2011年，由上海市收藏协会申报的海派紫砂艺术成功入选了第三批上海市非物质文化遗产名录。

从日用品到艺术品

作为中国陶艺的重要组成部分，海派紫砂是中国陶艺的重要载体和主要代表。紫砂的历史可以追溯到什么时候呢？早在五千多年以前的“崧泽文化”时期，陶业便开始兴盛起来。到明清时期，上海比其他地方更早出现了近代陶业的雏形。明正德至万历年间（1506—1620年）被认为是紫砂的早期鼎盛时期，江南地区的一些官僚士大夫们，竞相在宜兴地区定制“文玩茶具”，如上海松江华亭董其昌、上海潘元瑞等。至此，海上文人参与紫砂艺术便开始揭开了新的篇章。

鸦片战争以后，上海成为重要的通商口岸之一。在经济发展和中西方文化相互碰撞交融的推动下，上海这个最早开埠的港口给紫砂艺术提供了广阔的发展空间，紫砂的设计、制作和销售得以迅速发展。“葛德和”“铁画轩”“吴德盛”“陈鼎和”“利永公司”等是上海出现最早的经营紫砂陶器的商号，他们为了促进紫砂壶的销售，开启了商业化的销售模式运作。他们不仅派员赴宜兴订货，而且又出现了一批自营小作坊，自己设计制作，如俞国良、冯桂林、汪宝根、吴云根、李宝珍、蒋燕亭、裴石民、王寅春、程寿珍、朱可心、顾景舟、蒋蓉等。这些商家在紫砂壶的制作中不仅集中了当时的紫砂名家，还邀请了沪上的书画文人参与制作，集雕塑、书画于一体，海派书画的领袖任伯年、吴昌硕、黄宾虹、张大千等都直接参与了紫砂壶的制作镌刻。比如，海派书画领袖吴昌硕的桌上时常放置着一把紫砂壶，壶壁上刻有两只乌龟，这两只龟出于任伯年的手笔。吴昌硕可谓是爱壶成痴，他不仅爱在紫砂壶上题字作画，而且还多以紫砂壶作为题材入画。在书法家、画家、篆刻家等多门类艺术家的跨界合作下，紫砂与各类艺术相互影响交融，紫砂制品逐渐变成了艺术的载体，紫砂制品逐步从日用品转变为了紫砂艺术品。

可以说，上海为紫砂艺术提供了一个广阔的平台，为一批紫砂大家和文人墨客提供了一个从事艺术行业，施展自身技艺，从而有幸成名成家的舞台，同时也为紫砂器具在海内外的市场营销以及紫砂艺术品的收藏起到了开拓和促进的作用。但是，从 1937 年抗日战争爆发到 1949 年新中国成立之前，紫砂艺术急剧衰落。直到 20 世纪六七十年代才稍有恢复。

从成熟时期到全盛时代

我国改革开放以后，文化艺术大师自觉并主动地与紫砂艺术大师紧密合作，在前人的基础上，不断拓展海派紫砂艺术的空间。海派紫砂艺术摆脱了以单一造型为标志的传统紫砂艺术，造型千姿百态，并融合了诗词、书法、绘画等艺术形式，以其朴实大气的风格承载着文人雅趣与艺术审美。在设计理念上强调兼容性和时代性，在制作技艺上具有先进性和科学性，在艺术风格上反映唯美性和文化性。简单地说，一把紫砂壶可以用来泡茶，也可以用来观赏收藏。而当紫砂壶上有了珠联璧合的书画艺术，它的文化韵味就更浓了。海派紫砂艺术也到了成熟时期。

以许四海为代表的上海地区紫砂制作名家拓展了海派紫砂艺术的设计理念和作品范围，在茶具、文具和陈设诸类作品中都显示了海派文化的魅力。20 世纪 80 年代，许四海先生创立了四海窑紫砂系列，标志着海派紫砂艺术进入了蓬勃发展阶段。四海窑出品的紫砂精品被上海国际茶文化节、1997 年香港回归、1999 年澳门回归指定为茶壶礼品，并且还为青藏铁路开通、中国男排亚洲冠军、神六成功上天、中国国画大师徐悲鸿

100周年诞辰、丰子恺100周年诞辰、唐云100周年诞辰、当代茶圣吴觉农100周年诞辰等纪念活动和庆典活动制作纪念壶。2010年，许四海在上海接到世博会的制壶任务，他率领他的弟子邓廷毅、夏海林、范年丰、黄顺法、许泽锋等设计、制作了世博十八式和世博汉字壶。其中世博汉字壶被世博纪念品全球华人设计奖大赛组委会评为全球最佳艺术创意奖。

三十多年来，与四海窑合作的中国书画艺术家有刘海粟、唐云、程十发、吴冠中、朱纪瞻、谢稚柳、陈佩秋、胡问遂、吴青霞、方召麟、周慧珺、亚明、韩敏等。如今的四海窑，已由十几人的工作室，发展成了占地40余亩的海派紫砂艺术基地，为海上文人提供广阔平台交流合作，是海派紫砂艺术传承人的乐土。

在上海嘉定江桥地区，建有一家四海壶具博物馆，它汇集了中国紫砂的精华，叙述着中国紫砂的辉煌历史。馆内陈列了从仰韶彩陶、春秋秦汉至晋唐宋元、明清民国及当代陶瓷紫砂壶具四百多件，这些紫砂艺术作品的造型雍容古穆、气度端庄、敦雅高逸，其中出自制壶大师邵大亨之手的“大亨掇只壶”独领风骚，被称为“壶中之王”。四海壶具博物馆记录着海派紫砂的历史步伐和发展轨迹，也是海派紫砂收藏文化的成功范例。

壶止而意不尽

在所有海派紫砂艺术作品中，紫砂壶算得上是较为常见的一类了。在紫砂壶上做书画难度很高，它是一个360°的球体，不同于平面的纸张，吸水性和硬度都不同。紫砂壶上的艺术表现力主要体现在线条、点上，用宽窄、深浅和似断非断的金石美来表现。当选定了题材和壶形后，就交给技艺精湛、具有丰富文人壶制作经验的制壶名家。每一位在壶上创作的书画家都风格各异。比如，陈冠英绘画的内容大多表现的是优秀的古典题材，反映古代文人、雅士、高僧大德的精品生活，他笔下的禅门高僧、诗雄文豪、神仙义士都有一股君子之风。而王学胜由于近年来他的学术研究集中在中国佛学研究及创作实践上，尤其对写意画的发展以及佛学对写意画的影响研究颇多，他所作的画，充满了优雅的古韵与深刻的禅意，意境空阔，清脱纯净。

这些年，海派紫砂在推动紫砂文化发展上做了很多的工作，也得到了社会各界的高度肯定。紫砂壶作为中国茶文化的载体，已从生活的实用品上升到了艺术品。如今是一个文化多元化的社会，人们的审美情趣也各不相同。就像紫砂，几百年来其装饰发展到雕塑、贴花、浮雕、描金等以及文人雅士所喜欢的诗、书、画、印，总之，每一只壶必须有它独特的个性内涵，否则，这个壶就失去了它的生命价值。紫砂艺术要以现实生活为依据，如经济、环境、文化、生态等，它们是我们思想来源和艺术创作的源泉，只有关注现实社会才能制作出好作品。明代的时大彬、清代的陈鸣远、近代的俞国良、当代的顾景舟等大家的作品，无不能看出他们那个时代的社会背景、生活方式、文化修养等。所以，艺术欣赏的意义在于人的思考、体悟和享受，立足于中国诗性文化的根基，以传统尚意的美学思想为内核，创造出带有浓郁诗性和韵律味的紫砂作品，反映当代人的审美理想与情趣，使壶化作立体的画、凝固的诗，创造出“壶止而意不尽”的艺术境界。

紫砂文化总是在继承与创新中不断发展，呈现了一代代海派紫砂艺人在曲折的发展历程中深入研究、学习、继承传统艺术精华，勇于创新、不断探索而取得的卓越成就。海派紫砂艺术的创作地区以上海为中心，现已辐射至江浙两省和海外，具有不可替代的社会价值与艺术价值，是海派文化的代表和结晶，对传统紫砂艺术有继承又有发展，对社会精神文明有着重要的推动作用。

精武体育："霍大侠"的珍贵遗产

提起"精武"两字，想必大家都不会陌生。李小龙、李连杰、甄子丹等武术巨星都出演过与精武相关的电影，给我们留下了深刻的印象。1972年时，李小龙主演的电影《精武门》中的经典台词："中国人不是东亚病夫！"更是令无数炎黄子孙为之热血沸腾。精武体育是一种汉族民俗体育形态，它起源于强身健体的民族自尊，在广大民众的参与和拥戴下，逐步升华为捍卫民族尊严的一种精神。精武体育被列为第一批上海市非物质文化遗产名录。

一代大侠　精武英雄

说到精武体育，就必须提起一个人——霍元甲。作为沧州十大武术名人之一的霍元甲出身镖师家庭。其父霍恩弟习武一生，武艺高强。霍元甲家中排行第四，自幼体弱多病，其父不许他练武，也不让他跨入习武房。求艺心切的霍元甲，无奈只能偷看其父与诸兄练武，到了夜深人静，独自一人在枣园内依样练习，从不间断，后经其父与诸兄指点渐入艺境。

霍元甲自小疾恶如仇，富有正义感。青年时习武成名，但为人谦虚，待人恭谨，说话诚恳，衣着简朴，深受乡里人尊重。为谋生计，霍元甲挑柴到天津去卖，当时天津有一批地痞，以势欺人，尤其对来自乡间的贫困农民，更尽敲诈勒索之能事，他们见霍元甲卖柴便进行挑衅，霍即与之评理，地痞恶棍蛮横无理，霍即以武力教训，一气之下打败了十几个。从此，霍元甲的名声传到天津城。

光绪二十二年（1896年），山东大侠刘振声慕名来津，求拜于元甲门下。霍察其正直，遂收为弟子。从此破了霍家拳"传内不传外"的先例。

光绪二十四年（1898年），谭嗣同变法遇难，大刀王五（王子斌）避难津门，与元甲一见如故，遂成至交。后王子斌在京遇难，被八国联军枭首示众。元甲与刘振声潜入京城，盗回首级，并取得《老残游记》作者刘鹗协助，将义士身首合葬，尽了朋友之义。关于霍元甲先生的故事还有许许多多，关于他与俄、英大力士之间的较量更是为人所津津乐道，霍大侠用其实力证明华人不可欺。

武艺高超　英年早逝

20世纪二三十年代，上海蓬莱路一带为日侨聚居之地，日本柔道会得知霍元甲勇挫俄、英两国大力士，又创立了“精武体育会”，很不服气，特从国内选派十几名武术高手，由柔道会长亲自率领来华，以研究为名，请霍元甲等人比武。

比赛开始时，霍元甲先命徒弟刘振声出阵，令其采用诱敌之法，寻机取胜，刘振声上场后，稳如泰山一般，日方人员认为有机可乘，使用多种招数，竟没有撼动他。即使日方派出其力气最大者上阵，也被刘振声一脚踢得倒地不能动弹。刘振声以静制动，以逸待劳，连胜日方五人。日本领队见此情形非常恼火，便出阵向霍元甲挑战，二人一经交手，未经几个回合，日本领队便领教到霍元甲的厉害，于是企图暗中伤人，谁知霍元甲霍元甲已看出破绽，虚显一招，当场用肘将其臂骨磕断。日方队员见此情形，便蜂拥而上，当即被中方公证人制止。这时，日本人改变了策略，在比赛后举行宴会招待霍元甲。席间听闻霍元甲患有呛咳症，并在此次比武中也有外伤，就介绍一名叫秋野的医生为霍元甲治病。平生胸怀坦荡的霍元甲毫无怀疑之心，欣然接受，并留住虹口秋野医院。霍元甲服药后，病情不但没有好转，反而逐渐恶化。此时精武会欲接霍元甲出院，秋野百般阻挠，后经多方周旋才出院，由精武会同仁陈子正救治，因中毒太深而无药可救，于1910年9月14日长逝于上海精武体育会。霍元甲的徒弟和朋友们拿着霍元甲每日吃的药去化验，才知是一瓶慢性烂肺药，明白了这是日本人暗下的毒手。

霍元甲逝世时年仅42岁，当时精武会弟子和上海武术界爱国人士为霍元甲举行了隆重葬礼，敬献了“成仁取义”挽联，安葬于上海北郊。转年，由弟子刘振声扶柩归里，迁葬于天津卫南洼的小南河村。上海精武会由元甲之弟元卿、次子东阁任教。

精武体育秉承了霍元甲的容人间豪气于一体，聚仁人志士于一堂，爱国、正义、修身、助人的精武精神。

精武体育　强我中华

1910 年，精武体育会在同盟会会员陈其美、农劲荪、陈公哲等人的倡导下，邀霍元甲共同创办，是我国清末民初最早建立的民间体育社团。民国年间，精武体育会“以国术为根本，以武术为皈依”，云集黄河、长江、珠江流域众多武林高手，倡导武林各派摒除门户之见，融各派于一炉，在我国近代武术史上占有重要地位。

在与西洋大力士一战后，霍元甲威名大振，陈其美考虑到武装起义，推翻帝制，建立共和，需要大批军事人才，他提出：“希望十年内训练出千万名既有强健体魄，又有军事技能的青年以适应大规模革命运动和改良军事的需要”。经过商议，决定创办精武体操（学校），农劲荪任会长，霍元甲主持武术技击训练并习军事。1910 年 6 月 14 日至 26 日，在《时报》上刊登中国精武体操学校广告，内容有：以提倡尚武精神为目的，年龄 12 岁以上 35 岁以下，会费鹰洋二元。本会现蒙巡警局批准立案。择于本月 20 日下午 3 点钟借张园开会，深望绅、商、学、报诸君届时驾临赐教为幸。霍元甲谨启。

中国精武体育会成立日期是 1910 年 7 月 7 日，1910 年 6 月至 8 月第一批入会共 73 人，除霍元甲亲自授拳外，教师还有其徒刘振声及后来的赵汉杰。霍元甲师徒面对七十余名学员，采用武术传统教授方法，以师带徒，传授拳术。第一批学员有陈公哲、丘亮、李迪初、姚蟾伯、王维藩、卢炜昌等人，精武体操学校开办之初，陈其美、农劲荪等也常前来指导。在霍元甲遇害后，精武体育会几经起落，每当遇到危难之时，总有人能挺身而出，使“精武业永不息”，将精武精神一代代传承下来。

精武体育会实践了孙中山的“强国、强种”精神，是全民健身的先行者和倡导者。孙中山赞扬霍元甲“欲使国强，非人人习武不可”之信念和将霍家拳公之于世的高风亮节，亲笔写下了“尚武精神”四个大字，惠赠精武体育会。

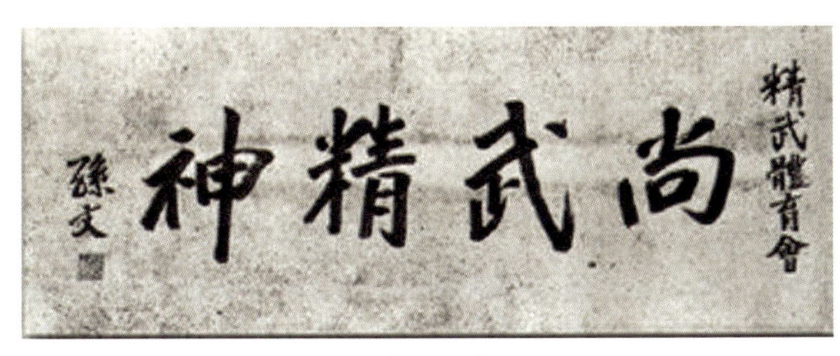

孙中山题词

精武体育会最早将西方体育观念和训练方法引入中国，将中华民族的传统武艺与西方体育的概念和内容有机结合，借鉴西方手段改造武术社团，最早在体育界提出“无文不能行远”，最早有组织地向海外传授中华武术。它以体、智、德三星会旗和三星会徽为标记，代表精武以体、智、德三育为宗旨，倡导和发扬“爱国、修身、正义、助人”的精武精神，还订有包括人格、风度、言行、服务、友谊等行为规范。

精武体育会提倡“体、智、德”三育并进和“乃武乃文”，体育以武术为主，逐步确立了初、中、高三级的“精武三十套武术基本套路”；德育上则积极提倡和实行“爱国、修身、正义、助人”为精武精神。该会曾编辑出版《精武本纪》《潭腿精义》《潭腿卦图》《工力拳》《达摩剑》《粤曲精华》《新乐府》《测光捷经》《医说》等数十种作品和书刊，还自摄影片 5 卷 66 节。为使精武武术在群众中得到广泛普及和不断提高，从 1997 年起，上海精武体育总会每年举办“上海市中小幼学生武术比赛”“上海市传统武术、太极拳剑比赛”至 2010 年，共有 1239 个校、园、团体参加，参赛人数数万人。精武体育会发展至今，世界各地已有包括美、英等在内的 50 多个国家、地区建立了精武体育会，为中华武术的传播、中华民族的振兴做出了积极贡献。

为展示上海精武体育总会的发展历程，精武史料室于 2002 年 3 月建立。精武新会所“精武大厦”于 2002 年 4 月 30 日落成，它是在上海精武会址（即原“精武大会堂”）的房基上再征地动迁而建的。

历史上上海精武会曾推出、传授的精武武术达 248 种拳、械套路。为使精武传统武术得到更好传承，从 2007 年起先后成立了 23 个精武传统武术拳种研究组。各个研究组尊重历史，精心挖掘整理和不断探索实践，30 余名研究组成员先后整理了 40 余份拳种资料。在开展活动地建立了查华拳、石担、石锁、形意拳、崆峒派花架拳、迷踪拳等 6 个传承点。

“精武十套”是精武传统武术中最基本的套路，在已统一的“精武基本十套套路动作”基础上，为便于传承，2009 年 5 月海内外友会汇集上海共同研讨，又统一推出第二、第三组 20 套精武传统武术套路。2010 年 2 月 6 日上海精武体育总会传统武术研究中心成立，许多人会将精武体育会称作“精武门”，但精武体育会的宗旨是弘扬中华武术，主张摒弃门户之见，因此精武体育会本身并没有“精武门”的叫法。由于功夫巨星李小龙主演的电影《精武门》太过深入人心，所以许多人习惯称其为精武门。

太极拳：充满东方哲学的武术

太极拳，是以中国传统儒、道哲学中的太极、阴阳辩证理念为核心思想，集颐养性情、强身健体、技击对抗等多种功能为一体，结合易学的阴阳五行之变化，中医经络学，古代的导引术和吐纳形成的一种内外兼修、柔和、缓慢、轻灵、刚柔相济的中国传统拳术。传统太极拳门派众多，常见的太极拳流派有陈式、杨式、武式、吴式、孙式、和式等派别，各派既有传承关系，相互借鉴，也各有自己的特点。由于太极拳是近代形成的拳种，流派众多，群众基础广泛，因此是中国武术拳种中非常具有生命力的一支。2006年，太极拳被列入中国首批国家非物质文化遗产名录。

"文化名片"太极拳

如今，当谈起中国武术时，总能提到太极拳。太极拳基本内容包括太极养生理论、太极拳拳术套路、太极拳器械套路、太极推手以及太极拳辅助训练法。其拳术套路有大架一路、二路、小架一路、二路。器械套路有单刀、双刀、单剑、双剑、单锏、双锏、枪、大杆和青龙偃月刀等。1949年后，被国家体委统一改编作为强身健体之体操运动、表演、体育比赛用途。中国改革开放后，部分还原本来面貌，从而再分为比武用的太极拳、体操运动用的太极操和太极推手。

20世纪80年代以来，各级政府及广大民众对太极拳这一古老文化体系的保护意识日益强化，各级政府相继制定保护措施，以太极文化为主的各个地方先后举办了11届国际性太极拳交流大会。传承人、民间传承组织也加大推广的力度。

太极拳是极富中国传统民族特色元素的文化形态，而太极是中国古代最具特色和代表性的哲学思想之一。《太极拳论》指出："太极者，无极而生，动静之极，阴阳之母，动之则分，静之则合"。太极拳融武术、哲学、医学、养生及其他理论精华于一身，其含蓄内敛、连绵不断、以柔克刚、急缓相间、行云流水的拳术风格使习练者的意、气、形、神逐渐趋于圆融一体的至高境界，而其对于武德修养的要求也使得习练者在增强体质的同时提高自身素养，提升人与自然、人与社会的融洽与和谐。太极拳的文化内涵博大精深，充满了哲学思想，它注重吐纳导引、内外兼修，体现了天人合一、道法自然的传统智慧。人们在研习过程中形成了丰富的太极拳文化。其深厚的文化底蕴引得古今中外无数习练者痴迷其中。著名企业家马云就是太极拳的忠实粉丝，他曾说过："太极拳就是用拳来诠释太极文化。"马云不但在太极拳法上有一定的造诣，更是将太极精髓运用到自己的人生与企业管理中。

太极拳不但在中国广受欢迎，在亚洲乃至全世界范围内也备受推崇。据不完全统计，仅美国就已有30多种太极拳书籍出版，太极拳更是在全球150多个国家和地区广为传播，习练者达到数亿人，许多国家成立了太极拳协会等团体，积极与我国进行交流活动。太极拳已成为我国对外文化交流的一张名片，也是连接不同种族不同民族、不同语言、不同国家的文化纽带。

流派众多的太极拳

太极拳经过长期流传，演变出多种流派，其中流传较广或特点较显著的有陈式、杨式、武式、吴式、孙式等流派，而陈式太极拳对太极拳的传承与发展贡献巨大。

陈式太极拳是一种起源于明末的拳术，发源于河南省温县陈家沟。陈式始祖陈卜全家定居清风岭上的常阳村后，勤劳耕作，兴家立业，为了保卫桑梓不受地方匪盗危害，精通拳械的陈卜在村中设立武学社，传授子孙乡民习武练拳。后因该地陈氏人丁逐渐兴旺而改名陈家沟。陈氏第九代陈王廷系明末文库生、清初武库生，文武双全。他依据自己祖传之一百单八式长拳，博采众家精华，结合易学上有关阴阳五行之理，并参考传统中医学中有关经络学说及导引、吐纳之术，创造出一套具有阴阳相合、刚柔相济的新型拳术，包括太极拳五路、炮捶一路、双人推手及刀、枪、棍、剑、锏、双人粘枪等器械套路，该拳术就在陈家沟陈氏家族中世代传承。陈氏十四代陈长兴打破门规局限，将拳术传于杨式太极第一代宗师杨露禅、武式太极第一代宗师武禹襄和吴式太极第一代宗师全佑，又从杨露禅处学拳，而孙氏太极拳第一代宗师孙禄堂又从武式太极拳传人郝为真处学得太极拳。因此，当今太极拳能有如此大范围的传播与陈长兴当年破除家传绝艺不传外姓的习俗有着直接关系，其功永不可没。

另外，赵堡太极拳、武当太极拳等诸多流派也具有一定的知名度，太极拳各个流派可谓百花齐放。

太极拳与“魔都”

吴式太极拳是我国武林中的一支重要流派，具有完整的体系，流传至今已有近 150 年的历史。吴式太极拳的历史与杨式太极拳大致相当。清同治年间，杨露禅在北京旗营任武术教师，教授太极拳，吴全佑是其弟子，得到杨露禅的真传，尤其擅长柔化。第二代宗师吴鉴泉是吴全佑之子，幼承庭训，及长愈致力于研究拳艺，日臻化境，为目前流行的吴式太极拳的定型人。吴鉴泉宗师于 1926 年受上海市政府、精武体育会、中法大学及当时的社会闻人邀请到上海传授太极拳，后定居上海，从此吴式太极拳在南方日益得到发展。另一位传人王茂斋则在北京教拳，有“南吴北王”之称誉。1932 年在上海成立鉴泉太极拳社，其传人马岳梁和吴英华夫妇担任副社长。1935 年在上海西藏路青年会十楼集资建造鉴泉厅，为学员提供了学习与练功场所。1939 年上海沦陷后，作为协和医院毕业的医学专家马岳梁拒当汉奸，奔赴重庆。在沪的吴英华在照顾家小的同时也只能隐秘地传授武术。“文革”结束后，鉴泉社于 1980 年正式复社。吴鉴泉一生之中培养了大批学员，为吴式太极拳的传播作出了不可磨灭的贡献。1942 年吴鉴泉不幸去世，成为吴式太极拳的重大损失。吴式太极拳主要包括拳架、器械和推手三个部分，主要特点是以柔化著称，拳架大小适中，功架紧凑，松静自然，充分表现出轻灵、圆活和动作贯穿的太极拳固有的风格；对推手要求立身中正、安静，手法严密，着数多样，细腻绵柔，守静而不妄动。上海的吴式太极拳以鉴泉社为组织中心，其门墙桃李，并辐射全国和世界各地，渐渐发展成名，成为当今著名的太极拳五大流派之一。

龙身蛇形太极拳是沪上另一具有一定知名度的太极拳术，可追溯至杨式小架太极拳，至今已有 150 余年，在全佑老架和太极十三式的基础上吸收了部分杨式小架、常式、陈式、吴式、武式太极拳之精华，将心意六合拳的劲意融会贯穿其中，经过几十年的探索和演练终于发展形成了独树一帜的风格。其突出特点为：极柔软、极坚刚、柔至极则刚、既可以强身健体，同时又具有极强的艺术观赏性与超强的技击性。它的最大特点是一套拳法有三种不同的练法：基本架、柔软架及劲架，核心在于“动急则急应、动缓则缓随；急来急应、慢来慢随”，真正将“以己之柔克敌于刚、将敌之来力化于无形”的柔化之术发扬光大。瞿荣良先生在 20 世纪 70 年代于浦东十八间地区跟随常式太极拳第三代传人马殿臣老师练习常式太极拳，将其掌握的全佑老架之柔化精华悉数口传。在学习中他有意识地收集整理了关于全佑老架柔化的拳理、图片资料，以及其他吴式、武式、孙式、陈式太极拳的资料。在研习各派太极拳的基础上，结合自身研习心意六合拳的拳法及中医经络、运动医学等原理，精心揣摩，逐渐形成了今日的龙身蛇形太极拳。龙身蛇形太极拳以上海市浦东新区高桥镇为传承中心，推广在各区有 39 个指导站，全国 16 所高校。2014 年被正式列入全国大学生武术比赛正式项目。

太极拳是东方文化的瑰宝，是中华武苑的古老奇葩，其中蕴藏着东方哲学的深刻内涵，将阴阳、动静、正反、有无、形神等对立统一的内容融入武术之中，以符合人体运动规律的演练形式强体健身，体现了中华民族生生不息的活力。中华文化源远流长，而作为中华文化一个重要组成部分的太极拳必将成为全世界武术爱好者和热爱中华文化的人士所追寻的瑰宝。

乌泥泾手工棉纺织：中国棉纺织技术的革新

在上海市徐汇区华泾镇流传着这样一首歌谣："黄婆婆，黄婆婆，教我纱，教我布，两只筒子两匹布。"这首儿歌唱的是生活在七百多年前元朝时期黄道婆的故事，是她发明了手工棉织布技术。她不仅促使我国江南地区的棉花种植业、手工棉纺织业走向繁荣，还在一定程度上解决了中国百姓的穿衣问题，改变了江南社会经济结构，带动了江南经济、贸易的不断发展，秀美江南遂有了"衣被天下"的美称。2006年，乌泥泾（黄道婆）手工棉纺织技艺经国务院批准列入第一批国家级非物质文化遗产名录。

黄道婆的故事

黄道婆真名叫黄四娘，又叫黄婆、黄母，松江府乌泥泾镇（今上海市徐汇区华泾镇东湾村）人，宋末元初杰出的女纺织家。

世道多难，家境贫寒，黄道婆很小就失去了全部亲人。小时候给人家当童养媳，她不堪忍受虐待，勇敢地逃出了家门，来到了海南岛崖州（今海南省海口市）。崖州的木棉和纺织技术强烈地吸引着黄道婆，她虚心向黎族人民学习纺织，把全部精力都倾注在棉纺织事业上。她研究黎族的纺棉工具，学习纺棉技术，废寝忘食，很快就熟悉了黎家全部织棉工具，学成了他们的先进技术。转眼之间，黄道婆在黎族地区生活了将近三十年。但是，她始终怀念自己的故乡，想起那里棉织业的落后情形，内心复活了改变江南技术面貌的志向，升起了一股难以抑制的思乡感情。

元代元贞年间（1295 年），年过半百、身怀绝技的黄道婆忍痛告别了第二个故乡，搭船离开崖州，重返她阔别三十多年的故乡乌泥泾。乡亲们亲切地欢迎她满载而归。这时，植棉业已经在长江流域大大普及，但纺织技术仍然很落后。抱着造福于民的善良愿望，她不辞辛苦，东奔西走，马上投身于棉纺织业的传艺、改良和创新活动。她热心向乡亲们讲述黎族的优良制棉技术，毫无保留地把自己精湛的织造技术传授给故乡人民。同时，根据自己几十年丰富的纺织经验，把黎家先进经验与上海的生产实践结合起来，努力发挥自己的才能智慧，对棉纺织工具与技术，进行了全面的改革。

革新棉纺织技术

用踏车轧去棉籽，代替手剥去籽，是黄道婆的一大发明。当时她发现手剥去籽效率低的问题，便教大家一人持一根光滑的小铁棍儿，把籽棉放在硬而平的捶石上，用铁棍擀挤棉籽，去棉籽不用手剥，工效大为提高。但后来觉得手按着铁棍儿擀比较费力，便继续寻求新办法。她想到了黎族脚踏车的原理，马上和伙伴商量试用这一原理制造轧棉机。用四块木板装成木框，上面树立两根木柱，柱头镶在一根方木下面，柱中央装着带有曲柄的木铁二轴；铁轴比木轴直径小，两轴粗细不等，转动起来速度不同。黄道婆同两个姐妹，一个人向铁木二轴之间缝隙喂籽棉，两个人摇曲柄，结果，棉絮棉籽迅速分落两轴内外两侧。改进后的搅车每天可轧带籽棉花十斤，出净棉花三四斤，而18世纪盛产棉花的美国南部还是驱使奴隶用手剥去棉籽。直到1793年美国人维特尼发明轧棉机，黄道婆比他们早了约五百年。

与此同时，黄道婆把沿用多年的小弓的弓身由一尺半长改为四尺多长，弓弦由线弦改为绳弦，将手指拨弦变为棒椎击弦。这结实有力的大弓，弹起棉来，铮铮然节奏鲜明，棉花弹得又松又匀，又快又干净。不仅提高了效率，弹出的棉线也更均匀细致。黄道婆改进弹棉工具“弹弓”，以后经过不断革新，效率又进一步提高，并于16世纪传入日本，被称为“唐弓”。当时松江一带使用的都是旧式单锭手摇纺车，十小时仅纺棉纱四两，纺纱效率低，需要三四个人纺纱才能供上一架织布机的需要。加上该纺车的原动轮较大，纺锭的转速较快，纺纱时棉纱常因牵伸不及或捻度过高而崩断。黄道婆的革新适应了这种需要，当时织布已使用脚踏织机，黄道婆就跟木工师傅一起，经过反复试验，把用于纺麻的脚踏纺车改成三锭脚纺车，代替过去单锭手摇纺车。其要点在于改变原动轮的轮径，使它适当缩小，放慢转速，基本解决了棉纱断条问题。而且用脚踏纺纱的劲头大，还腾出了双手握棉抽纱，同时能纺三根纱，使纺纱效率一下子提高了两三倍，操作也很省力。这是当时世界上最先进的纺车，日产可达半斤，在淞江一带很快推广开来。人们把这种先进工具尊称为“黄道婆纺车”。

黄道婆纪念馆中的纺车

黄道婆不但传入制棉工具和方法，还在织布工序上发展了棉花的提花技术，使普通的棉布呈现出各种美丽的花纹图案。她把江南先进的丝麻织造技术运用到棉织中，并吸收了黎族人民棉织技术的优点，加上自己的生产实践，总结出一套比较先进的“错纱配色，综线挈花”技术。她教妇女们错纺、配色、综线、挈花，将各色经线交错排列，进行交织或挑花提花。后来本地人根据她的方法，把技术提高，织造各色各样的布，上绣各色各样纹理。所织的被、褥、缎带、配巾等都织上折枝花纹、团凤纹、棋局纹或字样等，品质精良，花色艳丽。

原来“民食不给”的乌泥泾，从黄道婆传授了新工具、新技术后，棉织业得到了迅速发展。乌泥泾所在的松江，成了全国的棉织业中心，赢得“衣被天下”的声誉。黄道婆的棉纺织技艺改变了上千年来以丝、麻为主要衣料的传统，改变了江南的经济结构，催生出一个新兴的棉纺织产业。

黄婆精神代代传

黄道婆逝世后，大家怀着悲痛心情，纷纷捐资举行了隆重的公葬，为她立祠。后因战乱，祠被毁。上海群众不断为她兴立祠庙，明熹宗天启六年（1626年）乡人张所望（曾做过山东右布政使）在捐款修复宁国寺时，特将西偏殿改建为黄道婆祠。他还在书中写道，要后人像对待自己母亲一样来祭祀黄道婆。明清年代在松江乌泥泾附近的张塘（现上海植物园内）、长桥龙门书院（现上海中学）、三林塘、七宝镇都建有“黄母祠”或“先棉堂”。新中国成立后，上海人民为纪念这位杰出的劳动妇女，在1957年4月，重新修整了黄道婆墓，并且树立了新的墓碑，在碑上铭刻着她的光辉业绩。上海豫园内，有清咸丰时作为布业公所的跂织亭，供奉黄道婆为始祖。每年4月黄道婆的诞辰，都有人接踵赶来致祭。阴历初一、十五，至今还有人在黄母祠内祭供香火，表达了广大劳动人民对这位棉纺织业的先驱者的感激和怀念。

2006年，乌泥泾（黄道婆）手工棉纺织技艺被列入首批中国国家非物质文化遗产名录，这个棉纺瑰宝再度受到瞩目，来自印度、日本等国家和香港、台湾地区的众多专家也纷纷赶赴此地，探讨如何让黄道婆手工棉纺技艺“被更乌泾名天下”的辉煌在现代文明中再度续写。目前在徐汇区黄道婆纪念馆、紫阳中学、园南中学已建立了乌泥泾（黄道婆）手工棉纺织技艺传承基地。此外，当地还创作了棉纺织操、纺织舞，并计划建设黄道婆纪念馆二期工程，向社会传授黄道婆手工棉纺技艺。

园南中学自2008年以来一直致力于“乌泥泾（黄道婆）手工棉纺技艺”非遗项目的学习和传承，学校通过组建“纺车班”，聘请非遗技艺专家指导学生分阶段学习一锭、二锭、三锭棉纺织技艺，并发挥教师主观能动性，开发了校本特色课程，在多学科中挖掘黄道婆棉纺文化元素。此外，学校充分利用周边社会资源，开展各类实践探究活动，创建了网络互动平台，实现线上线下联动，全面展示学校棉纺文化发展成果。还在校园里开辟一小块棉花种植基地，让学生参与从播种到棉花采收的整个过程。

作为乌泥泾最后一代“织布娘”，出生于1932年的康新琴，从1985年起坚持为“纺织祖师爷”黄道婆守墓数十年。2007年，康新琴被认定为国家级非物质文化遗产乌泥泾手工棉纺技艺项目的代表性传承人。在她的领衔教授下，上海市徐汇区已“开课”培养了七十多名“黄道婆后人”。

徐行草编：融入生活的艺术

嘉定古镇徐行是江南著名的草编之乡。徐行素称“黄草之乡”，徐行黄草色泽淡雅，质地光滑坚韧，并能染色，用黄草秆茎编出的工艺品纹理清晰，细密匀称，松紧有度，平整光洁，缀以色彩鲜艳的花纹图案，精细美观，轻巧方便，成为一方名产。

徐行草编与嘉定竹刻同被誉为嘉定南北“二宝”，这一美誉，不仅是指在编织技巧高超，更是指图案设计上蕴含着较高的文化含量。

民间传说　优美动人

关于嘉定黄草编织，当地流传着一个优美动人的故事。相传，有一位聪明、美丽、善良却贫苦的姑娘，在即将出嫁时，连买一双鞋子的钱都没有。眼看就要光着脚过门了，姑娘心里非常难过。有一天，她放牛割草到村边的小河旁，默默流泪。相伴多年的老牛忽然用舌头舔她的脚，姑娘一看，原来老牛衔来一把黄草放在她的脚边。姑娘眼睛顿时亮起来。她用老牛衔来的黄草，编织了一双金光璀璨的草鞋。出嫁那天，她穿着这双草鞋到了婆家。这件事一下轰动了全村，全村的姑娘们都编织起草鞋来了。后来，人们为了纪念这位首先用黄草编织草鞋的姑娘，把这个村改名为“蒲鞋村”，姑娘被尊之为“草编仙子”。

徐行草编的渊源早在唐代就有记载。据清代史学家王鸣盛考证，徐行的黄草拖鞋在唐代已作为苏州府的土贡之一。早在唐代，当地的农民就开始用野生黄草编织蒲鞋和其他编织品，后来发展到赠送亲友并上市出售，成为朝廷贡品之一。江南官府晋京一般均携带几件精美的徐行草编以作贡品，至今已有千余年历史。至元代，文人墨客也有“野翁织履街头卖，日暮裹盐市酒归”之句，描述当时徐行草编普及的图景。

至清代，徐行草编更是普列为贡品。清康熙《嘉定县志》在记述徐行时，已有“出菅屦”的记载。清代著名的嘉定籍诗人王鸣盛有诗云：“弱鱼欲上雨初晴，好向南邻北舍行，盼取新泾夜航到，数钱换得鞋履轻。”

清同治年间，嘉定形成了以徐行镇为中心的黄草编织区，成为本地农民一项主要的家庭手工业。数百年来，黄草草编的产地主要分布在嘉定徐行镇及周边一些地区，如嘉定的华亭、曹王、娄塘以及邻近的江苏省的太仓、昆山等地区。尤以徐行镇为中心，黄草编织行业最为集中，徐行镇的各村均有编织黄草的记录。

由于草编制品方便实用、造型精美，20 世纪初，草编制品还曾转销东南亚和欧美各国。1953 年，徐行草编大师设计并编织的有和平鸽图案的拖鞋在莱比锡国际博览会上荣获艺术奖章。

品种繁多　精彩纷呈

徐行黄草编织品花式多样，结构复杂，形式各异，色彩丰富，做工精细。仅提包的形状就有方、长方、六角、圆形、腰圆、蚌壳型等多种式样；结构分为网眼、镂空、密编，也有将三者交替编织成一件的；花色有本色、单色、间色、多色、嵌花、镶边；图案有文字（如“喜”“寿”）、彩条、山水、花卉、青竹、瑞兽、熊猫、牡丹、蝴蝶、和平鸽、龙纹、龙凤、嵌花和英文字母等各式图案。

徐行草编常见的生活用品有篮、包、拖鞋、果盘、盆托、盆垫、杯套、茶盘、书包、草帽、玩具等 20 个大类上千个品种。黄草编织全靠编织艺人的心灵手巧，左手编织，右手同时搓转将黄草搓成绳状以增强韧性和美观。此外在此过程中还要编花，一般的编花根据编织手的熟练的灵巧，复杂的编花还需有专门设计人员事先设计。徐行草编在不断发展中积累与沉淀，在细腻的编织技法、实用的造型、大胆的色彩中，拓宽产品的边界，不断地尝试新的可能。

“徐行草编”以野生草木植物黄草为原材料。黄草茎高约 2 米，直径约 1 厘米，多为人工种植。黄草韧性较麦秆等其他材料强，立体感明显，色泽光洁。

黄草每年清明前后播种，4 个月后，炎热的夏季正是黄草的收割季节，当花苋呈“V”字形时便可以开始收拔。由于收获黄草时不能用镰刀割，只能徒手拔取，采收者必须事先往黄草根茎部浇水，再拉开下部茎的长叶，将茎秆向上逐株拔出，这个过程叫作“去草壳”。拔出的黄草修建整齐后进行捆扎，然后在地面用力揉搓，这样是为了除去黄草表面的一层保护膜，更有利于阳光直射下加速软化。

经 3 至 5 个晴天晾晒干燥后，过三四天再复晒 1 至 2 天，就可收藏备用。

与其他地区的草编不同，徐行草编在进行编织的时候，并不使用黄草直接进行编织，而是通过去苋、开草、浸泡、劈丝、搓捻等多道工序，将草皮、草壳和花玉进行分离，并将剖劈成不同粗细的草丝，去其粗糙、留其韧性，根据不同需求，选择草丝，这样的材料处理方法为徐行草编的多样性奠定了物质基础，同时也使得嘉定黄草编织更加细腻优质，独具特色。

这里简要介绍几个主要步骤。

去苋：晒干的黄草，将顶部的花苋剪去后留用。

开辟：由于黄草茎秆较粗，必须经过开辟，使其黄草茎秆变成 2—4mm 的细茎，作为编织的原材料。

染色：要编织出色彩缤纷的黄草织品，需对开辟好的黄草原材料进行染色，再用清水漂洗，随后晒干备用。黄草染色通常有红、黄、棕等 7 种颜料，最多能配出二十多种颜色。染色讲究火候温度、颜料配比。何种颜色用陈年黄草染，何种用新收黄草染，对染色人来说也要心中有数。

模具：编织不同的草编织品，一般需要选用相应的模具进行编织。按照形状，模具主要分为拖鞋模，茶杯模，提包模，果盒模等。按照材质，模具主要分为木模，竹模，泡沫塑料模等。

编织：不同的黄草织品，编织方法不同，一般需要经过起底，装模，编面，结口，缝边，装配件等步骤，才能最终编织成一件精美的草编织品。

黄草编织工艺流程复杂，制成一件草编要花几小时甚至几天的时间，耗时较多。用它编出的工艺品，轻巧方便、精细美观、纹理清晰，细密匀称，松紧有度，平整光洁，并且门类多样，式样新颖，色彩丰富，工艺精致，具有民族特色。草编制品如拎包、果盆、杯套、盆垫、拖鞋等等，充满乡土气息，兼具手工织品的自然美、艺术美和实用价值，又是工艺制品，亦是自然环保产品。

草编技艺　代代相传

从古至今，女性一直都是徐行草编的主角。古代，徐行女子一懂事，就开始在母亲的言传身教下，接触草编，而后成为相伴终生的手艺。而今，在徐行镇社区文化活动中心的草编工作室，有五位老手艺人——顾月香、顾惠珠、高秀娟、朱丽琴和盛雪娟，她们常围成一圈，双手飞快地拨弄着纤柔的黄草，席间或唠家常，或任凭时光流逝，只留下黄草摩挲的声音。

2008 年，“徐行草编” 正式列为国家级非物质文化遗产。徐行村在草编传承人计学成大师指导下，成立了草编名师工作室和草编之乡创意园，将奥运、世博文化元素融入作品，迈出了老工艺与新时代、新文化结合的步伐。

2010 年，“徐行草编” 工艺受上海市农委推荐赴北京参加首届中国农民艺术节。送展的六十余件作品代表了近年来徐行草编工艺的最高水平，尤其是为上海世博会专门设计制作的草编海宝更是得到了广泛赞誉。

花样繁杂的拖鞋、款式多样的拎包，杯垫、果盒、装饰画、灯笼……只有想不到，没有做不到。如今，在徐行的中学、小学甚至幼儿园，处处都能看到草编工艺的影子。徐行小学作为“非遗进校园十佳传习基地”之一，还签订了传承意向书，让更多人走进传统文化。

有着温暖质感的徐行草编，是传承者在漫长的历史进程中，用他们指尖的温度，对传统手工艺的传承与创新，是我们身边的非遗。

海派旗袍：演绎上海滩的“花样年华”

旗袍由满族女装演变而来，因满族曾被称为“旗人”而得名。辛亥革命后，旧式的旗女长袍被逐渐摒弃，新式旗袍在长短、宽窄、开衩高低、袖长袖短、领高领低、面料及装饰选择等方面几经演变，最终成为最有代表性的中国女装典型。

旗袍及其延伸而来的服饰搭配、着装礼仪和风俗习惯，记录了一个时代服饰文化的发展历程，反映了社会消费心理、风尚习俗、审美取向、工艺水平，是中西方文化交流的独特产物，更是中国近代社会重要的历史记忆。

无旗袍不女人

张爱玲被看作是旧上海的一个符号。张爱玲曾说：“对于不会说话的人，衣服是一种语言，随身带着的是袖珍戏剧。”张氏小说中，旗袍可以说是无处不在。在《金锁记》中，老小姐姜长安亦是凭借旗袍下的中国风情俘获情人。电影《花样年华》中张曼玉换了23件旗袍，影片中一名叫冷香端凝的女子，从头到尾被二十多件花团锦簇的旗袍密密实实地包裹着，旗袍使她时而优雅、时而忧郁，时而雍容，时而悲伤。每一件旗袍都代表着女主角的心情，影片中的张曼玉不停地换旗袍，换不掉的是身上女人柔美成熟的气息。

旗袍，主要有京派旗袍和海派旗袍等。京派的服装面料用传统丝绸比较多，服装比较宽大，上面用了很多的装饰。海派旗袍和京派旗袍一样都传承着中华几千年来悠久的文化历史。旗袍在上海这块土壤上，吸纳了传统服饰的样式，吸收了西方服饰的一些元素，进行综合改制，改良以后成为一种新型的款式。海派旗袍发展到后期，用了很多西方国家的面料。裁剪上把旗袍做得更加衬身适体，更加体现东方女性的婀娜身姿。现在所说的旗袍，原则上都应该叫“海派旗袍”。

近十几年来，时装中重新出现的旗袍，在国际时装舞频频亮相，并被作为一种有民族代表意义的正式礼服出现在各种国际社礼仪场合。无论你到地球的哪个地方，只要看到一袭旗袍，就能确认是中国女性，这便是中国旗袍鲜明的民族特色。

海派旗袍的前世今生

中式女装一直是上衣下裙，入清以后仍旧保留明代遗风，清代旗人女子不满于长袍的肥大笨拙，曾打算改穿更能彰显女性美的袄袴，却遭到皇帝的明令禁止。张爱玲说：“初兴的旗袍是严冷方正的，具有清教徒的风格。”

由于上海得风气之先，受欧美影响较大，20 世纪二三十年代，上海率先改制旗袍，最早走进立体造型的时代。胸省、腰省、肩缝、装袖等尝试，使旗袍更加合身，充分显示女性曼妙曲线，并大量运用各种镶边、滚边、嵌边等特殊工艺，花钮装饰也极具特色，形成了新颖、时尚的海派风格。

到了 20 世纪 30 年代以后，旗袍需要被重新定义。此时的旗袍，削减了腰身，放低了领口，宽大的喇叭袖渐渐缩短收窄。最令人骇然的是，裙摆的开衩不断上升，甚至一度高至臀部。裙身里的鼓鼓囊囊的棉裤被换成了薄如蝉翼的丝袜。行动之时，步履前后交错，不经意似地露出珠白圆润的玉腿，修长曼妙。被禁锢了几千年的身体，骤然苏醒。

上海老字号的旗袍店铺是这份高贵灵魂的最好承载。考究的用料，精致的盘扣，针针用心的刺绣，贴身的剪裁，旗袍老师傅们用灵巧的双手诠释着“匠人”的精神，旗袍在他们手中不再是简单的衣物，而是传承经典的艺术品。如从 1917 年开第一家店至今的鸿翔公司，它的发展折射着上海女士服装的变迁。鸿翔公司是金鸿翔、金仪翔两兄弟创建起来的。20 世纪四五十年代，他们还赞助了上海的选秀活动，让鸿翔在旗袍、在时装界的号召力上蜚声上海。鸿翔当时订了不少欧美时装杂志，研究欧美流行服装款式，聘请高级的服装设计师。所以他们对时尚的引领和号召力是非常大的。像社会名流宋美龄和宋庆龄、新出炉的上海小姐王玉梅、电影明星胡蝶，都是他那里的长期顾客。当然还有很多别的时装公司，比如说云裳公司，是当时的海归——徐志摩和陆小曼出资办的。

20 世纪 50 年代后，旗袍在中国民间一度绝迹，直至 80 年代后才又重新回到人们的视线。近几十年来，旗袍在国际时装舞台频频亮相，并被视为一种具有民族代表意义的正式礼服出现在各种国际社交礼仪场合。

海派旗袍引领时尚风情

早期的旗袍款式主要采用平面裁剪，后期则是完全用立体裁剪。上好的一件旗袍，它的制作过程中，服装师傅要测绘的点，最高的有 36 个，这样做出来的旗袍，才完全是为你度身定制的。

旗袍的袖子，变化就更多。有长袖、短袖，甚至于无袖。有的甚至把肩都露出来。旗袍的长短也有变化，早期的京派旗袍是长的，但海派旗袍改变了这个现象，渐渐露出了高跟鞋，甚至露出了丝袜，把旗袍的长度渐渐缩短。有的甚至到了膝盖这个部位。但是一度又开始流行长旗袍，走起路来衣边扫地，拖在地上，这种旗袍多用做晚礼服，搭配高跟鞋，显得人更修长。

旗袍的领子变化更多。有的时候流行短的领子，短到几乎没有领子，在 1933 年以后，一度出现无领旗袍，只有一个圆的领口。再夸张一点，旗袍的领子朝下，挖成一个 U 字，又出现 V 字领，一直到胸部大开门，甚至还出现了小西装领、翻领，但更多的还是元宝领，这是旗袍比较重要的一个元素。旗袍领有时候短到几寸，高的时候甚至高到耳际，领口有的用一粒纽扣，有的用两排甚至三排、四排纽扣。

旗袍的色彩，五彩缤纷，各种各样的颜色都可以选择，旗袍纹样变化就更加丰富了。20 世纪 30 年代以后，受欧美服装风俗的影响，传统的梅、兰、竹、菊、龙凤、花卉用得越来越少，抽象的几何型用得比较多。比如条文，就有直条文、竖条文和斜条文。网格纹、凌纹、波纹也比较多，这类纹样一般体型瘦的穿着效果比较好。体型胖的要穿直条文。抽象的花卉用得更多，有些人把花卉纹样进行变形组合，形成几何纹样，尤其适合年轻女性。

中国旗袍的制作技艺，和西方服装的制作方式完全不同。一件旗袍，面料的优劣固然重要，但更重要的还是做工。总结出来，有9字秘诀：首先是“镶”，镶边工艺，用两种不同颜色的边镶在旗袍的领子和边上；第二是“嵌”，用一根细的线，以不同的布料把它包裹，在布料夹缝之间镶嵌；第三是“滚”，滚边就是把布条斜裁好，能够增加衣服的牢度，一般在衣服的袖口、里边最外一层；第四是“宕”，它和滚不一样，滚在最外面，宕在最里面；第五是“盘”，指盘钮的工艺。一件旗袍有时候用工的费用还不及一副纽扣的费用。所以盘钮是一种重要的工艺，一个上好的师傅可以盘出上百种花样；第六是“绣”，用绣针代替画笔，用细的绣线代替颜色，用不同的针法，上下穿刺布料，根据需要刻画图案；第七是“贴”，用布料贴图案，贴了以后把周边用线缝住；第八是“绘”，手绘用得比较多，有泼墨的，有工笔的。在海派旗袍中，用工笔的比较多一些；第九是“钉”，用一种光片料珠，把它制作成一节一节的、小小的，在旗袍上钉出纹样，在灯光的照射下，会产生一种强烈的反光，有一种特殊的效果。

海派旗袍文化进校园

一直到20世纪80年代，旗袍一直受到许多国际设计大师的宠爱，尤其把旗袍的元素跟晚礼服结合起来，它一直受上流社会女性的青睐。今天我们看到一些影视明星，如巩俐、章子怡等身着旗袍出现在红地毯上，闪光灯下，认为是她们把旗袍带入了世界时尚的视野。其实在大的时尚体系中，旗袍并没有消失过，它一直是时尚舞台的精灵。

作为上海这座国际化大都市的一张亮丽名片，旗袍的百年传承将海派文化的兼容并蓄之美展现的淋漓尽致。2009年“海派旗袍制作技艺”入选上海首批市级非物质文化遗产名录，2011年上海“龙凤旗袍手工制作技艺”列入国家非物质文化遗产名录。近年来，海派旗袍文化校园行走进了上海交通大学、东华大学、华东师范大学、市三女中、市立幼儿园等多所学校，让年轻一代了解海派旗袍文化。海派旗袍文化扎根民间，深入校园，让青少年学生体验旗袍文化的魅力培育新生代力量，传承海派文化。

香囊：以香传情　以囊载药

香囊又名香袋、花囊，也叫荷包，以丝绸或布帛制成，以各色彩线刺绣为饰，色彩绚丽，图案美丽，有装饰衣着、把玩欣赏的审美功用；又因填有特殊的中草药，兼有驱邪、除菌、醒神等功效。到了明清时期，香囊除了具有装饰、留香、祛病、养生等功效之外，还有作为青年男女之间信物的功用。香囊制作技艺是以中国传统医学理论为核心，运用五行学说，采用纯中药配方制作香囊的传统手工技艺。香囊制作技艺于2015年入选为上海市第五批非物质文化遗产代表性项目名录。

芬芳之容器

香囊最初是由佩囊发展而来的，佩囊是古人用来盛放零星细物的小布兜。古人衣服上没有口袋，一些随身携带的必需品，如印章、凭证、钥匙、手巾、钱币、珠宝等，大多就放在这种小布兜内，外出时便将它佩戴在腰间，所以称它为“佩囊”，又称“荷囊”。香囊就属于佩囊的一种，由于囊中盛放香料而得名，又称香包、香缨、香袋、花囊、香球、佩帏、荷包等等。

早在两千多年前，就有佩戴香囊的习俗了，古人佩戴香囊的历史可以追溯到商周时期。根据《礼记·内则》记载：“男女未冠笄者，咸盥、漱、栉、縰、拂髦、总角、衿缨，皆佩容臭。”东汉郑玄注曰：“容臭，香物也。以缨佩之，为迫尊者，给小使也。”大意是说未成年的男孩女孩在拜见父母和长辈的时候，要佩戴香囊来表示对他们的敬意。这里提到的“容臭”，大概就是最早形态的香囊了。春秋战国时期，古人佩戴香囊的风俗日渐兴盛。屈原《离骚》中有“扈江篱与辟芷兮，纫秋兰以为佩”，其中

“江篱”“辟芷”“秋兰”都是“香草”的意思。《离骚》中又提到了，“椒专佞以慢慆兮，又欲充夫佩帏”，“佩帏”指的就是香囊。古人重视对香花香草的采集，再把它们制作成香料，然后佩带在身上，目的是为了让人与生活环境更加洁净、清香。大多数情况下，人们是把阴干的香草放在精美的丝袋里，佩在身边，既可散发芬芳，又可以作为随身的装饰物。到了汉魏时期，“香囊”的名称正式出现在文献中，有关佩挂香囊的记载也屡见不鲜。比如，繁钦的《定情诗》：“何以致叩叩？香囊系肘后。”这句诗就明确指明了当时的香囊是系在肘臂之下、藏于袖中佩戴的，通过衣袖再把微微香气从袖筒中散发出来。

香囊里面的干草

唐代是中国焚香习俗的鼎盛时期。从文献记载看，唐朝的政治生活和世俗生活、贵族生活和民间生活都离不开焚香，熏香已经成为人们生活的一部分。当时，佛教从印度传入中国，熏香习俗也随之传入。唐代的熏香器非常奢华，出现了金银制品，比如于 1970 年西安何家村唐代窖藏出土的葡萄花鸟纹银香囊。唐代的香囊便于携带且做工精致，当时上流社会的男女都会将它佩戴在身上，悬挂车辇之上。白居易曾文：“拂胸轻粉絮，暖手小香囊”，就是说把一个小香球系在袖口内，吊在腕下，时时有缕缕芳香从袖口飘逸出，这样的香囊同时也是一个很好的暖手炉。宋代香料大量进口，除部分入药和礼佛外，主要供宫廷、官宦人家的日常生活所用。当时官员讲求上朝时衣着带有香气，欧阳修《归田录》中记载，官员们每天早晨必须先将自己的朝服熏香了，然后再上朝。皇帝也常将香料作为礼物赐给官员，如庆历二年仁宗曾赐给欧阳修一小盒银匣乳香。宋代的香囊样式更加多样化，除了传统的丝质香囊外，更制作出造型精美、纹饰考究的金银香囊。

定情之信物

到了明清时期，香囊发展到了一个鼎盛时期，无论男女，都可以随身携带及赏玩。此时香囊种类繁多，材质上不仅有布制成的，还有玉镂雕的，金蕾丝、银蕾丝、点翠镶嵌和丝绣的，等等；形状上也有圆形、方形、椭圆形、倭角形、葫芦形、石榴形、桃形等等；顶端有便于悬挂的丝绦，下端系有结出百结的系绳丝线彩绦或珠宝流苏，百结谐音“百吉”，百事吉祥顺利，蕴含着美好的心愿。那时，达官贵人佩戴香囊是很普遍的，据说清代各地督抚每年都要进贡给宫里成百上千甚至上万个香囊，逢年过节皇上也要例行赏赐给臣下香囊，以示恩宠。

那个时期，香囊除了具有装饰、留香、祛病、养生等功效之外，还有作为青年男女之间定情信物的功用。小说《红楼梦》中多处写到香囊，有一回写道：林黛玉误以为贾宝玉将她送的香囊送给了别人，于是使起性子来。宝玉心里明白香囊上绣的花纹一针一线都是情意，他哪里舍得送人，却是恐人抢走，于是贴身戴着，可见情深义重。清朝著名词人纳兰性德的《浣溪沙》词：“珠袷佩囊三合字，宝钗拢髻两分心。”这句词的大致意思是说，少女佩带的香囊上，已绣好三合之字，宝钗分拢了发髻，是两颗心的形状。一代才子秦观曾写了《满庭芳》一词，对香囊定情有传神的描述，“香囊暗解，罗带轻分”，意思一对恋人在临别之际，解下罗带上的香囊赠予对方以定情勿忘。

在香囊文化的历史长河里，有一枚香囊可能会让很多人难以忘怀，那就是杨贵妃生前佩戴的那枚金银香囊了。根据《旧唐书·杨贵妃传》记载，在历史上的安史之乱中，唐玄宗带着杨贵妃逃离都城长安，途经马嵬坡时，唐玄宗被迫赐死了杨贵妃，杨贵妃被绞杀后，尸体被匆忙就地埋葬。当唐玄宗从四川回到长安，因思念旧情，秘密派人改葬杨贵妃，但是办事宦官挖开旧棺材时发现贵妃的遗体只剩下莹莹白骨一具，“肌肤已坏，而香囊犹在”，当初埋葬时用于裹尸的紫色褥子和尸体都已经腐烂了，唯有临死时佩戴在胸前的香囊还完好如初。垂垂老矣的玄宗见到香囊睹物思人，不禁潸然泪下。

精巧之技艺

中国的香文化历史悠久，香囊文化作为香文化中重要的组成部分，也承载着中华文明的文化基因，反映了不同时期人们的审美观念与社会习俗，同时，也体现着中国纺织及精细制造的成就。

香囊制作为纯手工技艺，精巧的囊袋通过一针一线缝制和刺绣，图案精致传神，具有独特的工艺价值。主要工序有：一、裁布料；二、定造型；三、刺绣；四、彩绘；五、加填充；六、磨粗粉；七、研细粉；八、填香料；九、缝香囊；十、穿囊穗。香囊造型各异，主要类型有：花卉香囊、生肖香囊、吉祥物香囊、昆虫香囊、瓜果香囊等。装饰图案多样，香囊上有吉祥图案、动物图案、故事图案等，寓意美好，主题多样，具有极高的民俗价值。香囊内填充的檀香、白沉香、白芷、川芎等名贵中药粉末，散发出芳香怡人的气味，可去味除菌、驱邪、醒神，具有特殊的保健养生价值。

端午节是我国首个被列入世界非物质文化遗产的节日，佩香囊是端午节的重要习俗。虽然在现代生活中香囊并不是常用之物了，但在端午节之际举办的非遗文化活动中，我们仍然能见到它。比如，2017 年在上海群众艺术馆举办的“端阳申江”传统文化集市很是热闹，香囊制作技艺以手工制作表演的形式出现在人们面前，上海荣庆堂药店有限公司的工作人员向市民演示如何手工制作古法香囊。

荣庆堂的前身是吉林省白山市驻上海办事处，1998 年开药店专门售卖长白山野生灵芝和人参。长白山的采参人于每年 7 月、8 月份进山采野生参，由于山里蚊虫多，采参人腰间都会佩戴一个布袋，里面塞满防蚊虫的中草药。到了 20 世纪 90 年代，荣庆堂董事长戎爱娟将香囊布袋带到了上海，当时用的是粗麻布袋，由于草药味刺鼻，在市场上并不受欢迎。于是，戎爱娟开始对香囊进行改良，一方面她用江南刺绣制作香囊，另一方面她致力于去掉香粉的刺鼻味道，确保成分达到药用标准。2015 年，荣庆堂香囊制作技艺成功申报为杨浦区第三批区级非物质文化遗产，同年，荣庆堂香囊制作技艺入选上海市第五批非物质文化遗产代表性项目名录，这也是对荣庆堂两代人多年来传承和创新中医药文化的肯定和最好嘉奖。

海派绒线编结：风靡女界的手工艺术

我国的手工编结十分发达，在世界上有"手工编织工艺品的王国"的美誉。海派绒线编结艺术，于晚清时期形成于上海，是一种在中国民间传统结线艺术中融入西方钩针编结并利用机制羊毛绒线的服饰编结艺术。棒针源于中国，源远流长；钩针，相传由西方教会来华修女传入。千变万化的图案如瑞花祥兽，寄托着祈福求吉的含义，是兰心惠质的上海女性所创，也是民间古老结线艺术在近代服饰领域中的延伸。2009年，"海派绒线编结技艺"入选为上海市第二批非物质文化遗产项目。

始于欧洲　盛于沪上

服饰的编织始于欧洲，传说是古代游牧部落的牧羊人无意间的发明，但具体的发明时间已无法考证了。根据相关资料显示，文艺复兴时期前后，当时欧洲许多国家的农民流行穿羊毛编织的短袜。1589 年，英国人威廉·李发明了编织机，在编织机发明之前，手工编织曾经是欧洲的一项重要产业。从 18、19 世纪的英国文学作品中可以发现，有很多女性一边说话一边编织的描写，甚至有不少男性也热衷于编织。

鸦片战争之后，绒线和绒线编织才传入我国。1842 年，英国商人进入上海租界，开设了"博德荣绒线厂"，其生产的"蜜蜂牌"绒线可谓风靡一时，该厂把绒线与编结书籍及工具一起销售。那时上海地区的棉麻、丝土坊手工业，也会制作一些麻线编结的烟袋、荷包袋、棉线钩织的手套，在针法上运用了我国传统的刺绣、挑绣等手法。我国民间经营的绒绣店也应运而生，例如：在上海江湾的“卢德和绒线店”。起初，手工编织的工具是将骨筷、发夹等磨成钩针，然后再编结帽子、荷包袋、发网等。清光绪十二年（1886年），法国天主教传教士开设传习所，教授徐家汇、漕河泾等地的民女编结“花边”，用于装饰台布、窗帘、服装等，甚至还将成品向欧美营销。

那时盛行“西学东渐”的风气，开埠之初的上海感受到了世界的风潮。在由政局变动而发生的“易服”运动中，新的服饰时尚开始出现。一批深受古典女红艺术熏陶、经受了时代洗礼的中上层家庭的知识女性，尝试着采用英商洋行的机制羊毛绒线，运用棒针和钩针工具，进行服装编结。20世纪初，绒线编织开始在上海的上流社会女性中逐渐传播。20世纪20年代开始，上海一些教会女子学校曾开设手工编结班，传授绒线编结技术。之后，随着中国毛纺工业兴起，“邦羊牌”等国产绒线逐渐出现在人们视线中。为了推销产品、扩大宣传，并使更多的妇女掌握绒线编结技术，大新、新新、丽华和福安等大公司聘请冯秋萍、黄培英等编结名家在绒线销售会上进行示范表演，并在中西、市音商业广播电台开设绒线编结节目。1927年，江苏吴县人沈莱舟（1894—1987）与他人合作在上海福州路开设“恒源祥人造丝毛绒线号”。1935年，“恒源祥”迁至金陵东路，店名改为“恒源祥公记号绒线店”，并与绒线店同行合资开办了“裕民毛纺厂”，生产“地球牌”“双洋牌”绒线。

20世纪40至70年代，绒线编织曾经是中国女性最为普及的手工艺术，几乎到了人人能持针，个个会编织的境界。清末民初，鲍国芳结成了第一件绒线衣，后有杰出的编结大师黄培英、冯秋萍和李黎明将之发扬光大，并赋予了都市的流行风尚，发展为庞大的妇女手工编结产业。

编结大师扬名上海

鲍国芳、冯秋萍、黄培英是民国时期上海滩有名的海派编结的三位大师。其中，鲍国芳比其他两位出道更早，是海派编结当之无愧的先驱。鲍国芳对海派编结的贡献在于她对编结工具和编结方法的发明创新。鲍国芳不但研究创新了透气性强，绒线与丝线两种线材编结，漏空轻薄、适应春末夏初穿着的菊花针编结法，还发明了与传统编结用针大相径庭的金属“菊花针”。这种“菊花针”呈圆盘状，不到手掌的大小，四周有12根可以伸缩的针齿，背面有一个旋钮可以控制它。使用它的时候，只要将针齿伸出就可以绕制单片菊花，再逐一连接成整件衣衫。不用的时候只要将针齿缩进去就可以，携带十分方便。用菊花针和钩针编结的短袖上衣和披肩，可以穿在旗袍外，美丽又摩登，当年风靡了整个上海滩，深受女性的青睐。由鲍国芳所编写的《毛绒线手工编结法》系列丛书，1934至1941年期间先后出版了七集，为当时编结产业和女性学习毛绒线编结技法做出了重大贡献。

之后，编结大师冯秋萍和黄培英异军突起，后来居上。除了编结技法和花样上的创新之外，这两位更擅长市场运作，利用明星效应和社会媒体来包装自己。“张小泉的剪刀，冯秋萍的编织”，旧时的上海滩乃至全国，冯秋萍的大名几乎到了家喻户晓的地步。冯秋萍就读于以女红和编织闻名的求德女中。1934年至1948年间，她在上海开办“秋萍编织学校”“良友编织社”，并在上海广播电台教授编织技艺，还受聘于“恒源祥”等厂商为编织顾问，坐堂指导绒线编织。当时的社会名流、电影、戏剧界的著名演员如周旋、王丹凤、尹桂芳、言慧珠等，都当过冯秋萍的教材模特。冯秋萍的贡献在于创作了野菊花、美人蕉、孔雀翎、牵牛花等新颖的花形；拓展了绒线编结的领域，使毛线衣由原本用于保暖的内衣拓展至外衣，由原本纯粹的从西方引进的产品拓展至旗袍等中西合璧的品种，由服装拓展至鞋帽、披肩等装饰物。她一生创造发明了2000多种绒线编结刺绣花样，设计了难以计数的经典编结服饰和工艺品。

黄培英童年时代就爱好绒线编结，她先后应聘于上海丽华公司、荣华和安乐绒线厂教授绒线编结技法。1928年，她开办了培英编结传习所，之后又在中西、市音等商业电台讲授绒线编结知识。在20世纪30年代，她独创的桃、李、梅、蔷薇等花型的镂空毛衣，成为当时女士们的时髦外套。她所编写的《培英丝毛线编结法》一书，发行量高达30万册，打破当时出版纪录。她曾专心研究古代民间线结，使线结工艺从原有的3种基本结法发展成20多种结法、200多种图案花样，为挖掘与发展民间优秀传统线结艺术作出了贡献。黄培英创作设计了许多优秀作品，代表作品有“三梭花旗袍”“白色大礼服”“游龙围巾”“野菊花披肩”等，深受中外人士喜爱。

游走在针尖上的艺术奇葩

海派绒线编结有棒针编结和钩针编结 2 种。

棒针编结的针法有 29 种，其中基本针法有 6 种：起头法、下针、上针、加针、减针和收口法，棒针编结的花样多达 2000 余种。棒针主要编结羊毛绒线织物，工具只需几根竹针，以后出现了金属针和环形针。编结图案按不同花型分为实心花型、镂空花型和提花型。一件编结衣的袖、领、前后身、口襟和口袋往往有六、七种图案花型，款式由内衣发展到外套、大衣，由薄型转为厚型，针法和花型追求凹凸和镂空。

钩针编结的针法约有 30 多种，其中基本针法有 5 种：辫子针、短针、长针、狗牙针和蜜枣针，钩针编结的花样多达 3000 余种。钩针编结是用钩针将棉纱线连续不断编结成各种花形图案的装饰用品。钩针工具采用竹、铜、铝、骨和象牙等材料。钩针编结的早期品种有茶盘垫、台布、茶几垫和沙发靠垫等，统称花边。

随着科技的发展和机械化程度的提高，海派绒线编结技艺历尽磨难坎坷。新一代传承人李黎明在 20 世纪 80 年代多次参加手工编织电视大奖赛，并多次获奖。此后被老一代编结工艺大师冯秋萍收为学生。为协助冯老编著书籍，李黎明翻阅了大量相关的历史资料，她逐渐认识到，中国服装要走向世界，必须找到一种扬长避短的手段，而手工编织恰恰满足了这样的需要。几年来，她一直钻研手工编织技艺，并充分发挥和拓展了手工编织在时装设计中的表现力。1994 年，李黎明创立同名品牌“李黎明”，先后在日本、意大利、法国、加拿大等国家做过专场时装发布。她坚持“拒绝加工订单，坚持自创品牌”的理念。如今，她作为上海非物质文化遗产海派绒线编结的传承人，被业界称为中国的“编织皇后”。

人物篇

何伟福：漫漫百年路　灼灼华灯璨

上海灯彩的历史源远流长，由“江南灯王”何克明开创的上海立体动物彩灯更是一绝。何克明是特级工艺美术大师，是“何氏灯彩”的开山鼻祖。2008年，以“何克明灯彩”为主风格的“上海灯彩”被列入第一批国家级非物质文化遗产扩展项目名录。何伟福是何克明的长孙，上海工艺美术大师，国家级非物质文化遗产“何氏灯彩”的第三代传承人。从何克明13岁扎了第一盏黄龙灯起，“何氏灯彩”至今已走过百余年漫漫长路，如今薪火传至第三代传人何伟福手中，古老的灯彩技艺依然熠熠生辉。

流光溢彩之路

何克明与孙子何伟福

在何伟福的记忆中，童年既“好味”又“好玩”。这两种体验来自祖父的手艺，无论是糕点的芳香还是灯彩的趣致，都在他的脑海中永久留存，即使是在祖父故去二十余年后的今天，每每想到仍觉鲜明生动。

何克明原本子承父业，靠一手糕点手艺在清末民初的上海滩经营糕团店。何伟福幼年时家中虽不富裕，但祖父亲手做的沙琪玛等糕点总能让他大饱口福。一个糕团师傅怎么会去做灯呢？这还得从何克明13岁那年的元宵节说起。那时的元宵灯会仍有辛弃疾笔下“凤箫声动，玉壶光转，一夜鱼龙舞”的盛景，千家万户张灯结彩，大街小巷锣鼓喧天，大人小孩纷纷走上街头，放鞭炮、拉兔灯、猜灯谜，年味可比现在浓得多。年幼的何克明当然免不了要去“轧闹猛”，当穿街走巷的舞龙灯队伍行到跟前时，他立即被那条活灵活现的龙深深吸引了，入迷般跟着走了十几里路，只为了细细观察龙各部位的造型，回家后凭着记忆扎了一盏缩小版的黄龙灯，不仅比例准确，而且惟妙惟肖，令街坊邻居们啧啧称奇。自此之后，金鱼灯、马灯、公鸡灯、凤凰灯等各种动物造型的灯彩在何克明手下陆续诞生，销路甚佳。如此，一时兴趣之作成就了一门拿手绝活，“何氏灯彩”在上海滩渐渐声名远播。

“何氏灯彩”最大的特点是以飞禽走兽等各种动物造型为骨架，故又名“上海立体动物灯彩”，经“搓、扎、剪、贴、裱、糊、描、画”八道工序制成的灯彩造型写实，做工精致，神形兼备，色彩绚丽。与当时市面上多见的走马灯、宫灯相比，动物灯的民间文化底蕴更为丰富悠久，如金鱼灯寓意“金玉满堂”“年年有余”，仙鹤灯寓意“延年益寿”，公鸡灯寓意“吉祥平安”等，在辞旧迎新之际悬挂于堂前檐下，盏盏饱含期盼祝福之情，光彩流转，喜庆温暖，故而深受民间群众喜爱。

何伟福说：“动物灯最重要的是做什么就得像什么，如果把龙做成鱼，把凤做成鸡，那就成‘四不像’了。”要做得像却很难，祖父何克明毫无工艺美术基础，全靠反复观察、耐心揣摩街市上的制灯技艺。为了更好地观察动物，他自己动手在露台上搭了一个三、四平方米的大铁笼，在里面种上一棵树，树上给小鸟筑巢，树下给鸡兔做窝。天资聪颖加上勤奋好学，何克明终于无师自通，掌握住了动物身体各部位的比例结构，并以铁丝代替传统的竹篾来扎灯，使造型更精准分明。从不间断的练习和改进使何克明练就了精湛绝妙的灯彩技艺，他毕生创作作品无数，其中有不少是国家级馆藏珍品，有些还曾被作为国礼赠送给外国领导人。

艰苦寂寞之路

何伟福幼年时，祖父的灯彩作品就是他孩提时代的玩具，和露台上的花鸟鸡兔一起陪伴他度过无忧无虑的童年时光。当何伟福决定跟随祖父学艺时，他用相机将祖父的作品逐一拍下，为那一盏盏造型生动、趣意盎然的立体动物灯留下了珍贵影像，也将童年的记忆永远定格。

祖父年过九旬时仍在创作灯彩，有人劝他享享清福，他却说自己这一辈子没什么其他兴趣，灯彩是唯一割舍不下的心头至爱。祖父对灯彩从一而终的热爱也深深影响了身为长孙的何伟福，自 26 岁决定跟随祖父正式学习灯彩技艺起，铁丝、皮纸、糨糊就成了他最常见的“老友”，朝夕相伴间见证着他如何从一个技艺生涩的初学者成长为独当一面的传承人。起初，包括祖父在内的何家人都不太看好何伟福学做灯彩，最大的疑问就是“他坐得住吗”？祖父在正式传艺之前，还给他“泼冷水”，告诉他这条路一很艰苦，二很寂寞，倘若将来半途而废，不如现在就打消念头。但何伟福却信念坚定，他学艺的动力主要来自两方面，其一是他自幼耳濡目染，对灯彩感情深厚，“我要学”的愿望发自内心；其二是祖父已是耄耋之年，家中同辈中却无人继承衣钵，万一“何氏灯彩”失传，该是何等可惜！

虽有从小给祖父打下手的经验，但要正式学艺还得从基本功练起。第一关就是“搓铁丝”，用一块形似惊堂木的小木板将原本“有个性”的铁丝搓到“没个性”，当铁丝变得直挺挺、没弹性时，用它们做出的骨架就线条流畅，容易塑型，一盏灯的“精气神”也有了保障。那时何家底楼的大理石地板潮气重，房间又朝北，冬天湿冷难耐，夏天蚊虫肆虐，何伟福坐在靠背椅子上搓铁丝，每天十小时，一搓就是十个月，冻得受不了就搬来军大衣盖在膝盖上，蚊子来骚扰就点盘蚊香熏一熏。十个月后，铁丝终于在他手中变得“听话”，能随心所欲地弯成各种弧度。第二关就是给搓好的铁丝裹上薄而韧的皮纸，如何裹得平滑均匀，使皮纸和铁丝如同一体也是门学问，裹好了皮纸还得裹装饰用的金纸，这样做出的灯彩才精致好看。练基本功的日子枯燥乏味，平日里玩得好的伙伴们时不时在窗外呼唤：“何伟福，怎么不来玩？”但他却丝毫不为所动，心无旁骛地继续搓，手底下的功夫一刻不停。久而久之，伙伴们也知道他学艺认真，便不再来打扰。

万事开头难，到了 1981 年，何伟福的灯彩技艺日趋成熟，也累积了不少作品，其中“雄鸡三唱”为他赢来了艺术生涯中的第一个奖项。一晃四十多年过去了，当年的毛头小伙如今已年近古稀，何伟福仍信守当年对祖父“绝不半途而废”的承诺，用“一辈子做一件事”的态度，对“何氏灯彩”倾注了全副心血。四十余载寒暑交替，城市面貌日新月异，时尚潮流瞬息万变，一个手艺人初心不忘，初衷不改，用自己的执着与坚守完美诠释着“工匠精神”。

传承发扬之路

身为传承人，何伟福肩负着将这门祖传技艺传承下去的使命，但将来是不是让儿子接手，他的想法倒很开明，一切还得等儿子自己做决定。

“最终得看他是不是真心喜欢，‘要我学’和‘我要学’有着天壤之别，爱之深方能做得长。”

何伟福现在还不着急找下一代传承人，他比较忧心的是像许多非遗一样，“何氏灯彩”也面临着技艺断层的难题，他身边至今没有一个正式的学徒。前些年，何伟福所在的上海工艺美术研究所灯彩室曾有过一个女大学生来当学徒，小姑娘学艺之初就被一根细细的铁丝难住了，搓着搓着难过得哭了起来。何伟福曾安慰她：“别哭，一开始是难，慢慢就好了。”但可惜由于种种原因，她学艺四年之后还是放弃了。吃得起苦又耐得住寂寞的年轻人越来越少，不少人看过何伟福的作品后惊叹不已，向他请教制作方法，但像他当年那样立志将灯彩当成毕生事业的却没有。

不过，还有另一种形式的传承让何伟福忙得歇不下脚，那便是社会传承，或者说是通过多种形式和途径，让更多社会大众了解灯彩、欣赏灯彩、喜爱灯彩。比如目前，何伟福定期在嘉定、浦东、普陀、黄浦的4所中小学里开堂教授灯彩技艺，广受师生及家长欢迎。得到好评最多的非造型可爱的兔子灯莫属，为激发学生兴趣，他对传统兔子灯进行改良，将制作工序化繁为简，通过一两堂课的讲解教授，几乎所有学生都能提着一盏亲手制作的兔子灯回家。不仅如此，“何氏灯彩”还到大洋彼岸的美国“开枝散叶”，受当地一所学校校长的邀请，何伟福每年都要前往授课。美国、新加坡、马来西亚等各国的文化交流活动更是“何氏灯彩”走出国门、走向世界的桥梁。何伟福每到一个地方，他带去的灯彩作品总能吸引全场目光，引来连声赞叹，当地政府和人民的热情欢迎给他带来极大的鼓舞振奋。

符海贤：为了国宝焕发新光彩

印泥是中国特有的文房之宝，无论是文件签署，还是金石书画和历史文物之钤记，都要使用，它的制作技艺体现了中国的传统文化。鲁庵印泥是印泥中的上品，由著名篆刻家、收藏家张鲁庵先生于20世纪30年代创制，配方特定精良，制作技艺精细，被齐白石、张大千等书画名家定为首选印泥。2008年6月，上海鲁庵印泥入选第二批国家级非物质文化遗产项目。符海贤是鲁庵印泥上海市代表性传承人，藏有创始人张鲁庵制作印泥的53张配方，自幼受印泥熏陶，20世纪90年代，正式跟父亲符骥良学习并参与印泥制作。

子承父志　完成交接

符海贤的父亲符骥良是国家级非物质文化遗产“上海鲁庵印泥”代表性传承人，20世纪50年代担任“中国金石篆刻研究社”秘书长张鲁庵先生的助理。张鲁庵是印章、印谱收藏大家，又是印泥制作大师，其研制的“鲁庵印泥”名闻中外，当时全国各地著名的书画家纷纷向其索求“鲁庵印泥”。先生体弱多病，为应求印泥者之需，让符骥良握杵代劳，聆听探讨。符骥良不知不觉中尽得印泥制作之法，终习成“鲁庵印泥”制作技艺。张鲁庵先生谢世后，符骥良传承其精华又有新的改进，制作的印泥“千金难求”，很多著名的书画家如张大千、吴湖帆、刘海粟、丰子恺、启功、钱君陶、唐云、程十发、沈鹏等都向符骥良索求印泥。鲁庵印泥成为当时文人墨客、社会名流之间相互馈赠的上等艺术品，在市面上是买不到的。

在父亲的影响下，符海贤幼年时期就开始接触鲁庵印泥。从懂事开始，符海贤便经常看到父亲在家里摆弄各种瓶瓶罐罐，晒印油、磨朱砂、拆艾绒，然后经手工制作调和成鲜红颜色的印泥，海派艺术家相互交流多，鲁庵印泥自然成为其中不可或缺的珍品。空余时间符海贤骑上自行车把父亲做好的印泥分送到唐云、程十发、吴青霞等艺术大师的家里。父亲一直遵循鲁庵先生的古法——只送不卖，但不久后求印泥的书画大师都会回馈墨宝。现在符海贤遵循鲁庵印泥的制作方法，也会按照书画家们的要求特别定制，走高端定制路线。

小时候的符海贤还不算真正意义上的接触鲁庵印泥，真正接触这门技艺的时间要从1988年算起。1988年，符海贤陪父亲到杭州西泠印社专门讲解鲁庵印泥的制作，当时的讲座是用卡式录音带进行录音的。卡式录音带放置时间久了会粘住，造成重要资料的丢失。所以杭州回来后符海贤便把录音整理成数码格式，整理完后这份资料便交给档案部门收藏，自此开始完整学习掌握鲁庵印泥制作技艺全套流程。

符海贤接触印泥的时间很早，但全身心、系统地投入鲁庵印泥制作技艺的研究要从他退休后说起。2000年，父亲生病，为了让父亲花了一生心血的印泥制作技艺不断层、更好地传承下去，符海贤提前3年从国企总经理的位置上退下来，把印泥制作技艺最基本的技能重新拾起、总结，整理相关资料，写书、开讲座，传承推广鲁庵印泥制作技艺，并参加各种非遗展览，让更多的人了解、熟悉这一小众艺术文化。让符海贤印象最深刻的是2009年陪父亲到北京参加“中国非物质文化遗产传统技艺大展”，中央领导到鲁庵印泥制作技艺的展位参观，勉励父子俩要把印泥制作技艺保护好、传承好，并发扬光大，为非物质文化遗产的保护发展做出积极贡献，中央领导的鼓励给了父子俩莫大的鞭策。

脚踏实地　传承非遗

2008年6月，上海鲁庵印泥入选第二批国家级非物质文化遗产项目，这并不是鲁庵印泥的终点，让这项传统的中华文化技艺走进今日大众生活，成为“非遗”传说的落脚点，才是符海贤想要看到的。为此，符海贤与静安区积极合作，于2013年1月在静安区石门一路15号举行了国宝鲁庵印泥制作技艺传习所揭牌仪式，传习所免费对外开放。

同年9月，百年名校上海五四中学鲁庵印泥传习工坊挂牌，每周二下午，符海贤到学校给学生传授印泥制作技艺，希望能从中挖掘出好苗子，培养出更多的“小接班人”。几年下来，成效显著，学校也被评为“中华优秀文化研习暨上海市非遗进校园优秀传习基地”。但其实一开始符海贤心里没底，教中学生做印泥，孩子们会喜欢吗？一学期的时间做一小盒印泥，他们沉得住气吗？没想到，孩子们学得有模有样。第一期16名学生，四人一组，学期结束都交出了作业，还有第一期学完接着报第二期的，更有毕业后还来找符老师求教的学生。

在相关部门的支持下，2016年11月，符海贤主编的10万字的《国宝鲁庵印泥制作技艺校本教材》由上海教育出版社正式出版，全面介绍了鲁庵印泥制作技艺的“前世今生”、制作要点等知识。教材已进入五四中学语文和历史课的导读课，现在语文老师和历史老师也跟着符老师学习、听课。学校还专门开辟教室成立以鲁庵印泥为主的弄堂里的博物馆，真正为学生搭建一个认识、了解和近距离接触优秀传统文化的平台，培养学生对地方传统文化的喜爱。

除了五四中学，符海贤还在上海行健职业学院教授鲁庵印泥制作技艺，并将课堂带到上海大世界、社区各街道。“现在各方面的条件都好了，政府、学校、各级组织纷纷为非遗传承创造条件，搭建平台，但最终落实还是需要传承人能够静下心来、脚踏实地去传承。”符海贤说。

创新发展　焕发光彩

鲁庵印泥因其由特定的原材料和配方，再经独特的制作工艺制作而成，它“印色鲜艳雅丽、质薄匀净，细腻而黏稠度高，热天不烂，寒天不硬，永不褪色”，广受书画家的珍爱。鲁庵印泥之所以能有这样的特性，原材料的选取也非常重要。符海贤坦言，现在项目传承遇到的一个问题是原材料匮乏，采购困难，不可能大规模生产进行全国推广。尤其是朱砂和艾绒，对这两种材料的要求更高，只有湘西的朱砂和漳州的艾绒才是制作鲁庵印泥的上好原料。

为了找到最合适的原材料，符海贤由徒弟田非凡陪同亲自到湖南矿山挑选朱砂，到漳州乡下收集艾绒，每年夏日，都要搬进搬出几十斤重的陈年蓖麻油出去晒制。而且蓖麻油一定要自然氧化3至5年才可以用，晒油和葡萄酒一样讲究年份，年份越久，生产出来的印泥越珍贵。算上朱砂手工研磨平均500克要花300个小时、艾绒手工分拆两个夏天，一年下来最多制作二三十缸印泥。一盒印泥倾注的时间和精力不言而喻，印泥之珍贵也是理所当然，古代

"一两印泥一两金"的说法不无道理，这也在朵云轩的一次拍卖会上得到了印证。

2012 年，鲁庵印泥参加了朵云轩上海首届"非遗"精品拍卖会，估价数千元的三盒印泥分别以 2 万元、3 万元和 4.5 万元成交，平均价值每克印泥达到 300 元人民币的天价。这次拍卖会后鲁庵印泥的影响面逐渐扩大，以致后来上海图书馆、上海文史馆、上海博物馆几家单位都把鲁庵印泥作为鉴定近现代书画的一个标准，鲁庵印泥在书画界的地位得到进一步确立，这让符海贤颇感欣慰。2016 年年初，鲁庵印泥参加了"天工开物"全国非遗精品展，2017 年 9 月加入文化部、教育部"中国非物质文化遗产传承人群研修研习培训计划"，并举办了鲁庵印泥制作技艺研修班成果展，文化部部长项兆伦与符海贤亲切交谈。同年参加了在福建举办的"海上丝绸之路非物质文化遗产展"，非遗司司长陈通探班符海贤。各级部门领导对鲁庵印泥的重视，更增强了符海贤传承这一优秀非遗项目的使命感和责任感。

除了做好对非遗的保护、传播，符海贤也注重创新和发展，对鲁庵印泥制作的传统工艺提出量化的质量标准，使之更具科学性和可操作性。他和徒弟一起进行了相关研究。如主要材料朱砂的研磨，以前粗细程度按照经验和时间来定，研磨 500 克朱砂 300 个小时。现采用物理化学办法，通过大量实验得出数据，确定研磨到 800—1000 目之间是最好的。近些年符海贤也在研究鲁庵印泥的衍生产品，藏印票和印谱是主要的两种。为了将项目传承进一步落到实处，他注重在学生中挑选可塑造的人物，收徒授艺，现在女儿、女婿工作之余也在跟着符海贤学。非遗鲁庵印泥制作技艺的薪火不断，在符海贤的努力下传承并发扬光大，焕发出新的生机与活力。

孙红喜：兰桂坊里掌门人

绵拳是一种均匀柔和、圆活连贯、刚柔并济的传统拳术，历经近百年的历史，已成为上海市独具地方特色的代表性传统武术拳种之一。2014 年，绵拳经国务院批准列入第四批国家级非物质文化遗产名录。在上海市杨浦区一条普普通通的老式里弄有一家武术俱乐部——上海兰桂坊绵拳武术俱乐部，在这里，国家非物质文化遗产绵拳代表性传承人、第三代绵拳掌门人孙红喜亲自传授具有海派风格的武术绵拳。

武术世家　家传渊源

走进上海兰桂坊绵拳武术俱乐部，发现地方并没有想象中一样大，但挑高的层高颇具特色，十分适合习武。此时孙红喜正在指导徒孙练习绵拳，没有魁梧的身躯，没有夸张的肌肉，黑黑瘦瘦的他却是一名不折不扣的武术界名人，不但是中国武术协会会员，还是一名国家级武术裁判。虽然戴着眼镜，却遮掩不住习武之人独有的精气神。与他交谈时，也能感觉到“武林中人”的豪迈。

生于 1957 年的孙红喜先生，出生于武术世家。爷爷是绵拳一代宗师孙福海先生，父亲是原上海淮剧团大武行、绵拳第二代主要传承人孙长根先生。据孙红喜介绍，绵拳又称神拳，1920 由河北沧州人孟光银传入上海，其祖父孙福海为其弟子之一。在孟光银逝世后，孙福海根据师傅遗愿在兰桂坊内创办绵拳俱乐部，其弟子多为穷苦工人。孙福海在世时收徒较多，其传人弟子遍及上海杨浦、虹口、黄浦、普陀、徐汇等地区。“我爷爷当时看到很多码头工人非常穷困，觉得传授他们一些武艺，既能使他们强身健体，又能拥有一定保护自己的能力。”孙红喜说，“这个地方（兰桂坊武术俱乐部）就是我爷爷教拳的地方，建筑风格也未改变，很多东西都保留了下来。”

孙红喜的父亲孙长根艺名孙少芳，当初在淮剧团是出名的大武生。孙长根天资聪慧，且十分勤奋，尽得家传绵拳精要。孙红喜练习绵拳，也离不开父亲的影响。“孩提时，看到父亲在练拳，我觉得非常有趣，就在旁边跟着比画。”谈起学习绵拳的经历，孙红喜回忆道：“父亲看到我在旁边学得很起劲，就开始慢慢教我一些动作。大概 7 岁时，我开始正式跟着父亲学绵拳。说起来也奇怪，当时我对父亲教我的其他武术都不是很感兴趣，就对绵拳特别喜欢。再大点，懂得了绵拳的种种优点，就对它更痴迷了。”

在家人的影响和自己的不懈努力下，孙红喜全面掌握了绵拳的功法和技艺，成为名副其实的“武林高手”。

与时俱进　弘扬绵拳

绵拳又被称为“神拳”，过去也确实非常神秘。“在公园里看到很多人打太极，推八卦，你看到过有人练绵拳吗？没有，老祖宗不允许的。”“文革”时期，由于绵拳注重技击，实战性很强，在民间甚至被称为“黑拳”。由于当时特殊的环境及特别的传授方式，令绵拳形成了特定的风格。虽然孙福海与孙长根及其同门大力传播绵拳，但也因为绵拳的种种特性，令这种具有浓郁海派特色的古老拳种不如其他武术声名远播。

“祖师爷曾定下规矩，不做公开教授。小时候学拳的时候，只能在自家客堂，关上门拉上窗帘，然后开始练拳。”孙红喜下决心要改变这种状况。2008 年，在杨浦区、街道等有关领导的关心支持下，“上海兰桂坊绵拳武术俱乐部”正式挂牌成立。“要让绵拳摘下神秘的面纱，让它为社会服务，为全民健身服务。”孙红喜言出必行。他联络几十年的师兄弟们，走向社区、街道、学校，为市民服务。工作 8 小时后属于他自己的时间并不多，孙红喜一边坚持每天习武，一边投入大量的时间做公益。只要对弘扬绵拳有益的事，再苦再累他都会去做。功夫不负有心人，在各方努力下，2009 年绵拳申报区非遗成功。2011 年，又成功申报上海市非遗，2014 年，绵拳已是国家级非遗项目。指着桌上的牌子，孙红喜动容地说：“牌子不重，可它的含金量非同小可，武术界只有绵拳属国家级非遗。”

如今，绵拳已在各地成立了多家分会和训练基地，上海市昆明学校小学部、齐齐哈尔路第一小学分校、许昌路第五小学、控江民办中学、杨浦区教师进修学院附属中学等都已正式成为传习基地。绵拳甚至走出了国门，孙红喜在法国、德国、阿根廷等国家都有了弟子，并多次带领门下弟子到香港、杭州等地参加国际性的传统武术比赛，屡创佳绩。

当然，孙红喜能将心思都放在发扬绵拳上，也离不开家人的支持。在谈到妻子时，他十分感动："我特别感谢我的妻子，有她在，我才能一心一意地推广绵拳。很多时候因为参加交流活动、比赛，都需要自己掏钱，她不但没有责怪我，还十分支持我。甚至有时候离教拳的时候还早，她都会催促我早点出门，免得让徒弟们等。"孙红喜把自己的大部分时间与精力都投入到了发扬绵拳的事业中，是因为他谨记祖父与父亲的嘱咐。"我觉得我有一种使命，就是把绵拳传承并发扬下去。"

分文不取　收徒甚严

作为上海地区极少数的传统武术项目之一，作为在绵拳发源地上成立的上海兰桂坊武术俱乐部董事长兼总教练的孙红喜，他不但没有以绵拳为生财之道，反而在俱乐部上花费了不少。"我有自己的工作，可以养活自己。绵拳是老祖宗留下来的东西，我没想过要用这个来赚钱。"绵拳走进社区、学校需要人手，孙红喜及他的弟子亦不收取任何报酬。

时代在变化，很多东西跟着在变，但有一条传下的祖训孙红喜坚持不变，那就是"有德之人，分文不取；无德之人，千金不教。"由于名声在外，各地前来求学的人很多，孙红喜一看人品，二看武德。"人品一般，想着学武是为了欺负别人的这种徒弟不能收。否则功夫越好，危害越大！所以我收徒很谨慎。而且练武很苦，有些人想学习绵拳，我会教他一些基本功让他锻炼身体。如果他真的感兴趣，能坚持下去，我会对他进行一些考察，觉得人品武德没问题的才会正式收徒。"对于孙红喜的为人，许多熟悉他的人都交口称赞，而且由于技艺高超，竟然还有特警前来拜师。孙红喜徒弟众多，有男有女，还有国际友人，但他们进入孙红喜门下，都必须经过正式的拜师礼。"徒弟与学员还是有不同，我们更像一家人，所以祖师爷的规矩不能废！"

虽然孙红喜收徒门槛较高，却不收一分钱。"这也是祖师爷定下的规矩。我们能成为师徒也是缘分。"有些徒弟家庭情况并不是很好，作为师父的孙红喜经常让他们来家里吃饭。徒弟家里有事，孙红喜也一定会尽力帮忙。有时候出去比赛，家境不好的徒弟的各种费用也会由他这位师傅承担。不但教授武艺，他还关心徒弟们的生活。通过自己的言传身教，让徒弟们获得众多荣誉的同时，也得到众多的美誉。

孙红喜，这位绵拳第三代掌门人肩负着祖辈的托付，靠着自己的努力，为发扬绵拳这一具有海派特色的古老拳种贡献出自己所有的力量。

赵艳林：走进上海“面人赵”的世界

面塑，俗称江米人，多为面粉材料制作，所以民间又称为捏面人，是一种制作简单但是艺术性很强的民间工艺品，被誉为“立体的画、无声的戏”。上海面塑已有百余年历史，典型人物首选“面人赵”。赵艳林是上海“面人赵”国家级代表性传承人、“海派面塑”上海市代表性传承人，联合国教科文组织一级工艺美术大师。她的外公潘树华，人称“粉人潘”，是当时颇有名气的面塑艺人。父亲赵阔明19岁起开始捏面人，拜潘树华为师后入赘为婿，他的面塑技艺吸收了“粉人潘”的艺术之长，形成了独特的面塑风格，被赞誉为“面人赵”。两代人的熏陶加上自己的潜心钻研，使赵艳林手下的小小面人跨越时空，成为民间工艺中不可多得的奇葩。

踏进“面人”的世界

赵艳林的父亲是人称“面人赵”的赵阔明，外祖父是近代泥塑名家潘树华。在赵艳林小时候，父亲虽有一技之长却不能养活全家。她记得一家人曾在东北苦熬8年，挨饿受冻；记得父亲摆摊历经苦难，受尽凌辱；记得全家人一直找不到安身之所，所读的学校改了又改……童年生活的动荡和不安一直让赵艳林无法释然。此后父亲终于进入上海工艺美术研究所成为一名堂堂正正的面塑大师，那种在街头卖艺四处求人的生活一去不复返了。

“我小时候想当医生，救死扶伤。”最开始赵艳林并不愿继承父亲的衣钵，但或许是她骨子里被那些在父亲手中如魔术般变出的色彩鲜艳的小面人所吸引，在父亲的劝说和引导下，1959年，19岁的赵艳林也进入上海工艺美术研究所工作，跟随父亲的脚步，踏进“面人”的世界。

“面人赵”的面塑技法讲求手捏八法、工具八法，其中手捏八法是指揉、捏、搓、捻、拧、挤、掐、拉，工具八法是指挑、拨、按、粘、嵌、刮、戳、滚。技法上概括起来就是“一印、二捏、三镶、四滚”，只有掌握了这些技法，才能深得面塑的精髓。为了掌握这些技法，赵艳林每天至少要花8 小时练习面塑，从熟悉面粉性能开始，烧面粉、煮面粉、蒸面粉，“我就坐在父亲旁边，学习把生面粉根据一定的配方烧制成熟，然后配上各种颜色。”由浅入深地学，同时还学习书法、绘画等艺术。因为天赋聪明又肯下苦功，不久便掌握了面塑的要义，开始在各大工艺美术展览中频频亮相。

神奇之手　打开艺术国门

在赵艳林的成长过程中，除了父亲的帮助之外，还有老一辈艺术家的勉励和提携。在著名雕塑家、画家张充仁与中国动画鼻祖万籁鸣给赵艳林的题词里，不约而同地都有“神奇之手”的赞誉。张充仁告诉赵艳林，捏面塑作品要首先弄清人物的骨骼。万籁鸣在创作动画巨片《大闹天宫》时，将三十几种孙悟空的脸部形态模拟给赵艳林看，教她如何在面塑艺术上推陈出新，塑造出别样的人物脸部形象。赵艳林在少年宫等地上课，万籁鸣也时常前去与她碰头，观摩她上课并作指导。她的学生多有公派赴法国、日本等国家演示，多数获得国际金奖和国家工艺美术大师金奖等。

赵艳林捏制的古装仕女、戏剧人物、现代人物，个个造型生动，神态逼真。她将西方雕塑中写意的表现形式掺入其中，同时又受到其丈夫非物质文化遗产“上海细刻”名家陈恩华的影响，将微雕细刻与面塑相结合，让面塑技艺呈现出新的面貌，曾先后应邀出访美国、法国、日本、澳大利亚等多地讲学献艺，在国外表演中被誉为“东方的明珠”。1996 年，赵艳林创作的微雕面塑作品《古时嫦娥思人间，今日台胞念故乡》被带到台湾赠予蒋纬国先生，另一件微雕面塑《寿星翁》则成了张学良将军的百岁贺寿礼。2002 年在上海召开的“亚行部长会议”上，她为中外贵宾现场表演，结果面前排起长队，人人都希望能得到一个精美的小面人。1996年，赵艳林荣获联合国教科文组织颁发的“一级民间工艺美术家”证书。

在对外交流活动中最让她难忘的是 1980 年，赵艳林受美中友协的邀请，随中国工艺美术表演团赴美国休斯敦参加一年一度的“世界民间工艺美术”展览。在这为期一个半月的活动中，赵艳林每天为世界各地的观众现场表演“捏面人”，引来狂热追捧。那时有个七、八岁大的美国小男孩，每天都兴致勃勃地站在她的面前看她“捏面人”，一看就是一个月。最令赵艳林记忆犹新的是，有一位 80 多岁的美国老人带来用一层层棉纸包裹的面人，说是他 1941 年从中国有名的面人大王那里得到的，想请她修补一下。赵艳林一看，那些寿星、渔翁、葬花的黛玉等正是父亲的作品，她为中国民间艺术被外国人尊重和爱好而激动不已。就在那一年，80 岁的父亲去世了，赵艳林深深意识到自己肩上的责任。

全家总动员　革新面塑材料

赵艳林的爱人陈恩华，象牙细刻艺术家，2005 年与赵艳林一起被上海市人民政府授予“工艺美术大师”的称号。为使妻子能安心创作，陈恩华甘当后勤，常忙里偷闲，为妻子准备材料，制作道具，慢慢也学会了捏面人。

一次，赵艳林身体不适，只能请老陈去少年宫辅导小朋友。“当我回到课堂后，学生还惦记着他。原来他揣摩小朋友的心理，教他们发挥想象，捏水果和动物，大家兴趣盎然。”赵艳林说。自此，她“恶补”动画片，除传统故事，忍者神龟、变形金刚、天线宝宝等也成了辅导学生的内容。

“材料决定技艺”，这是手工艺发展的重要理论支撑。传统面塑工艺用到的材料是面粉混合糯米，加上防腐剂等材料，成品会遇到重量重、易破损、难保存等问题。为寻找不使面塑霉变的原料，陈恩华到上海化工研究院等研究机构，向工程师寻求办法。后来儿子陈凯峰想到了传统工艺与现代技术的结合，除了跑农业研究所、化工研究所，还去上海理工大学、同济大学请教专家，加上自己的摸索，最终确定了“聚乙烯醇”这一材料。配方是由大部分的纸浆化工试剂加少许面粉而成，这样的材料能让面塑作品存放百年不变质，同时轻巧得几乎没有分量，最为关键的是搬运途中偶有碰撞也不会损坏作品本身。

从不守旧　广招学生

赵艳林在少年宫上课四十多年，还在一些学校担任过教师和辅导员。到底教过多少孩子学面塑，她数不清。一些孩子从幼儿园一直跟着她学到大学毕业，从面塑开始走上艺术创作道路。

20 世纪 90 年代之后，随着日本动漫的风靡，面塑在玩具市场的份额逐渐被塑料“手办”挤压，面对“玩具太多”的当下，面塑的经济价值开发显然困难重重，这也是靠面塑吃饭的手艺人越来越少的关键原因。

虽然传承之路困难重重，但赵艳林没有放弃。好在儿子陈凯峰也走上了面塑传承之路，成为“面人赵”第三代传人。他将非遗面塑带进校园，并建立非遗面塑基地。北郊学校是陈凯峰工作的地方，身为美术老师的他将非遗面塑带进校园。陈凯峰十分注重对学生的教学，在他的面塑课上，学生们能听他讲传统文化、神话故事、英雄人物，还能动手制作面塑，常常吸引很多学生来听课。2015 年，北郊学校凭借“海派面塑”拓展课程入选了上海市非物质文化遗产传习基地。他还将面塑制作成网络课程，通过网络来进行面塑教学，学习者可以购买一些黏土等替代材料，照着他的视频教程学习面塑技巧。“网络的受众更多，如果有人真的通过视频对面塑产生兴趣，只要他来找我，我都愿意教。”陈凯峰说。

“从不守旧，广招学生”是“面人赵”门派始终秉承的精神。“吸引越来越多喜爱这一手艺的人，面塑技艺才不会断根。此外，面塑要结合实用中的衣食住行，才是唯一出路。”这是上海“面人赵”传承人共同的心声。

李建钢：从厨师到匠人　坚守上海味道

南翔小笼自1871年在南翔镇日华轩点心店诞生以来，已走过了148年的漫长时光。岁月沉浮中，小笼渐渐变成了上海这座城市的美食标签，名扬国内外。李建钢是南翔小笼制作技艺的第六代传人，2007年他被评为上海市非物质文化遗产传承人，7年后成为国家级非物质文化遗产传承人。作为南翔小笼的现任“掌舵人”，这道名点在他心中早已超越了食物本身的意义。一双手几十年来不曾停歇，揉出的是他对传统技艺的坚守；一只蒸笼日日飘起香气，唤起的是他对南翔小笼最深的情感。

求学古猗园　严师出高徒

与南翔小笼的结缘在李建钢看来完全出于偶然。1975年从嘉定二中毕业后，被分配到古猗园餐厅工作，那个年代做餐饮服务业是不被周围人认可的，虽然觉得自己的境遇不如分配去工厂的同学，但他抱着“既来之则安之”的心态踏上了学习小笼制作的道路。

小笼制作工艺从第一代传人黄明贤开始一直以师徒教学的方式传承至今。进入古猗园餐厅后，李建钢成了第五代传承人封荣泉老先生的徒弟，跟着他学习小笼技艺和其他烹饪技巧，虽然已过去了四十多年，但那些和师父学艺的日子仍是历历在目，清晰如昨。“那个时候很刻苦，每天早上6点多就要到餐厅，然后开始准备小笼的原材料，像是打馅、熬皮冻等等，日复一日地练习制作工艺。”李建钢说。

封荣泉对李建钢的要求很严格，这让当时的他觉得有点受不了。南翔小笼的汤汁以“清”为特色，不能油腻，这就要求小笼师傅在制作皮冻时要把猪皮上面的油全部剥干净，“猪皮上的油用刀劈掉是很难的，那时候我只有十七岁，觉得这个活儿很累，拿刀的手都弄破了，所以想偷懒，但是师傅说不行，一定要全部劈干净。”封师傅严格到近苛刻的要求没有让他产生退缩之心，反而让他明白精益求精的重要性，到李建钢自己开始带徒弟时，他对他们的要求一如当年封师傅对他的要求一样。

工作3年后，餐厅领导认为他应该趁着年轻，到其他地方多多学习。1987年，李建钢被先后安排到上海大鸿运酒楼和上海华侨饭店学艺。学成归来后，李建钢开始担任古猗园餐厅的厨房管理员，到八十年代担任厨师长，正式从封荣泉手中接过南翔小笼制作技艺的“接力棒”。

承传统技艺　定制作规范

南翔小笼直到上世纪末为止，都没有一套严格的制作标准，李建钢回忆道：“当时师傅教我们打馅，不用秤，就用勺子来比划，说盐要放几勺，糖要放几勺，包的时候也是凭手感，形状差不多就可以了，所以味道总是会变。”2000年，李建钢受邀到日本东京开小笼店，期间考察了不少日本料理店的状况，他发现在日本，料理都是按照量化的标准进行制作，这带给他极大的启发。回到上海后，他制定了“南翔小笼制作标准和规范”，将一切标准化、规模化、程序化。“每只小笼面皮厚1.5毫米，重8克，包入肉馅16克，成品直径2.5厘米，18个折裥；蒸时严格控温、控时，根据温度调整3—10层的笼屉高度”，这个制作标准和规范被印成文字贴在小笼制作车间的墙上，其中面与馅的比例是经过实际操作后决定的，同时李建钢还将封荣泉规定的“14个裥”提升到“18个裥以上”，这样可以让形状更加美观。

口味是在制定标准规范的过程中最难确定的部分，李建钢带领所有小笼师傅用了2个星期的时间尝试。每天早上先打馅，由员工试味，然后再听顾客的反应，由于当时打馅没有标准，所以得到的反馈是有时偏咸，有时偏淡。每天打完馅后，李建钢都会将当天的馅料成分记在笔记上，2个星期后，员工觉得这一天的馅料比例达到了最佳状态，于是他就把这一天的配方确定为南翔小笼的馅料标准。与其他地区的小笼相比，皮的制作方式是南翔小笼最独特的地方。李建钢坚持用油面台来制作，即在桌面上抹一层油而不是撒一层面粉。在其他小笼都用擀面杖擀皮的今天，南翔小笼却依然与百年前一样，面皮完全由小笼师傅手工揉成，当人的手掌与面团接触时就赋予了小笼些许温度。李建钢说，南翔小笼中倾注了人的情感。规范的制定在最大程度上保证了小笼的品质，这是李建钢接过小笼传承使命后做出的重大改变。

1978 年，李建钢开始带第一个徒弟，到现在已培养了包括第七代传承人陈亦鸿在内的二十多名年轻人，在他的带领下，徒弟们都已经娴熟地掌握了小笼制作工艺的精髓。因为封荣泉师傅的影响，李建钢对自己徒弟的要求也非常严格，陈亦鸿回忆道："有一次我要帮师父磨一把刀，让他第二天用，我认为我磨的那把刀很快，看上去一条线，但是师傅用手一摸，说这把刀卷口，而我当时觉得不卷口，磨地锃亮就可以了，但是师傅觉得不行，把我骂了一顿。"在李建钢的严格教学下，他的徒弟也慢慢变得和他一样，用最认真的态度对待小笼制作。在徒弟的眼中，李建钢就是这样一个具有工匠精神的小笼师傅，对小笼制作技艺一丝不苟、精益求精。虽然现在他已经很少会亲手制作小笼，但依然坚持在每天五点半的时候第一个到厨房，查看清洁卫生和准备原材料，有时哪怕是桌子上的一滴水没擦干净，他也会要求员工马上处理，365 天不曾间断。陈亦鸿说："师傅他是真的很辛苦。"

创新求突破　薪火永相传

自日华轩点心店开创南翔小笼馒头以来，猪肉馅一直是小笼的"正统"口味。李建钢接手后，开始在原味的基础上开发新品，现在已有蟹粉、咸蛋黄、香菇、藕碎等 8 种口味。每种新口味在正式推出前都要经过一个星期的内部试验，小笼师傅先尝味道，然后给厨房其他员工和服务员试味，得到大家的一致认可后再推到餐厅，若顾客反响不错就将此款新品保留，若反响不佳则撤下。在实验的过程中也有不少失败的经历，麻菇因出水造成馅料无法成团，而肉松更是在离开厨房前就被李建钢否决。

李建钢用"脑洞大开"四字来总结新口味诞生的原因，在日常烹饪的过程中，他就喜欢研究各个食材与小笼的契合度。虽然他推出的新品接受度很高，但依然引起了不小的争议，有人说他糟蹋了南翔小笼的真谛，应该保持原味才是正道。面对这些质疑，李建钢却始终坚持自己的想法，他认为南翔小笼要在传承的基础上不断创新才能发扬光大，更好地适应当今社会的需求，他说："小笼的技艺必须是传统的，但是产品可以不断创新。"

除了经营古猗园餐厅之外，他还积极地将南翔小笼文化传递到其他地方，让更多人了解。2013 年，他在上海大众工业学校开设学习班，将南翔小笼的制作技艺教给烹饪班的学生并成立李建钢工作室。2014 年 10 月起，他带领工作室成员在古猗小学开设小笼课程，让孩子们可以体验包小笼的乐趣，学校小笼制作室内的设备都是他带人亲自设计的，该课程在校园里得到了广泛的好评。南翔小笼店除了位于古猗园的这家外，只有青岛开有第二家分店，李建钢曾分别于 2000 年和 2005 年在东京和澳门开设分店，但由于 2008 年金融危机而纷纷关闭。虽然南翔小笼制作技艺已成为国家级非物质文化遗产，但它的店铺却始终只有两家，面对这样的情况，李建钢却不感到遗憾，他总是说："先把现在的店做好再说。"

南翔小笼中倾注了李建钢的一生，几十年来为了这项技艺孜孜不倦，研究、传承、发扬，正是他对南翔小笼付出的汗水和真情，才使这道已有"百岁高龄"的名点直到今天依然作为上海的文化名片被世人铭记。轻咬一口，香气扑鼻，滚烫的汤汁流出，这一瞬间的幸福滋味随着"小笼馒头"四字一起幻化成上海这座城市最温柔的记忆。

珊丽娜：打造盘扣绚丽王国

盘扣或称盘纽，是传统中国服装使用的一种纽扣，用来固定衣襟或装饰，其制作技艺是一门中国独有的传统工艺。德籍华人珊丽娜是中华盘艺第三代传承人，人称“盘扣皇后”，十几年间已自费两百多万钻研中式服装上的这门扣子技艺，迄今为止制作了两千多枚盘扣，让原本日渐没落的中国传统扣饰重现非凡魅力。在她的不懈努力下，盘扣由服装配饰升级成艺术作品，2009 年，中式服装盘扣制作技艺被上海市政府列入第二批上海市非物质文化遗产项目名录。

喜欢旗袍　爱上盘扣

珊丽娜是一名德籍华人，她的全名其实是珊丽娜·岚樱瑷，这是她的德文名字 Salina Reinoehl 的中文译音。30 岁前，珊丽娜的生活和盘扣毫不相干，可是一旦认定这个目标，她却用了 20 年的时间，倾尽家财，执着地实现着梦想。

20 世纪 80 年代，珊丽娜曾是一名演员，工作中频繁的接触，让她喜欢上了旗袍。后来珊丽娜跟随她的德国丈夫去了异乡生活，可是对旗袍的情结仍在。每次回国探亲，做几身新旗袍总是一项重要日程，就这样渐渐添置，家里俨然变成了一个旗袍博物馆。家里有一百多套旗袍，只要参加比较正式的活动，她都会选择穿着旗袍出席。但一次次打量款式不同的旗袍，珊丽娜心里生出了一个小“疙瘩”：盘扣的样式乏善可陈，令旗袍少了灵气。此后，她从搜旗袍转向了搜盘扣，得知盘扣主要流行于中国和东南亚一带，她还只身跑到东南亚收罗，结果令她失望。于是，性格倔强的她决定：“既然找不到我满意的，我就自己做。”

珊丽娜说：“盘扣是从蒙古那边传来的，蒙古人为什么会发明这个头呢？因为蒙古人非常团结，也许这个扣子原本要告诉我们人若是非常团结，你要解开这个团是很难的。发明盘扣的人当时肯定融入了他的想法和文化，它像拳头，像一股力量。”

拜师学艺　痴心不悔

回到上海后，经人牵线，珊丽娜专程到苏州请来盘扣制作技艺传承人荣华根师傅（中华盘艺第二代传承人），拜师学艺，从最简单的扣缘学起。起初，荣师傅师并不肯收她为徒，因为单从外表来看，老人家很难相信面前这个一副太太模样的女人能吃得了苦、静得下心。珊丽娜对此并不气馁，她费尽了心思，好不容易说服了老人，不仅把他和另外两位做旗袍的老师傅一起接到上海的家里管吃管住，还专门请了一个人伺候他们。“现在想起来，这些老师傅真的特别淳朴、真诚，他们看我也不急着学会了赚钱，觉得我这么养着他们是个拖累，就提出要走。我当时苦苦挽留，就差没跪下来，我觉得自己还学得不够，他们还没有把本事全都教给我。”后来，珊丽娜跟这些老师傅学了两年零三个月，最后要走的时候，荣师傅把自己的绝活都教给了她。

掌握了传统图案后，珊丽娜又想在此基础上创新设计新盘扣。她寻觅、征集了大量新图案，于传统中融入时代气息，如“百鸟朝凤”“龙凤呈祥”“寿字盘扣”“蝴蝶盘扣”等。珊丽娜喜欢中国古典的东西，这些都是她创作的源泉，她试图将中国文化元素都融入精致的盘扣中。

一件手工盘扣作品必须经过开料、刮浆、风干、拔浆、整烫、开条、烫条、盘扎、整形、塞芯、封烫、修复、装裱等十几道工序，即便有助手协助，一天也只能完成半个盘扣，制作稍微精致一些的盘扣，要用几天、几周，甚至几个月。

盘扣漂亮，做起来绝不轻松，引线、拉实，做久了手指会发酸，指甲会生疼。生活优裕的珊丽娜曾经十指不沾阳春水，而今拈起这根可以绕出梦想的长线，便舍不得放下。为了这份热爱，珊丽娜十多年一路走来的风雨历程，甘苦自知。自费数百万元，耗时 20 年，她硬是将已濒临灭绝的传统盘扣技艺传承了下来。

将盘扣变成盘艺

“荒年饿不死手艺人”是从小珊丽娜的外婆常对她说的一句话。如果说最初学习盘扣和旗袍制作技艺只是兴趣爱好的话，学成之后她便很想用自己这一技之长做点事情。1998 年，珊丽娜用自己手里的全部积蓄创办了上海楣梅实业有限公司，从事中式高档成衣及高档工艺饰品的专业定制。2009 年，中式服装盘扣制作技艺被上海市政府列入第二批上海市级非遗名录。参加 2010 上海世博会“上海周”活动时，他们耗时一年制作的巨幅《长城》盘扣图，赢得了海内外游客的青睐。她曾先后三次进入国家最高级别场馆举办大型展览，并受到领导人接见。

身为上海楣梅实业有限公司董事长的她是世界上制作盘扣款式最多的人，凭借着 157 个系列、2418 枚盘扣荣获上海大世界基尼斯纪录，创造了轰动一时的“盘扣奇迹”。打破基尼斯纪录，确实是珊丽娜引以为自豪的，从设计、画模，造型，再到最后的装帧，倾注了珊丽娜和她的师弟宋滔等人的心血。

从紫砂壶式、石库门式、梅兰竹菊式、文人仕女式到造型各异的酒坛、古朴雅致的藤椅，风格迥异的青铜器……如果不是亲眼所见，很难相信这些惟妙惟肖的作品竟然是“衣服上的扣子”。设计过程中，珊丽娜往往是先在图书馆、网络、朋友那里收集各类图片，然后画出盘扣的设计图纸，再请工艺师制作。

由于传统手工艺普遍受益难、受益慢的特点，以及钻研盘扣只有投入没有产出，她的企业在经营到第四年时陷入经济危机，曾出现过连续几个月发不出工资的窘境。就在公司难以维持下去的时候，员工主动为她募捐。她本人也变卖了德国丈夫留下的遗产和自己在中国的多处房产，将大量的精力与财力倾注其中。

梦想建一座盘扣博物馆

珊丽娜心中有一个挥之不去的情结，就是打造属于自己的高端中式服装品牌，复兴传统的旗袍文化。20 年来，盘扣技艺在珊丽娜的手里渐渐复原着生命力，也从一份爱好变成了一份她不愿推卸的责任。在她身边，聚集起了越来越多的年轻人。珊丽娜有两个在德国长大的女儿，女儿们原来对她迷恋的盘扣并不以为然，但随着对中国文化的逐渐了解，两个女儿明白了每个盘扣图案的寓意。现在，两人也迷上了盘扣，还拜宋滔为师，学做盘扣，对他的称呼也从“叔叔”改成了“师傅”。

2012 年，在徐汇区漕河泾街道的牵头下，珊丽娜的工作室深入社区，手把手地教居民如何制作盘扣。他们在中国中学成立了中华盘艺基地，学校编撰了既反映传统技艺制作过程又融入传统和时尚气息的校本教材。她同时长期在上海市聋哑学校授课。宋滔说，聋哑学校的孩子们学得格外用心，他们希望学到一技之长，成为未来谋生的一个技能。

珊丽娜每天仍然醉心于盘扣和旗袍的创意设计工作，盘扣的制作，主要由宋滔来完成。她说，一对盘艺作品，从设计到制作需要数日复杂的工序与劳作，而前期构思的时间更是无法计算。“你知道吗，从我自己设计第一个盘扣造型，到变成成品花了整整五年多的时间。”盘艺的制作大多数时间是被枯燥和重复性工作占据，在每一枚盘艺设计、开料、刮浆、风干、烫条、盘扎、整形、塞芯、封烫、修整、装裱等十多个步骤的任何一个闪光时刻，她心中都充满了满足与成就。“别小看这盘扣，其钩织精巧细腻、构思独特，每个盘扣都有一段动人的故事。中华民族的特色绝技，值得传承弘扬，更值得向世界展示。”珊丽娜说。第一对是关于人生的三个阶段：童年、壮年、老年；第二对是关于婚姻的，她将一对赠予新人的盘扣设计成了椭圆形，寓意他们不断向着圆满进发的过程。

珊丽娜一直很忙，她要将她的盘扣作品打扮一新，在周庄做陈列展示，也希望借助室内装饰等商业形式，让盘扣走出一条“市场化生存”的新路。珊丽娜说，她希望有更多有志之士能收藏盘艺作品。此外，她计划建一座博物馆，把收藏的盘扣以及她钟爱的旗袍等海派元素展示出来，让更多人了解，以此来将这份中华之美留住并延续下去。

朱墨钧：让皮影戏在学校常演常新

皮影戏又称“牛皮影戏”“灯影戏”，是我国珍贵的非物质文化遗产。七宝皮影戏是最早完整地扎根开花于上海的江南皮影艺术。其涉及本地传统戏剧、传统美术、传统工艺、传统音乐、民间文学方言特点，是浓缩了的古镇七宝传统民俗文化，它以声带影，声影统一，具有浓郁的地方色彩和独特的艺术风格。2006年，七宝皮影戏被列入首批上海市非物质文化遗产名录。在七宝古镇上，有一个景点吸引游客的注意——七宝皮影艺术馆，从2006年皮影馆成立至今，朱墨钧在这里做了十年的馆长，他也是上海市非遗代表性传承人。

结缘皮影戏

朱墨钧已年过七旬，是地道的本地人，自小在皮影戏的氛围中长大。夏天农闲时，也没什么娱乐活动，只有巡回演出的皮影班子进村搭台演，就像现在的追星族一样，只要听到哪里有皮影戏就会追着去看。台下看得不过瘾，他就爬到台上看皮影人怎么操作，经常被人赶下来，有时看累了就囫囵睡在台上。看皮影戏，他不只是凑热闹。回家后，他自己用饼干盒子的硬纸制作“皮人”，点着蜡烛在自家蚊帐里演，和着弟弟敲铜脸盆的节奏在打谷场上演，而小人书里看来的杨家将、水浒传等故事就移花接木成了他们的剧目。

“那时他们肯定没有想到爱看皮影戏、睡在台上的小孩今天成为七宝皮影的传承人。”朱墨钧感慨道。

20世纪80年代初期，朱墨钧结识了七宝皮影第六代传人璩墨熙老先生，两人成为忘年交。通过璩老，他逐渐了解七宝皮影中蕴含的宝贵文化。七宝皮影俗称“皮团头戏”，已有120多年的历史，它涉及传统戏剧、美术、工艺，以及民间音乐、文学和方言，是七宝古镇乡土文化的精华。在清朝光绪年间，七宝镇的毛耕渔从浙东学得江南风格的全套皮影表演技艺后，回乡组建了“鸿绪堂皮影戏班”，由此将皮影戏正式引入上海。毛氏戏班曾辗转献艺于各县乡镇以及市内知名茶楼，推动了皮影戏在上海地区的兴盛，也使得皮影戏在人物造型、声腔曲牌等方面演化出海派特色。鼎盛时期，有54个皮影戏班活跃在上海各处，而七宝则是其“根据地”。随着生活娱乐方式的多元化，皮影戏的舞台逐渐褪色。

成立七宝皮影艺术馆

2006年，七宝皮影戏被列入首批上海市非物质文化遗产名录。身为民间艺术家的朱墨钧受闵行区文化部门委托，对七宝皮影艺术进行“抢救性”恢复，并成立了七宝皮影艺术馆。虽然当时有人规劝他说皮影戏是“夕阳事业”，是老人表演给老人看的。但小时候埋下的深深情愫，使朱墨钧一直对皮影戏怀有特殊情感，毅然决定接下这个“烫手山芋”，开始专事皮影戏的传承和研究。

开馆前，朱墨钧花了很多时间和精力去搭建皮影戏的演出班子。“皮影戏是一门综合艺术，舞台上的艺人需要眼、耳、口、手、脚并用，会操纵、会念白、会吹拉弹唱；舞台下的皮影艺人还得会编剧本、设计造型、绘画和手工制作。全部掌握这些技巧的人几乎没有。”朱墨钧说。他当时四处寻找当年皮影戏班传人的后代，最后只找到两个。他又觅宝似的觅到两个皮影戏“票友”，再加上沪剧、越剧等“沾边”的爱好者，凑成一个7人的皮影班子，沿用“鸿绪堂皮影戏班”这个名号。他们自编自导皮影戏，2006年6月开始，几度兴衰的七宝皮影戏又恢复了演出。

皮影馆一共分两层，具备演出、展示、研究、培训的社会功能。展示区通过图文、实物、音像展示了七宝皮影戏的传承谱系、流传状况、皮影画制作及遗存藏品。表演区专为游客提供互动演练，每周六下午演出两个小时。

让皮影戏在校园焕发活力

在游客往来众多的七宝古镇，皮影馆却一直冷冷清清。“偶尔会有游客进来看一看，现在爱好这个的人几乎没有了。”原因是传承后继无人，皮影馆没有年轻人表演了。曾有一位母亲带着儿子找上门来，希望儿子能跟着朱墨钧学皮影、演皮影，但一听说没有固定工资，这位母亲拉着儿子转身就走了，丢下一句话“我儿子可是要成家立业的”。

发现后继乏人的问题后，朱墨钧想到把传承阵地转移到学校去，誓把“夕阳事业”变成“朝阳行业”。在孩子们心中种下皮影的种子，总有一天会生根发芽。他主动找到七宝明强小学校长谈非遗进校园的事，希望能开一个兴趣班。校长面对这样一门承载着家乡文化精华的古老艺术，便提出试试看，一周一节课。朱墨钧从兴趣着手，从武松打虎、三打白骨精等经典剧目，到根据七宝地方传说自编自导新戏，再到结合学校教学任务的课本剧，皮影被孩子们玩得越来越“活”。“皮影在我手里是道具，在孩子们手里就是玩具。”一年之后，一个以七宝民间传说创作的皮影戏剧目《金鸡》在上海市中小学戏剧节上获得一等奖。学校自此成立皮影社团，皮影艺术在该校生根开花。

此后，不断有学校主动找到朱墨钧寻求合作。和明强小学一墙之隔的七宝三中也邀请他去授课，学校的校本课程建设全方位渗透皮影艺术。如音乐课上，学生通过听、赏、唱、演、打、创等音乐活动，多角度感受七宝皮影戏的表演特点；语文课中，学生学习如何将课本剧改变成皮影戏剧本；美术课上，学生学习如何绘画皮影戏中的人物，并通过劳技课进行道具制作。2012 年，结合皮影表演、皮影音乐、极富视觉冲击和趣味性的音乐教学课在全国公开课大赛上荣获一等奖。

在上外闵行实验学校，朱墨钧和孩子们“开发”了沪语版、英语版、普通话三语皮影戏，老师惊奇地发现平时连三两句课文都背不下来的四年级小学生，为了争取皮影戏的表演机会，在一周时间里背熟了整整 12 分钟的《孙悟空三打白骨精》英文台词。“这些台词都是让外语学院的专家翻译的。”朱墨钧补充道。文来实验学校的皮影，在朱墨钧的带领下，从兴趣班到小社团，从课本剧到童话剧，又从中文皮影发展到英文皮影、沪语皮影，孩子们玩出了乐趣，玩出了名堂，成为文来实验学校的特色课程项目，学校也因此获得上海市“非遗”进校园十佳传习基地称号，同时成为龙头基地。此外，朱墨钧还在华漕学校、华博利星行小学等学校教授皮影戏，都获得学生的喜爱。“一要打得进，二要站得住，三要打得响。”对于非遗进校园的成功经验，朱墨钧如是说。他认为传承人要有先进的教学理念，将非遗项目与学校紧密结合，服务学校和学生。“创新孩子的皮影戏，而不是皮影戏的孩子。也就是用孩子们能接受的方式去教。”

除了进校园，朱墨钧又走进社区，让居民学习表演皮影戏。在政府部门的重视和支持下，朱墨钧还创作出一批廉政题材的皮影戏，并以廉政文化进校园活动为载体，将皮影课堂开进校园，讲解皮影知识，传授皮影表演技能，组织学生排练表演廉政皮影，使历史文化、廉政文化有机地融合为一体，既丰富了廉政文化的内容，又为皮影戏这一具有鲜明海派特色的本土民俗艺术的传承和发扬注入了新的生命活力。

朱墨钧研究了十几年的皮影戏，除了研究皮影戏如何更好地进校园，还深入研究皮影戏的发源、艺术特点、皮影制作要点等，并写就一本《七宝皮影艺术》待付印。在很多人看来，七宝皮影戏已经变成“朝阳行业”，但朱墨钧很清楚，皮影戏并未从根本上摆脱困境。“现在缺乏扶植皮影戏的土壤，找不到传承人。我现在也想通了，任何事物有诞生的一天也有灭亡的一天，只是时间早晚问题。”对于这个问题，“可惜”两个字已无法表达朱墨钧内心的凄凉。“只能说，我能走多远，就尽力让七宝皮影戏走多远，但有一天，我走不动了，这份非遗事业很可能前功尽弃，皮影戏也许会重新挂回墙上，藏进箱子里。”这恐怕不是危言耸听。

赵雪林："手"护非遗 "狮"展技艺

马桥手狮舞源于清朝康熙年间的狮子灯，是上海市的传统民俗舞蹈之一。当地元宵灯会时人们爱提灯行街，而镇上街道狭窄，观者拥挤，提灯人便用竹竿撑起狮子灯，以利炫耀，手舞足蹈，以示欢乐，成为别出心裁的民间舞蹈。作为一种传统民俗文化，手狮舞融灯彩、杂技为一体，形式独特，技艺性较强。2007 年 6 月，马桥手狮舞被列入首批上海市非物质文化遗产名录。2010 年 6 月又被列入第三批国家级非物质文化遗产名录。赵雪林是马桥手狮舞上海市级代表性传承人，关于手狮和手狮舞的每一个细节他都了如指掌。

表演无固定程式

在马桥手狮舞的历史上有一个关键人物，他就是出生于 1870 年，重视习武、酷爱手狮的国民党元老钮永建。民国初年从政时，他逢盛事必邀手狮表演，促进了手狮舞的传承。长期以来，手狮舞一直在民间以师傅带徒弟的方式，一代一代传承。上海解放后，马桥手狮舞仍在乡村间流传，但是当地的大型文化活动均由行政机构安排，各种地方俗节、庙会也因种种原因相继停办，手狮舞传人缺少表演机会，便不再有人扎制狮子灯。所幸 1983 年，原上海县文化局在马桥乡采风时，得知当地仍有手狮舞传人，即在乡文化站聚集舞狮传人和民间舞蹈爱好者加以整理，重新排演，马桥手狮舞才重新回归当地群众的生活中。1987 年，马桥手狮舞被列为重点舞蹈收入《中国民间舞蹈集成上海卷》。

赵雪林于 1988 年进入马桥文艺工厂，从事文艺演出队的工作，同时学习手狮舞表演。在舞狮前辈和前上海县文化馆舞蹈老师陆大杰的指导下，他的舞狮技艺不断提高，多次参加各区县、电视台及电影制片厂等活动演出。1992 年赴北京参加全国民间音乐舞蹈比赛，任马桥手狮舞表演队成员。县文化馆复排手狮舞时，赵雪林和他的同事们拜扎灯舞狮的老艺人们为师，刻苦认真学习，汲取民间舞狮舞龙的传统技艺，又结合自身的专业特长，融舞蹈的肢体语言、戏曲的亮相步法、武术的精气神韵、技巧的腾跃翻滚等多项艺术于一炉，对传统手狮舞进行了一番提炼和升华，编创新的演出套路。

“传统的手狮舞表演无一定程式，全靠自然传承，行街表演时以即兴发挥为主，技艺难以保持和发展。”赵雪林说。为了巩固提高手狮舞的表演技艺和演出效果，赵雪林所在的手狮舞表演队坚持苦练基本功，不断提炼和规范舞蹈动作，吸取当地舞龙一些技巧，丰富手狮舞的粗犷勇猛又刚柔相济以及注重细腻动人的表演风格，具有独特的海派风采。

解读狮子精神是关键

马桥现有多支手狮舞队伍，其中还有一支学生队伍，由马桥强恕学校的学生组成。马桥强恕学校是马桥地区唯一一所百年老校，也是上海唯一开展手狮舞教育的学校。赵雪林与学校的音乐教师、体育教师以及部分其他学科教师组成师资队伍，组织学生定期培训，使手狮舞表演队拥有了后续力量。三至九年级，每个年级都会挑选 20 位学生参加手狮舞的训练。学生手狮舞已经成为学校一项传承民族民间历史文化的特色教育内容和教育活动。

马桥手狮舞源于狮子灯，擎灯方式和手带狮舞的执狮方法，是从舞龙灯动作借鉴过来的。赵雪林提到马桥手狮舞国家级非遗传承人孙炳祥老人，从 13 岁就跟着大表哥学得扎手狮的手艺。老人对马桥强恕学校的几位美术教师进行编扎传授，美术教师学后教给学生。之后，赵雪林在学校传授手狮舞的舞蹈部分，负责骨干学员的培训。

手狮舞以舞为主，画狮、说狮、舞狮和读狮，是对狮子精神的解读。赵雪林介绍说，表演套路分为文狮、武狮和看狮三种，注重强化狮子的形与神，通过对狮子种种动作的模拟和喜怒哀乐的再现，尽情地表现文狮的温顺可爱，舞狮的勇猛威武和看狮的朴实稳健，更以夸张的手法，展现人舞狮、狮拟人过程中的种种情趣。因此到了舞台上，舞狮人的表情、动作都必须要表现到位，使舞蹈富有幽默感，更显轻松、欢快，从而把人们的欢乐情绪融化在手舞足蹈之中。要成为一个合格的马桥手狮舞学生，赵雪林认为需要做到八个大字：诚恳虚心、身体健壮。“马桥手狮舞有着技术加体力的双重考验，仅是基本的动作学习就要花费三到四个月。此外，学习者还要善于感悟音乐，不然单纯地卖弄技巧无法感动大众。”

为了使手狮舞代代传承，2009 年，赵雪林担任《马桥手狮舞教材》编写组编委，该教材被中国成人教育协会社区教育专业委员会评定为 2009 年全国社区教育特色课程一等奖。至此手狮舞知识被列入马桥强恕学校的校本教材，还同文体中心一起邀请有关专家共同编创出一套新颖的《手狮舞操》，成为群众性健身活动的推广项目。

31 年铸就的辉煌

从 2003 年至今，赵雪林一直担任马桥手狮舞团队总教练和指导老师，培养了一批传承人。在传承之路上，赵雪林也遇到过低谷，为了更好的发展曾转做企业营销工作，但是对手狮舞的热爱始终支持着他，只要有演出，他都第一时间回来排练。

自 1988 年起，赵雪林从事马桥手狮舞已有 31 年，熟练掌握着手狮舞大、中、小狮子各种基本动作技巧和锣鼓伴奏音乐的技法，先后参加了 1991 年第一届全国农民运动会开幕式表演、1992 年全国首届民间音乐舞蹈大赛表演、1996 年在浦东三林举办的国际龙狮大赛表演、1997 年在江苏举办的中华经典龙舞展示暨民间艺术绝技展演、2009 年 5 月赴韩文化交流演出等活动。每一次活动反响都非常热烈。

虽然马桥手狮舞已成为国家级非物质文化遗产，但其传承和保护还是面临着一系列新的问题：老一辈手狮舞传承人相继去世，新的学习人员流动频繁，演出人员平均年龄在增长，演员的素质未能保持原有水准。随着城市化建设日益加快，当地年轻人的文化爱好日趋多元化，也使得传统民间艺术的生存空间不断遭到挤压。

尽管困难重重，赵雪林和他所在的马桥文化体育事业发展中心以及马桥强恕学校的师生们仍然在努力，不断推行种种力求创新的探索。赵雪林衷心希望马桥手狮舞后继有人，他将竭尽所能，将这一门手艺传给后人，让马桥手狮舞动四方。

张伟忠：以刀代笔绘竹韵

中国古今文人墨客，对竹有着别样的青睐。江南盛产各类佳竹，同时也孕育了以竹为创作元素的“江南”非遗项目——嘉定竹刻。

嘉定竹刻是上海嘉定地区的一门竹刻艺术，创始于明代，盛于清朝，距今已有400多年历史。嘉定竹刻历代竹刻艺人以刀代笔，将书、画、诗、文、印诸种艺术融为一体，赋予竹以新的生命，使竹刻作品获得了书卷之气和金石品味，风雅绝俗。嘉定竹刻的形制多适合文人口味，其品种有以竹筒和竹片制成的笔筒、香筒（薰）、臂搁、插屏、抱对等，也有以竹根刻成的人物、山水、草木、走兽等。

2006年嘉定竹刻入选第一批国家非物质文化遗产名录。

坐落于上海市嘉定区州桥历史文化风貌保护区嘉定别墅内嘉定竹刻博物馆，清幽宁静。嘉定竹刻代表性传承人、上海市工艺美术大师张伟忠，就工作于这家博物馆。

竹人匠心　愿得一竹

“竹刻博物馆每到5点钟就要闭馆。我完成一样作品要很长时间，而且创作的时候，不高兴被打断的。多数时候，我喜欢在家里或者工作室里待着。”张伟忠说。

一件精致竹刻作品制作，少则数月，多则数年。仅在选材上，就有一套复杂的流程。竹刻艺人要经常深入竹林，选取适合雕刻的楠竹（俗称毛竹）。江南竹子虽多，但能用于竹刻创作的好材料难得。

尽管已年过半百，但张伟忠仍然会亲入深山，寻找上好的竹料。从开始为单位买竹到自己花钱上山再找竹材，从未间断过。挑选并处理出理想的竹材，浙江、湖南、安徽等各处盛产竹子的地方都留下了他的足迹。

“冬季好竹子已经不多了，好多竹子在秋天就被砍伐了。我工作室存放着每年从不同地方采伐来的竹子，最早收的竹子已近三十年了。我买竹子从新竹，买到老竹，从春竹买到冬竹，做对比试验并进行记录。除了时间考察，对地域也要分辨，比如纬度偏北优于偏南，还包括具体生长位置、山阴山阳、水分含量，甚至竹子的雌雄，同时具备几个优选要素的，每座山就那么几根竹子。有的山今年去过，要隔十几年再去。”张伟忠说，“竹皮娇嫩，刮不得碰不得。早几年我没钱雇人，竹子是自己扛下山再处理的。现在砍下竹子后，我当天就用山泉水清洗，用自带的白铁皮制成一口锅，把竹子切成 2 米一段，放在锅里煮，烧火就用废竹子，以竹煮竹是最好的办法，两者内在性格一致，煮出的效果最好。”

近三十年的寻竹经验里，张伟忠认为，竹子不是当年采就可以马上用，采下来煮过、处理好，还得等上几年，才能知道哪些可以用。因为竹子与木材不同，竹子是直条的纹理结构，容易裂。储存过程中，黄梅天湿度变化剧烈、秋天干燥的气候都会持续让竹子开裂，至少得过两三年，竹子的状态才会真正稳定下来，才能用于雕刻。

匠心意造　修竹生花

“我的作品，自己保留的不多，好些被朋友拿去或者被各处的博物馆收藏了。近期，我想要办一个展，还得四处‘借’来。”一圈圈香烟散开，张伟忠的笑容逐渐露出。

骨子里，他是个爽朗的人，有君子节操。

竹人有君子节操，才能将技艺融入创作，器物与心意共鸣，作品更显张力。

眼前杂志里的一幅《香远》的竹刻作品，透过纸背，仍能感觉到一盆清雅的水仙花，从竹片中欣然怒放。“这个作品被德国柏林国立博物院亚洲艺术博物馆收藏”，他起身拿来博物馆的收藏证书，“他们给我寄来的是德文，这是我请人帮忙翻译过来的。”

将水仙的神韵刻画得如此细腻生动、栩栩如生，与他多年坚持侍弄水仙息息相关。“我每年都会养水仙。不同时期的水仙，会有不一样的品相，我将它画出来，刻在我的作品上。”张伟忠说。

他的作品《留青水仙插屏》，由 7 片竹板拼接而成，篇幅宏大，这是他对传统留青浮雕技法的又一种继承与超越。水仙的清秀俊朗因此刻法而鲜明若揭，根茎、叶脉与花瓣纤毫毕现，形体明晰而毫无生硬之感，配以《水仙诗》题刻，平添了书画韵味。

品格高雅的花与竹子融合一体，让人觉得，那竹子表面的景致，不是由人工刻出，而是花自然地从竹子的内部生长出来的。

自进入嘉定博物馆竹刻工艺部拿起竹刀后，张伟忠就未曾停过手。对陷地、浮雕、深雕、透雕和留青等竹雕技艺有独特见解，他吸纳古人在竹刻上的智慧与经验，大胆开拓。“我很喜欢朱三松的《松下高士图笔筒》，作品中的松树非常细密，旁边是镂空的，再旁边是一块大山石，但不做过多雕饰，以免抢了松树的气氛，整个作品很有节奏感，虚实空间错落布置，密而不结，松而不散，使整件作品呈现空灵幽深的感觉。古人在竹刻上的智慧值得后人学习。顾珏、周颢和王梅邻等的处理手法有自己的风格。顾珏以表现全景见长，中景与近景以方刀为主，光影强烈，使画面更出挑；在远景的处理上用圆刀为主，使远近景物拉开了距离，增强了层次感。王梅邻的虚实过渡，没有了顾珏大开大合，多了些微妙含蓄，于不尽处见意味深长。周颢更多的借鉴了绘画语言。吴之璠也是。他的晚期作品，风格是很简约的。”张伟忠说。

远行与潜心创作，从自然中寻找灵感，从其他的艺术形式中寻找适合竹刻的表现语言，他刀下的表现渐渐地丰富起来，并形成了清淡幽远的风格。在张伟忠看来，竹刻更重要的是感觉，感觉到了，自然会有一种样式呈现。

艺无止境　尽心尽力

张伟忠自幼喜爱艺术，有良好的绘画功底。他以刀为笔，以竹为纸，融书、画题材及技法于一体，将“竹文化”与书画艺术再创造，形成自己独特的风格。

张伟忠现在仍对幼年时结缘竹刻的情景记忆犹新：“我小时候住嘉定远郊的外冈，河道两旁都有竹子，也曾砍来雕着玩，不过那时根本不知道嘉定有竹雕。初中毕业后有段时间，我每晚去文化馆写书法。教书法的老先生建议我学嘉定竹刻，那是我第一次知道嘉定有竹刻。后来，嘉定博物馆成立竹刻兴趣班，我就去报名。”

“培训班学员每个月工资 60 元，苦苦支撑至 1991 年，培训班已发不出工资。老师和学员们都走了，只有我一个人在坚持着。”张伟忠说。

从 1986 年报名参加嘉定县文化馆举办的竹刻兴趣班，到 1988 年考入嘉定博物馆竹刻工艺部后师从王威，再到 1992 年走出嘉定寻访徐秉方先生，他的竹刻艺术之路在求学与创造中，不断地升华。由于天赋和刻苦，1993 年，他所临摹的吴之璠风格的《浮雕布袋和尚》被王世襄先生看中，带到香港艺术馆作为范本讲学，这是他早期学习时期的最大收获。

1999 年，张伟忠开设了改革开放后嘉定第一家竹刻店“新篁馆”。近三十年来专心竹刻艺术的探索与理论的研究，创作了一系列富有新意的作品，被业界认为作品“能融合传统与现代、经典与时尚”。

身为嘉定人，张伟忠对嘉定竹刻有与生俱来的好感、自信与责任感。他认为，传统的嘉定竹刻是一体两面，亦文亦野。雕工繁复，追求养眼、视觉强烈而热闹的一类作品，传世的作品居多；而文人作品显现的是清静之气，含蓄内敛，追求的是一种心境，更偏向于传达一种清淡幽远的气氛。两者一求养眼一求养心，在审美趋向上是截然不同的；任何一种艺术样式，如果雷同于其他样式，那么它的独立性和纯粹性就无从谈起了；样式没有高低，决定高低的是艺术家本身的修养；创作时，艺术家要的不是风格而是感觉，感觉到了，自然会有一种样式呈现；竹人要尊重竹材的朗润、条达与素雅之美，如果雕饰过多，竹子本身的肌理美感就破坏了。

近年来，嘉定不少中小学都纷纷开设竹刻兴趣班。张伟忠也欣然到嘉定区内的马陆育才联合中学、黄渡中学、城中路小学三所学校的竹刻社指导。“嘉定竹刻应重视人才梯队建设，还要与高校合作办班。”张伟忠说，“嘉定竹刻的传承，任重道远。”

杨致俭：一生追求“琴道”

在中国古代社会漫长的历史阶段中，古琴因其清、和、淡、雅的音乐品格寄寓了文人风凌傲骨、超凡脱俗的处世心态，而在音乐、棋术、书法、绘画中居于首位。2003年，有着三千年悠久历史的古琴艺术继昆曲之后，第二批入选世界“人类口头和非物质遗产代表作名录”。在上海，有位古琴演奏家、制作家，他是上海市非物质文化遗产项目“古琴斫制技艺”代表性传承人，现任上海七弦古琴文化发展基金会理事长、上海非物质文化遗产保护协会副会长、中国文物保护基金会历史专家委员、“幽篁里古琴研发中心”创始人，他就是2017年获得“上海工匠”称号的杨致俭。

结缘古琴　顺其自然

杨致俭毕业于同济大学建筑学专业，从小受父亲的影响，学习琴棋书画。尤其是古琴，师从当代两位古琴泰斗、国家级非遗传承人“南龚北李”，即中国琴会前会长龚一先生和荣誉会长李祥霆教授，深入学习广陵派、虞山派经典曲目和古琴斫制技艺，此外，他师从著名洞箫演奏家、“江南箫王”戴树红教授，潜心钻研琴箫演奏艺术。

“我没有想过会专业从事古琴教育和传播，至少小时候没有想过。”杨致俭直言。在他30岁前，他一直认为，琴棋书画是个人的修养，弹琴给自己听，做琴给自己弹。随着年龄的增长，想多做点事的念头越来越强烈。“想改变在乎的世界，或至少影响在乎的领域。”杨致俭说，“对艺术家或者学艺术的人来说，学习是一生的，小时候可能学习一些技术性、专业性的知识，长大后更多的是源于对生活、人生的热爱，促使自己不断改变对生活、生命的理解。学什么不重要，不停地学习最重要，最后通过某一技术表现出来才是对琴棋书画最好的表达方式。”四十不惑，就是不再迷惑自己是谁，能成为谁，能做什么，而想明白这些是他35岁以后。

古琴上有七根弦，13个徽，所以它也叫七弦琴，杨致俭出生于7月13日，“我是为琴而生的。”他笑着说。也许这是冥冥之中的巧合，但一个人能弹琴、做琴、讲琴，又爱艺术、爱生活，不为五斗米折腰，而且做这些事情的时候年纪正合适，杨致俭是符合这些条件的少数人之一。从古琴演奏家到制作家，到从事相关教学工作，杨致俭说这三者对他来说没有切割那么明显，一切都切换地很自如。“当觉得做这些事情的时机到了，也就自然而然去做了。只要觉得当下做这些是最合适的，是喜欢的、不计较任何得失的。”

2005年底，杨致俭创立了“天下古琴”传习中心，2011年成立了上海七弦古琴文化发展基金会，是中国第一个以古琴文化之传承、保护和发展为目的的基金会。2011年，基金会成为上海市非物质文化遗产项目（古琴艺术）保护单位。2013年，基金会成为上海市非物质文化遗产项目（古琴制作）保护单位。2014年，杨致俭被评为上海市非物质文化遗产项目“古琴斫制技艺”代表性传承人。“这些都是顺其自然的事情，没有刻意要成为什么。”杨致俭说。

科学量化地看待古琴制作

“建筑是凝固的音乐，音乐是流动的建筑。建筑更严谨，偏理性；音乐偏感性，理性与感性的结合体现了艺术的高水平。从宏观角度讲，建筑讲究美、对称、和谐与统一，古琴也不例外。”因大学里学过建筑学，杨致俭对建筑与古琴的关系自有一套理论。

任何非遗项目的创新都要尊重传统，在传统的基础上进行创新，否则就是无源之水无本之木。杨致俭认为古琴制作的创新不是任意新造一个造型，而是用科学量化的态度和眼光去看待最传统的古琴制作。比如打磨光滑，什么叫光滑，用几号砂纸，打磨多少次。又如琴面制作，对面板曲率的合理性、平整性有非常高的要求，1米24的长度，要刚好在某个点，正好下凹1.3毫米，木头有一点点变形，就会对演奏产生影响。将数据变成理论，变成实现作品功能的基础和依据，达到质和量的要求。“中国古人留下很多精神和物质财富，包括古琴，但这些能工巧匠没有写一本书教你什么是好的古琴，怎样制作一张传世好琴。”杨致俭结合大学学过的现代材料学、结构学、声学等知识，科学量化地看待古琴制作，通过内在原理实现其外在功能，创立了中国第一个古琴制作领域的数字化研究机构，制定行业规范，将古琴制作的各个环节，全面实现标准化制作。

做琴，杨致俭沿用古人的方法，从头至尾，全部由个人手工完成。一张琴从木材选料、外观造型、槽腹结构、木胚装配、木胚裱布等十多道工序，每一道都很有讲究，制作需要至少两年时间。“制琴很重要一点要学会等待。用时间堆出作品，用等待换出作品。”杨致俭说。为了学习古琴制作，他曾辗转于福州、山西等地学习大漆制作，去日本研究莳绘技艺。“之所以花时间和精力去天南地北地学习，就是要把最好的东西从民间、典籍里挖掘出来，以达到古琴的使用价值、音响学效果和工艺要求。”正是这样的追求，杨致俭先后修复了多张唐、宋、元、明等历代名琴，恢复了一千年前的唐代传统制琴工艺，并与师傅李祥霆教授合作，成功研发了“醉琴斋”丝弦。

追求“琴道” 注重传播

书法有书道，茶有茶道，古琴也有琴道。“所谓‘琴道’，就是学琴、弹琴的人，通过古琴的演奏去了解这个世界。”杨致俭解释道，他的最终追求就是“道”。古琴面圆底平，象征天圆地方。琴长三尺六寸六，象征一年有 366 天。古琴上有 13 个用贝壳做的叫‘徽’的圆点，就是音阶，它代表一年有 12 个月加 1 个闰月。“由此看出中国古人弹奏古琴的根本目的是跟自然沟通，跟古人对话，琴是弹给自己听的。”

面对非遗传承的难点，杨致俭直言：“古琴制作最难的地方在于把艺术和技术相融合。我之所以琴做得好，因为我弹琴弹得好。枪械的制造者，未必是神枪手，因为社会分工已经很细化了，古琴领域还没有细分到这个程度。我用一个专业演奏家的要求，去指导如何做出一张最顶尖的琴，这是一个必要条件。”

但艺术和技术兼掌握的人毕竟是少数，是否会影响传承呢？杨致俭不这么认为，“成为大师要符合三个条件，即学术上承上启下，行业内开一代先锋，个人人品成为楷模。每个时代真正的大师是很少的。从传承角度来讲，这一代或下一代只有部分古琴制作技艺被传承，到再下一代可能大师就出现了。量变引起质变，总会有一代出现从事或奉献给琴道的人。”

2017 年 9 月，杨致俭获得“上海工匠”称号。11 月，在浦东唐镇成立了上海首个工匠创新工作室（古琴制作技艺）。工作室既是古法制琴工艺的展示，又是一个传习、交流的场所，设有木工房、漆工房、荫房、沉淀房等，重现了一整套复杂的古琴斫制工艺。除了工作室带几个徒弟外，杨致俭注重非遗的社会传播。“天下古琴”传习中心走进上海包玉刚学校、复旦大学、上海大世界等地开展古琴文化讲座；将古琴与书法、昆曲、钢琴相结合，创新古琴艺术传播方式；设计古琴书签、环保袋、文件夹等各种文创产品，让更多的人了解古琴；开放古琴工作室，做一回“木工”，让人们对“匠心”有更深刻的体验。

谈敬德：民间说唱曲艺守望者

锣鼓书，旧称“太保书”，是说唱民间传说、历史故事的民间唱说形式。融豫、浙、苏的民间音乐为一体，旋律高起低落，基本演出形式是演员自击锣鼓、唱表说书，节奏重音与语言逻辑紧密结合，是保存在大都市中为数不多的民间乡土艺术形式。

相传锣鼓书起源于汉末晋初，流行于明清时期。清末民初时，锣鼓书已广泛流行于上海市郊东、西乡，并传播到浙江嘉兴平湖一带，当时一部分锣鼓书艺人走向茶馆、书场，专门说书，听书成了当时青年的一种时尚，1949 年前上海市郊以及毗邻地区的书场有近千座。

说起上海的锣鼓书，不得不提一个人，这个人就是谈敬德。

因为热爱　所以坚持

1961 年，刚满 19 岁的谈敬德在浦东南汇新场镇文化馆工作。他首次接触到锣鼓书，演员在台上边敲打镗锣、书鼓，边说唱，不管是音律还是唱腔，都觉得很好听。他被锣鼓书独特的说唱形式深深地吸引，从此后就踏上了自学作曲之路。20 世纪 70 年代初，他被单位保送到上海师范大学艺术系进修，毕业后，他如鱼得水，深深地爱上了作曲。

1964 年，上海市群众艺术馆举办“上海说唱”传授班，他被选派去学习，并向黄永生学习上海说唱。于是，他一头扎进了上海说唱的表演、谱曲和创作的生涯中，由他创作并谱曲的首部上海说唱《百罩变不罩》在上海卫生系统文艺汇演中荣获一等奖。从此，他一发不可收拾，当创作灵感来临时，深更半夜也会起床写作，夏去冬来，数十年如一日，由他创作的曲艺节目在区级和市级，甚至国家级的文艺汇演中屡屡获奖。

1979 年，上海恢复群众文艺汇演，由谈敬德创作的锣鼓书《桃梨争春》如一股春风，给人耳目一新的感觉，摘得汇演大奖。由此，他有幸成为上海民间音乐创作组成员，被借调到市里从事民间音乐创作，他还经常到松江、平湖、嘉兴等地采风学习，把浦东的锣鼓书传到各地。同时，他把各地的民间曲调揉进浦东锣鼓书。锣鼓书原来只有镗锣、书鼓这两样，后来逐渐增加了书鼓、竹节鼓、响板，表演由一人弹唱变为双人、多人和群唱，韵律、形式等更为丰富。由谈敬德创作的反映浦东改革开放成就的《浦东大佬倌》，共有 30 多人轮番上台表演，创下了锣鼓书之最。

2004 年，国家启动“中国民间文化保护工程”，锣鼓书作为选送项目之一，最终成为上海选送的唯一一个国家级保护项目。2007 年，该保护工程转为非物质文化遗产保护项目，京剧等一批剧种继锣鼓书之后相继成为“非遗”项目。2008 年，谈敬德被文化部授予锣鼓书项目国家级非遗代表性传承人。

海纳百川　功夫不负有心人

为了摸清上海地区锣鼓书的来龙去脉，谈敬德经常到金山、松江、奉贤、嘉定等地搜集民间音乐。一次，为了到嘉定拜访一位老艺人，从南汇乘头班车出发，调了 4 次公交车到嘉定，正好赶上嘉定文化馆工作人员上班，他向当地文化馆借了一辆自行车，踏了 10 多里路，来到老艺人说书的茶馆，老艺人白天没空，就等到晚上采访。从傍晚一直聊到凌晨 3 点多钟，考虑到老艺人白天还要说书，不得不煞车。为了整理搜集到的曲艺材料，在当地借了旅馆，不顾天热疲劳，蚊虫叮咬，通宵达旦连续奋战。

1984 年，国家文化部等部门正式发文，要求在全国范围内收集、整理散落在民间的民歌、民谣、民间乐曲，编写十大集成，各省市区县都要编分卷分册。谈敬德被借到上海市民间器乐集成编辑部，于是他激动万分，苦等二十多年的心血终于有了施展才华的平台。

南汇成立了民间文艺集成领导小组，谈敬德被任命为《南汇县民族民间器乐曲集成》主编。为了加强编纂力量，文化馆借了3人配合他一起搜集和编集。结果借来的3人跑掉了2人，谈敬德并不气馁，他发动各乡镇文化站一起来完成这一浩大的集成任务，可是，事情并不与想象的那么简单，一些在“文革”中受到冲击的老艺人不肯讲，不敢讲。刚恢复的道教馆，还不让采风，有些干部对搜集道教音乐不理解，怀疑他们来搜集“黑材料”。谈敬德在县集成领导小组和县委宣传部的支持帮助下，发动派出所民警配合上门做好宣传工作。1986年8月14日，在惠南镇派出所的协助下，经县文化馆统一筹划，邀请全县道教艺人集中到古钟园，对道教音乐进行全面录音录像。通过这一活动不仅搜集到大量珍贵的民间音乐资料，还为全县民间音乐集成打开了局面。各种民间音乐的线索全面铺开。谈敬德根据普查所掌握的线索，整天走南闯北，深入开展集成调查工作。为弄清浦东派琵琶的渊源，他把中央音乐学院林石城教授请回家乡横沔；为了摸清江南丝竹的流派曲目和传谱情况，他三上杭州，找到出生于本县三灶的“朱四房圈”第三代丝竹传人、浙江艺校二胡演奏家沈风泉；为了寻找南汇籍的古筝艺人，他们从奉贤南桥步行到三官堂，还去过浙江硖石等地。

到集成编书阶段，工作量大、人手少。寒冬腊月，他用棉衣裹住双腿，通宵达旦整理材料；盛夏酷暑，点上蚊香，挑灯夜战。在最后定稿的3个月时间里，两人每夜工作到凌晨2点多钟，在最后冲刺阶段，谈敬德住宿在上海劳动剧场楼上，每天早晨到楼下买了10只粽子，打一瓶开水，就算一天的伙食。由于连续紧张劳作，谈敬德患了高血压等疾病，领导和同事为他的精神所感动，劝他注意身体，多加休息，他总是笑着说：“习惯了，没关系。”经过3年奋战，厚厚的四卷南汇县民族民间器乐曲集成终于圆满成稿。

谈敬德根据搜集的南汇号子改编创作了轻音乐《水乡号子》器乐合奏曲，根据江南鱼鹰号子，创作了《水乡鹰歌》男声小组唱，根据流传民间的道情小唱，创作了民族器乐曲《浦东道情》，根据沿海民歌曲调编创了表演唱《三改灶》，根据江南丝竹乐曲创作了江南丝竹演奏曲《浦东欢乐》，他还创作了大量的锣鼓书表演唱。由他创作的民歌民曲和表演唱，具有南汇特色，体现时代精神，在参加市和全国以至海内外比赛中，屡屡获奖，先后被中国社会音乐研究会、上海市音乐家协会、上海市曲艺家协会、上海群众文化学会吸收为会员，成为沪郊知名的民间音乐专家。

倾情施教　桃李满天下

提起谈敬德，熟悉他的人都亲热地叫他谈老师，这个称呼名不虚传，他不仅自己创作、自己谱曲、教唱，而且从儿童到青年，从中年到老年，只要你爱学，他总能倾情施教。谈敬德每年为群众文艺汇演创作大量锣鼓书节目。在当地政府和教育部门的扶持下，他还在多所学校建立了锣鼓书艺术培训基地，为学校音乐老师办培训班。如今，培训基地已扎根于新场、惠南、祝桥等地的小学、中学和老年学校，培养了大批锣鼓书爱好者。

2010 年，新场镇首次创办少儿锣鼓书培训班，吸纳了 30 位少年儿童参加，这些从没拿过乐器、上过舞台的孩子，要他们一手打锣、一手敲鼓，嘴里还要背台词，谈何容易。特别是一些来自广西、福建的外地孩子，他们不懂上海方言，谈老师不厌其烦，将台词用拼音或近音词翻译成上海话，经过一段时间的反复训练，学生们不仅学会而且在市少儿曲艺大赛中获奖，由十来岁的唐文颀等同学演出的《爱心伞》《野鸭子的梦》《长寿仙》等节目先后 3 次入选全国少儿曲艺大赛并获奖，少儿锣鼓书已传播到江苏、四川、福建等地。另外，谈老师先后奔赴十多个乡镇培训锣鼓书，学员达两百多名，其中大团镇康文英、祝桥镇赵金芳把锣鼓书唱到中央电视台，康文英成为国家级非遗代表性传承人。顾佳美是新场镇文化服务中心的文艺骨干，她擅长演“浦东二人转”，对锣鼓书较陌生，在谈老师的精心带教下，他唱的锣鼓书在上海乃至长三角地区很有名望，今年先后两次参加全国群星奖汇演并获奖。如今她成了上海市级锣鼓书项目的代表性传承人。

“锣鼓书是我为之奋斗了大半辈子去守护和传承的上海地方曲艺事业，我会继续做下去，让我们优秀的民间艺术能够感染更多的人。”谈敬德经常满怀深情地这么说。

陈奇荣：点“草”成金　麦秆育人

麦秆画又叫麦秆贴，是始于隋唐时期的宫廷工艺品，是我国古代文化艺术的一块瑰宝。在上海杨浦区，有一位麦秆画艺人，他“以麦秆代颜料”，四十多年来，创作了一百多幅麦秆画作品。2007年，他被评为杨浦区首批非物质文化遗产项目麦秆画代表性传承人，他就是陈奇荣。

刻苦自学　麦秆成画

陈奇荣出生于1955年，从小生活在浙江奉化的一个小乡村。母亲是绒线编织高手，舅舅是位有名的画家、工艺美术家，儿时和舅舅一起编竹筐，草编、做手工艺，是他最大的乐趣。受舅舅的影响，陈奇荣从中学开始喜欢上了画画，并追随一位国画老师进行专业学习。

随着对国画理解的加深，陈奇荣的绘画技艺也不断提升。为了检验自己的绘画水平，18岁的陈奇荣时常带着自己的国画作品走进上海的各类艺术展览。在一次画展上，陈奇荣无意中看到一幅梅花图，是用麦秆绘制而成，这是他从来没有接触过的创作手法，顿觉眼前一亮。

那时候麦秆画给人神秘的感觉，投师无门的陈奇荣回家后便开始查阅资料，自学麦秆画创作。他从当时浦东的农民那里买回麦秆团扇作为原材料，从临摹开始，将画面重新布局。“刻苦勤学 宁折不弯”，陈奇荣将这8个字刻在笔筒上，作为学习的动力。

随着作品的增多，对原材料的需求也越来越大。陈奇荣曾骑着黄鱼车去浦东金桥自己收割农民原本要烧掉的麦秆。后来干脆在妻子的老家江苏江都郊区建立了自己的麦秆基地，这一亩麦田在陈奇荣的眼里就是宝贝，需要精心呵护。每年的五月中下旬至六月初，他都会忙着去收割大麦，取到麦秆后将其分类，在太阳下晒干、消毒。

一幅精美的麦秆画作品，往往需要经历“熏、蒸、漂、刮、推、烫、剪、刻、编、绘”等十几道工序，根据画面需要进行剪裁和粘贴成画，制作精细而烦琐。在陈奇荣看来，麦秆画的制作工艺并不难，只要有一定的美术功底，有一份足够的耐心便可出细活。“其实制作麦秆画最难的是选麦秆。”陈奇荣说，“不同的麦秆有不同的用处，一般我们用大麦秆，性能软，破麦秆时比较容易，缺点是麦秆短；小麦秆粗而长，缺点是硬。根据不同的麦秆制作不同的麦秆画，取长补短。”

自成一体　广受褒奖

不愁原材料的陈奇荣精心出佳作，在食品厂工作的他把制作麦秆画作为唯一的业余爱好，一有展示的机会就拿着作品去参展，并渐渐崭露头角。首获大奖的是 1987 年参加上海市职工艺术博览会轻工业局分场一等奖作品——4 平方米大型立体全彩麦秆剪贴画《凤凰牡丹》，是他的团队花了 5 天完成的巨作，当时媒体报道称“画面之巨，国内罕见”。

麦秆画艺术创新之路不停歇。1989 年，陈奇荣将国画、剪纸、镶嵌、篆刻、凸雕和金属铸画等艺术共融一体，创作了一幅空灵飘逸的《貂蝉拜月》，代表上海民间艺术品展赴香港、九龙展出，被当地舆论赞为“青年麦秆画家”，并入选“首届上海民间艺术成果展”。2008 年，杨浦区文化馆举办了迎奥运“陈奇荣麦秆画个人展”，陈奇荣也成为区文化馆首个开个展的传承人。2009 年，陈奇荣的麦秆画创业方案在上海市妇联举办的创业方案大赛中荣获“十佳创业方案奖”，他是获奖者里唯一没有博士、研究生文凭的人，这也是让他印象最深刻，如今回忆起来仍激动如初的一段经历。2017 年，陈奇荣在上海市民文化节艺术创客大赛中荣获“百名艺术创客”称号。

45 年来，陈奇荣一直执着地沉浸在麦秆画的世界里，从第一代的黑白两色平面画过渡到第二代的彩色平面画，再由第三代的浮雕式作品到独创的第四代全立体式作品，他孜孜不倦、独具匠心、潜心研究，作品以独特、典雅、富丽的艺术魅力多次获奖。飞禽羽翼丰满，走兽皮毛光滑，技巧、颜色均属上乘，作品自成一体，广受褒奖。

非遗传承　麦秆育人

2008年，在杨浦区定海路街道的支持下，陈奇荣将麦秆画带进学校，先后受聘于上海市东辽阳中学、上海市铁岭中学、平凉路第三小学、平凉路第四小学，开展麦秆画技艺普及和传承活动。其中东辽阳中学的麦秆画已成为学校的品牌课程，还作为教育精品参与国际交流，第二本麦秆画研习校本教材《麦香流韵》也已编印完成。学校被评为“上海中华优秀传统文化研习暨非遗进校园优秀传习基地”，2017年10月，学校的非遗麦秆画又被上海市非物质文化遗产保护中心列为上海市非物质文化遗产保护工作优秀案例。

经过近十年的传授指导，陈奇荣教的许多学生在各类工艺比赛中都获得不错的成绩。有些学生毕业后仍向陈奇荣学习麦秆画，与他探讨麦秆画技艺，他也会无偿奉送样稿和麦秆。同时，东辽阳中学的老师们也在跟他学习麦秆画以教授更多的学生，让“麦秆画”之花开遍整个校园。

麦秆画在学校的普及和传承也得到社会的认可，上海市群众艺术馆、上海大世界都邀请陈奇荣开设麦秆画班，还将麦秆画带进上海虹口银康老年公寓，受到大小朋友们的欢迎。陈奇荣的女儿和妹妹也跟他学习麦秆画多年，现在都可以独自创作精美的作品，他的妹妹正在评选闵行区非遗麦秆画传承人。陈奇荣教过的学生中年龄最大的96岁，最小的7岁。

“当初我学麦秆画时投师无门，现在只要有人想学，我一定会热情主动地教他。从另一个角度讲，非遗麦秆画是我们民族的品牌，也是优秀传统的工艺美术，有更多人愿意了解和学习，非遗麦秆画就后继有人，这是我最大的心愿。”陈奇荣满怀期待地说。不保守，无私心。以文会友，以艺交友，广交朋友，共同发展。这是陈奇荣对于麦秆画传承一贯的态度。

对陈奇荣来说，传承下去的不仅仅是麦秆画制作技艺，他自有一套“麦秆育人”的理念，在学校上的第一堂课他一定会先让孩子们了解麦秆，懂得麦秆，懂得感恩。麦秆画制作工序复杂，整个过程全凭手工完成，一幅作品离不开细心、恒心与毅力，陈奇荣教学生在制作麦秆画过程中学会做人、做事，这也是他作为非遗传承人的一份责任。

附录 1

上海市级非遗项目目录

类别	项目名称	申报地区或单位
传统音乐	江南丝竹	上海市群众艺术馆、闵行区、长宁区、杨浦区、嘉定区、崇明县、南汇区、徐汇区、普陀区、奉贤区、浦东新区、宝山区、青浦区
	青浦田山歌	青浦区
	上海港码头号子	浦东新区、杨浦区
	上海道教音乐	黄浦区、嘉定区
	孙文明民间二胡曲及演奏技艺	奉贤区
	泗泾十锦细锣鼓	松江区
	瀛洲古调派琵琶演奏技艺	崇明县
	浦东派琵琶演奏技艺	南汇区
	月浦锣鼓	宝山区
	华漕小锣鼓	闵行区
	古琴艺术	上海七弦古琴文化发展基金会
	上海玉佛禅寺传统梵呗艺术	普陀区
	崇明吹打乐	崇明县
	浦东山歌	浦东新区
	上海工人大锣鼓	杨浦区
	上海田山歌	金山区
	海派锣鼓	上海市演出行业协会
	古琴艺术	上海音乐学院
	浙派古筝艺术	上海音乐学院

（续表）

类别	项目名称	申报地区或单位
传统舞蹈	滚灯	奉贤区
	手狮舞	闵行区
	卖盐茶	南汇区
	花篮马灯舞	松江区
	打莲湘	金山区、原南汇区
	花篮灯舞	浦东新区
	吕巷小白龙	金山区
	调狮子	崇明县
	腰鼓	金山区
	鲤鱼跳龙门	闵行区
	打莲湘	奉贤区
传统戏剧	昆曲	上海昆剧团
	京剧	上海京剧院
	越剧	上海越剧院、静安区
	沪剧	上海沪剧院、长宁区
	淮剧	上海淮剧团
	皮影戏	闵行区、奉贤区、松江区
	奉贤山歌剧	奉贤区
	扁担戏	崇明县
	滑稽戏	上海滑稽剧团
	海派木偶戏	上海木偶剧团
	皮影戏	徐汇区
	沪剧	宝山区
	沪剧	浦东新区（川沙新镇、宣桥镇）

（续表）

类别	项目名称	申报地区或单位
曲艺	锣鼓书	南汇区
	评弹	上海市书场工作者协会
	浦东说书	浦东新区
	独脚戏	黄浦区
	宣卷	青浦区、闵行区
	上海说唱	徐汇区
	宣卷	浦东新区
	评弹	上海评弹艺术传习所（上海评弹团）
	上海说唱	浦东新区
民间文学	白杨村山歌	奉贤区
	浦东地区哭嫁哭丧歌	南汇区
	陈行谣谚	闵行区
	沪上闻人名宅掌故与口碑	徐汇区
	上海花样经	杨浦区
	崇明山歌	崇明县
	新浜山歌	松江区
	杨瑟严的故事	崇明县
	萧泾寺传说	宝山区
	小刀会传说	青浦区
	上海绕口令	徐汇区
	川沙民间故事	浦东新区
	淀山湖传说	青浦区
	崇明俗语	崇明县
	曹路民间故事	浦东新区

（续表）

类别	项目名称	申报地区或单位
传统体育、游艺与杂技（杂技与竞技）	舞龙竞技	浦东新区
	鸟哨	南汇区
	耍石担石锁	闸北区
	摇快船	青浦区
	古本易筋十二势	嘉定区
	练功十八法	上海市练功十八法协会
	海派杂技	上海杂技团
	海派魔术	浦东新区
	绵拳	杨浦区
	益智图	崇明县
	鸟哨	崇明县
	船拳	青浦区
	太极拳	上海鉴泉太极拳社、浦东新区
	卢氏心意拳	普陀区
	打花棍	闸北区
	八卦掌	上海市八卦掌协会
	形意拳	徐汇区、松江区
	查拳	上海中华武术会
	太极拳	徐汇区、浦东新区
传统美术	顾绣	松江区
	竹刻	嘉定区
	海派黄杨木雕	徐汇区
	海派剪纸艺术	徐汇区、卢湾区、闵行区、上海工艺美术研究所
	海派面塑艺术	上海工艺美术研究所
	何克明灯彩艺术	卢湾区、上海工艺美术研究所

（续表）

类别	项目名称	申报地区或单位
传统美术	连环画	徐汇区
	金山农民画艺术	金山区
	灶花	南汇区、崇明县
	奉贤乡土纸艺	奉贤区
	罗店彩灯	宝山区
	吹塑纸版画	宝山区
	石雕	南汇区
	擦笔水彩年画技法	闸北区
	紫檀雕刻	中国紫檀文化研究院
	海派玉雕	上海海派玉雕文化协会
	象牙篾丝编织	闸北区
	海派绒绣	浦东新区、上海工艺美术研究所、上海恒源祥（集团）有限公司
	棕榈叶编织	杨浦区
	建筑微雕	杨浦区
	上海宣传画	上海人民美术出版社
	烙画	青浦区
	上海细刻	上海工艺美术研究所、闵行区
	海派紫砂艺术	上海市收藏协会
	印章艺术雕刻	上海长江企业发展合作公司
	三林瓷刻	浦东新区
	奉城木雕	奉贤区
	石雕	长宁区
	月份牌年画	上海市美术家协会
	上海砚刻	上海工艺美术研究所
	海派瓷艺	普陀区

（续表）

类别	项目名称	申报地区或单位
传统美术	海派剪纸艺术	松江区
	连环画	徐汇区
	石雕	普陀区
	海派玉雕（水晶雕刻）	普陀区
	瓷刻	普陀区
	海上书法	上海市书法家协会
	上海牙雕	上海工艺美术有限公司工艺美术研究所
	帛画	上海穆益林帛画艺术馆
	海派盆景技艺	浦东新区
	微型明清家具制作技艺	浦东新区
	连环画	上海人民美术出版社、上海海派连环画中心
	紫檀雕刻	上海市收藏协会
	海派玉雕（琥珀雕刻）	上海工艺美术职业技术学院
	剪纸	长宁区
	农民画（西郊农民画）	长宁区
	根雕	上海市收藏协会、长宁区
	琉璃烧制技艺	黄浦区、奉贤区
	海派插花	上海市插花花艺协会
	剪纸	虹口区
	面塑	杨浦区、长宁区
	海派玉雕（琥珀雕刻）	上海市非物质文化遗产保护协会

（续表）

类别	项目名称	申报地区或单位
传统技艺	乌泥泾手工棉纺织技艺	徐汇区
	朵云轩木版水印技艺	上海书画出版社
	老凤祥金银细金制作技艺	黄浦区
	杏花楼广式月饼制作技艺	黄浦区
	培罗蒙奉帮裁缝缝纫技艺	黄浦区
	亨生奉帮裁缝缝纫技艺	静安区
	鼎丰乳腐酿造工艺	奉贤区
	南翔小笼馒头制作工艺	黄浦区、嘉定区
	功德林素食制作技艺	黄浦区
	绿杨村川扬菜点制作工艺	静安区
	凯司令蛋糕制作技艺	静安区
	海派旗袍制作技艺	上海艺术研究所、徐汇区
	钱币生产的手工雕刻技艺	普陀区
	钩针编织技艺	闵行区
	鲁庵印泥制作技艺	静安区
	鸿翔女装制作工艺	静安区
	钱万隆酱油酿造工艺	浦东新区
	王家沙本帮点心制作技艺	静安区
	三林刺绣技艺	浦东新区
	徐行草编工艺	嘉定区
	罗泾十字挑花技艺	宝山区
	上海黄酒传统酿造技艺	金山区
	枫泾丁蹄制作技艺	金山区
	高桥松饼制作技艺	浦东新区
	真如羊肉加工技艺	普陀区
	马陆篾竹编织技艺	嘉定区
	龙凤旗袍制作技艺	静安区

（续表）

类别	项目名称	申报地区或单位
传统技艺	印泥制作技艺（潜泉印泥制作技艺）	黄浦区
	石库门里弄营造技艺	卢湾区
	五香豆制作技艺	黄浦区
	梨膏糖制作技艺	黄浦区
	郁金香酒酿造技艺	嘉定区
	崇明老白酒传统酿造技法	崇明县
	三阳泰糕点制作技艺	原南汇区
	涵大隆酱菜制作技艺	青浦区
	汉字印刷字体书写技艺	上海市印刷技术研究所
	周虎臣毛笔制作技艺	黄浦区
	曹素功墨锭制作技艺	黄浦区
	土山湾手工工艺	徐汇区
	海派绒线编结技艺	卢湾区、上海工艺美术研究所
	民族乐器制作技艺	闵行区
	京剧服饰制作技艺	奉贤区
	中式服装盘扣制作技艺	徐汇区
	土布染织技艺	奉贤区
	药斑布印染技艺	嘉定区
	手工织带技艺	原南汇区
	法华牡丹嫁接技艺	长宁区
	古陶瓷修复技艺	上海博物馆、长宁区
	老正兴本帮菜肴传统烹饪技艺	黄浦区
	上海老饭店本帮菜肴传统烹饪技艺	黄浦区
	本帮菜肴传统烹饪技艺	浦东新区
	小绍兴白斩鸡制作技艺	黄浦区

（续表）

类别	项目名称	申报地区或单位
传统技艺	神仙酒传统酿造技艺	奉贤区
	上海米糕制作技艺	松江区
	国际饭店京帮点心制作技艺	上海锦江国际酒店（集团）股份有限公司
	羊肉加工技艺（江桥羊肉加工技艺）	嘉定区
	土布染织技艺	青浦区
	古琴斫制技艺	上海市收藏协会、上海音乐学院、上海七弦古琴文化发展基金会
	漆器制作技艺	闵行区
	木牛流马制作技艺	长宁区
	王宝和蟹宴烹饪技艺	黄浦区
	永青假发制作技艺	黄浦区
	兰花栽培技艺	浦东新区
	赵家花园菊花种植技艺	普陀区
	碑刻传拓及拓片制作装裱技艺	上海图书馆（上海科学技术情报研究所）
	青铜器修复技艺	上海博物馆
	犀皮髹饰工艺	上海市收藏协会
	金银玉石镶嵌技艺	上海海派玉雕文化协会
	传统建筑修缮和装饰技艺	上海云丽莎艺术装饰设计有限公司
	传统家具制作技艺（海派家具制作技艺、明清家具榫卯制作技艺）	上海亚振家具有限公司、上海紫东阁艺术馆
	传统木结构营造技艺	上海市房地产学校
	涩金彩塑	上海市房地产学校
	传统铜香炉铸造技艺	上海仁巍铜制品有限公司
	古书画装裱技艺	徐汇区

（续表）

类别	项目名称	申报地区或单位
传统技艺	古船模型制作技艺	浦东新区
	沉香香品制作技艺	徐汇区
	香囊制作技艺	杨浦区
	风筝制作技艺	奉贤区
	錾刻技艺	徐汇区
	箭具制作技艺	青浦区
	老大同香糟制作技艺	黄浦区
	清真菜点制作技艺	杨浦区
	青团制作技艺	奉贤区
	乔家栅糕点制作技艺	徐汇区
	精制花茶制作技艺	嘉定区
	下沙烧卖制作技艺	浦东新区
	海派绒线编结技艺	黄浦区
	土布纺织技艺	金山区、崇明县
	传统戏曲服装制作技艺	长宁区、上海燮茏服饰有限公司
	上海米糕制作技艺	闵行区、金山区、崇明县
	酱菜制作技艺（崇明甜包瓜制作技艺、草头盐齑制作技艺）	崇明县
	古代家具修复技艺	上海博物馆
	古籍修复技艺	上海图书馆（上海科学技术情报研究所）、上海博物馆
	珂罗版书画复制技艺	上海博物馆
	蜡笺制作技艺	上海市非物质文化遗产保护协会
	江南园林营造技艺	上海建工集团股份有限公司、上海阮仪三城市遗产保护基金会

（续表）

类别	项目名称	申报地区或单位
传统技艺	玫瑰栽培技艺	上海市花卉协会
	南派鸟笼制作技艺	上海市收藏协会
	干肉制品加工技艺	静安区
	生煎馒头制作技艺	黄浦区
	崇明水仙栽培技艺	崇明区
	崇明酒曲制作技艺	崇明区
	花格榫卯制作技艺	宝山区
	书画摹榻技艺	徐汇区
	珐琅器制作技艺	徐汇区
	龙华禅食制作技艺	徐汇区
	丝毯织造技艺	金山区
	陶瓷修复技艺（锔瓷）	奉贤区
	传统木船制作技艺	奉贤区
	芦苇编织	浦东新区
	杆秤制作技艺	浦东新区
	中式服装制作技艺（中式男装制作技艺、中式女装制作技艺）	上海市非物质文化遗产保护协会、上海市服饰学会
	土布染织技艺	金山区
	上海本帮菜肴传统烹饪技艺、上海本帮菜肴传统烹饪技艺（宝山鮰鱼烹饪技艺、金山堰菜烹饪技艺、徐泾汤炒烹饪技艺）	上海市餐饮烹饪行业协会、宝山区、金山区、青浦区
	上海米糕制作技艺	嘉定区
	传统家具制作技艺	上海市非物质文化遗产保护协会
	传统木结构营造技艺（宝山寺木结构营造技艺）	宝山区
	古书画装裱修复技艺	上海博物馆

（续表）

类别	项目名称	申报地区或单位
传统医药	石氏伤科疗法	黄浦区、闸北区
	六神丸制作技艺	黄浦区
	余天成堂传统中药文化	松江区
	敛痔散制作技艺	金山区
	陆氏针灸疗法	上海针灸经络研究所
	朱氏一指禅推拿疗法	华东医院
	顾氏外科疗法	龙华医院
	张氏风科疗法	浦东新区
	竿山何氏中医文化	青浦区
	伤科疗法（魏氏伤科疗法、施氏伤科疗法、陆氏伤科疗法）	瑞金医院、黄浦区、静安区
	针灸疗法（杨氏针灸疗法）	浦东新区
	范氏眼科疗法	上海中医药大学附属龙华医院
	益大中药饮片炮制技艺	浦东新区
	伤科疗法（石氏伤科疗法）	上海中医药大学附属曙光医院
	外科疗法（夏氏外科疗法）	上海中医药大学附属曙光医院
	竿山何氏中医文化	上海中医药大学
	丁氏内科疗法	上海中医药大学
	朱氏妇科疗法	上海中医药大学附属、岳阳中西医结合医院
	丁氏推拿疗法	上海中医药大学附属、岳阳中西医结合医院
	徐氏儿科疗法	上海中医药大学附属龙华医院
	针灸疗法（杨氏针灸疗法、方氏针灸疗法、严氏化脓灸疗法）	上海中医药大学附属曙光医院、上海市中医文献馆、徐汇区
	喉吹药制作技艺	浦东新区
	蔡同德堂中药煎膏技艺	黄浦区
	针灸疗法（盛氏针灸疗法）	虹口区

（续表）

类别	项目名称	申报地区或单位
传统医药	内科疗法（张氏内科疗法）	上海市第一人民医院
	妇科疗法（蔡氏妇科疗法、陈氏妇科疗法、郑氏妇科疗法）	上海市中医文献馆、上海中医药大学附属龙华医院、嘉定区
	推拿疗法（内功推拿疗法）	上海中医药大学
	徐氏儿科疗法	上海中医药大学附属曙光医院
	中医导引法（坐姿八段锦导引法）	上海传承导引医学研究所
民俗	精武体育	虹口区
	上海龙华庙会	徐汇区
	豫园灯会	黄浦区
	罗店龙船	宝山区
	匾额习俗	徐汇区
	舞草龙	松江区
	阿婆茶	青浦区
	天气谚语及其应用	崇明县
	石库门里弄居住习俗	虹口区
	生肖文化	虹口区、上海夏征农民族文化教育发展基金会
	小青龙舞龙会	嘉定区
	羊肉烧酒食俗	奉贤区
	端午节（熏中药、挂香袋习俗）	华东医院
	圣堂庙会	浦东新区
	钱氏家训及其家教传承	上海钱镠研究会
	海派膏方文化	上海中医药大学附属曙光医院
	珠算	上海市珠算心算协会
	三林老街民俗仪式	浦东新区
	朱泾花灯会	金山区
	元宵节（元宵行街会）	杨浦区
	金山嘴渔村生活习俗	金山区
	楹联习俗	华东师范大学
	庙会（金泽庙会）	青浦区

附录 2

上海市非遗进校园优秀传习基地名单

区名	传习基地单位	项目名称
崇明区	建设中学	扁担戏
金山区	廊下小学	打莲湘
普陀区	洛川学校	沪剧
松江区	三新学校	顾绣
浦东新区	石笋中学	锣鼓书
青浦区	崧泽学校	田歌
嘉定区	徐行小学	黄草编织技艺
徐汇区	徐教院附小	江南丝竹
崇明区	裕安小学	崇明山歌
徐汇区	园南中学	乌泥泾棉纺织技艺
虹口区	北郊学校	海派面塑
松江区	车墩学校	丝网版画
宝山区	大华二小	剪乐坊
杨浦区	东辽阳中学	麦秆画
嘉定区	封浜高级中学	生活遗艺
浦东新区	联丰小学	龙狮
金山区	罗星中学	罗星印社
黄浦区	清华中学	上海灯彩
闵行区	文来实验学校	双语皮影
崇明区	向化小学	崇明灶文化
长宁区	新泾中学	沪剧
静安区	闸北实验中学	漆艺
徐汇区	中国中学	盘艺

（续表）

区名	传习基地单位	项目名称
奉贤区	齐贤学校	快乐风筝
宝山区	呼玛路小学	扇艺
普陀区	华阴小学	黄德林纸艺
杨浦区	惠民中学	独角戏、滑稽戏
黄浦区	敬业初级中学	诗书雅韵
长宁区	开元学校	木牛流马
浦东新区	陆行中学南校	江南丝竹
嘉定区	马陆育才联合中学	竹刻
崇明区	明珠小学	竹韵
青浦区	尚美中学	虎头鞋、民间艺术、传统文化
徐汇区	西南位育中学	剪纸
松江区	小昆山学校	剪纸
虹口区	长青学校	绣.长青
虹口区	中州路第一小学	“指南针”计划书法及古籍装帧
金山区	朱行中学	创意扎染
闵行区	颛桥中心小学	腰鼓、大鼓、镲、音箱、颛小鼓娃等
黄浦区	黄浦区青少年科技活动中心	武术、书法、民乐等
黄浦区	兴业中学	剪纸
徐汇区	建襄小学	沪剧
静安区	五四中学	鲁庵印泥
长宁区	延安初级中学	昆曲
普陀区	普陀区青少年中心	何克明灯彩
普陀区	沙田学校	手绘彩蛋和风筝
虹口区	凉城第二小学	陶瓷
杨浦区	思源中学	武术、茶艺综合
浦东新区	浦东新区教育学院附属学校	浦东派琵琶
闵行区	七宝镇明强小学	皮影

区名	传习基地单位	项目名称
嘉定区	城中路小学	竹刻
奉贤区	育秀实验学校	花泥画
奉贤区	江海第一小学	灵动撕纸
宝山区	罗店中心校	彩灯
金山区	亭新中学	风筝
青浦区	白鹤中学	陶艺
崇明区	育林中学	陶艺
黄浦区	黄浦区青少年艺术活动中心	海派剪纸
徐汇区	华东理工大学附属中学	扎染
长宁区	北新泾第二小学	撕纸
静安区	万航渡路小学	京剧脸谱
普陀区	普陀区回民小学	京剧
虹口区	四川北路第一小学	扎染
杨浦区	中原路小学	扎染
浦东新区	北蔡中学	浦东说书
闵行区	浦江第一小学	舞龙舞狮
宝山区	行知实验中学	舞龙舞狮
嘉定区	望新小学	评弹
金山区	金山区青少年活动中心	篆刻
松江区	泗泾第二小学	面塑
青浦区	青浦区实验小学	剪纸
奉贤区	胡桥学校	滚灯
崇明区	堡镇第二小学	扎染
黄浦区	回民小学	绒绣
徐汇区	吴中路小学	茶艺
徐汇区	徐汇中学	江南丝竹
长宁区	天山第一小学	农民画

区名	传习基地单位	项目名称
静安区	逸夫职业技术学校	龙凤旗袍手工制作、亨生奉帮裁缝
普陀区	金鼎学校	何克明立体动物灯彩及剪纸
虹口区	虹口区第二中心小学	篆刻
杨浦区	杨浦区教师进修学院附属中学	陶瓷艺术
杨浦区	杨浦区少年宫	剪纸、风筝、香囊
浦东新区	新陆职业技术学校	茶艺
闵行区	闵行区青少年活动中心	皮影、剪纸、面塑、香囊、蛋壳画等
宝山区	大场中心小学	书法
嘉定区	马陆小学	竹编
金山区	廊下中学	剪纸
金山区	朱泾第二小学	朱泾花灯
松江区	新浜学校	花篮马灯舞
青浦区	商榻小学	阿婆茶
奉贤区	江山小学	山歌剧
奉贤区	邬桥学校	舞龙和击鼓运动
崇明区	竞存小学	琵琶

附录 3

第一批全国普通高校中华优秀传统文化传承基地名单

序号	地区	学校名称	传承项目
1	北京	北京大学	昆曲
2	北京	清华大学	京昆
3	北京	北京师范大学	中国话剧
4	北京	中央音乐学院	中国民族音乐
5	北京	首都师范大学	中华古诗文吟诵和创作
6	北京	中国戏曲学院	京剧
7	天津	南开大学	京剧
8	天津	天津大学	杨柳青年画
9	天津	天津师范大学	相声
10	河北	唐山师范学院	评剧
11	河北	邯郸学院	太极
12	山西	山西师范大学	山西梆子戏
13	辽宁	沈阳师范大学	京剧
14	辽宁	渤海大学	少北武术
15	吉林	东北师范大学	五行通背拳
16	上海	复旦大学	吴越踏歌
17	上海	同济大学	京昆
18	上海	上海中医药大学	五禽戏
19	上海	上海师范大学	顾绣
20	上海	上海戏剧学院	木偶皮影
21	上海	上海大学	中华古诗文吟诵和创作
22	江苏	南京大学	紫砂
23	江苏	东南大学	古琴
24	江苏	南京航空航天大学	剪纸
25	江苏	苏州大学	江南丝竹
26	江苏	江苏师范大学	五禽戏

（续表）

序号	地区	学校名称	传承项目
27	浙江	浙江大学	龙舟
28	浙江	杭州师范大学	越剧
29	浙江	绍兴文理学院	书法
30	浙江	中国美术学院	中国传统书画
31	安徽	安徽师范大学	徽州三雕
32	安徽	安庆师范大学	黄梅戏
33	福建	泉州师范学院	南音
34	江西	景德镇学院	陶瓷文化
35	山东	山东大学	雅乐
36	山东	曲阜师范大学	孔子射艺
37	河南	河南大学	豫剧
38	河南	郑州大学	皮影
39	湖北	华中科技大学	龙舟
40	湖北	武汉理工大学	汉剧
41	湖南	中南大学	瑶族长鼓舞
42	湖南	湖南师范大学	花鼓戏
43	广东	华南理工大学	粤剧
44	广东	星海音乐学院	粤剧
45	重庆	重庆大学	川剧
46	重庆	西南大学	荣昌夏布织造技艺
47	四川	四川大学	巴蜀文化
48	四川	电子科技大学	川剧
49	四川	内江师范学院	峨眉武术
50	贵州	贵州师范大学	贵州蜡染
51	云南	云南大学	紫陶
52	陕西	西安交通大学	秦腔
53	甘肃	兰州大学	西北“花儿”
54	甘肃	兰州交通大学	敦煌彩塑制作技艺
55	甘肃	西北师范大学	敦煌艺术